대원동서문화총서 · 17

인도의 신화와 예술

하인리히 침머 지음/조셉 캠벨 엮음
이숙종 옮김

대원사

HEINRICH ZIMMER

MYTHS AND SYMBOLS IN INDIAN ART AND CIVILIZATION

Edited by Joseph Campbell

BOLLINGEN SERIES VI
PRINCETON UNIVERSITY PRESS

인도의 신화와 예술

머리말

하인리히 침머(Zimmer, Heinrich ; 1890~1943) 박사가 미국에 온 지 2년이 조금 넘었을까? 그는 졸지에 폐렴으로 불귀의 객이 되고 말았는데 그것은 크나큰 손실이 아닐 수 없었다. 그때는 바야흐로 그의 생애 중 가장 왕성한 활동기에 접어드는 시점이었던 것이다. 두 상자를 가득 채운 강의 노트와 기록들은 그의 연구 계획이 마무리 단계에 이르렀음을 말해 주고 있었다. 그가 콜롬비아 대학교에서 가르쳤던 강의 내용들이 책으로 엮일 수 있게 대충 타자로 쳐져 정리되어 있었으며 힌두 의학에 대한 집필의 절반 가량이 완성되어 있었다. 산스크리트어 연구 입문서가 개략되어 있었고 일반 대중을 위해 신화에 관한 저술에까지 이미 손을 대고 있었다. 중요한 신문 기사들, 독어, 영어, 산스크리트어, 불어 등으로 메모해 둔 각종 종이 쪽지들은 그의 책과 서류들 사이 사이에 끼워져 앞으로 다루어야 할 항목들과 연구해야 할 일들을 시사하고 있었으며, 전쟁이 끝나면 방문할 인도의 특정 지역들에 대한 상세한 답사 계획도 적혀 있었다. 그는 새로운 미국 생활에 아주 빨리 적응해 나갔으며 미국의 정신적 유산에 무언가 공헌하고자 하는 정열로 불타고 있었다. 그러나 학문적 야망과 결실을 향해 거보를 내딛을 찰나, 갑작스런 발병으로 이레 동안 앓다 그만 타계하고 말았다.

이같이 뜻하지 않게 중단된 그의 소중한 노력들에 대해서 가급적 많은 부분이 망각되지 않도록 하기 위한 작업이 즉각 행해졌다. *Myths and Symbols in Indian Art and Civilization*은 1942년 겨울 학기에 콜롬비아 대학교에서 강의했던 강의 노트를 다시 손질한 것이다. 타자로 정리한 노트라도 강의실에서 즉흥적으로 보충 설명되는 때가 있었고 2백여 개가 넘는 일련의 슬라이드 상영을 통해 확충되고 해설되었기 때문에, 그것을 책으로 엮는 데는 상당한 정도의 재구성과 재정리 그리고 요약과 부연 작업이 따라야만 했다. 이러한 재구성을 위한 대부분의 자료들은 Zimmer 박사와 나누었던 대화를 기억해 냄으로써 얻어 냈다. 나의 기억이 도움을 주지 못하는 부분들에 대해선 그가 가장 존경해 마지않던 권위자들로부터 조언을 구했다.

Ananda K. Coomaraswamy 박사는 이 작업을 마치는 데 필요한 보충 자료로 많은 양의 주(註)를 친절히 제공해 주었다. 그가 삽입한 주들은 대괄호 속에 소개되었고 이름 첫 글자를 따 AKC로 표기하였다. Zimmer 박사가 생존해 계셨다면 틀림없이 Coomaraswamy 박사의 삽입 주들에 동의하셨을 것이다. 이 밖에도 Coomaraswamy 박사 덕택에 55번 사진을 구할 수 있었으며 이 책의 여러 곳에 나타났던 수많은 오류들을 찾아 수정할 수 있었다.

Zimmer 박사 자신은 이 책의 자료가 되는 논문을 작성하는 데 주석들이라든가 자료의 출처 및 참고 문헌 등을 필요로 하지 않았기 때문에 막상 편집자가 수많은 신화들과 그림들의 출처를 찾아 내야 하는 복잡한 과제에 직면했을 때의 어려움이란 이루 말할 수 없이 큰 것이었다. 콜롬비아 대학교의 Marguerite Block 박사는 사진들을 골라 내고 정리하여 확인하는 데 큰 도움을 주었으며 원고의 초고도 읽어 주었다. 심심한 사의를 표하는 바이다. Nasli Heeramaneck 부부는 여러 사진의 출처를 찾는 데 많은 도움을 주셨고, 이전에 레이든 대학에 계셨던 David Friedman 박사는 몇몇 신화들에 대한 산스크리트어 원문을 접할 수 있도록 지도해 주셨으며, Peter Geiger 여사는 실제 작업의 상당 부분을 담당하고, 초고의 교정 작업과 그 밖에 세부적인 까다로운 일을 맡아 해 주셨다. Swami Nikhilananda는 자신의 서재를 나에게 개방해 줌으로써 도움을 주기도 했다. Margaret Wing 여사는 이 책의 마지막 두 장의 초고를 검토해 주시고 색인을 마련하고 교정에도 도움을 주셨다. 이들 친지들의 따뜻한 협조가 없었더라면 이 작업은 결코 이루어지지 못했을 것이다.

뉴욕에서, 조셉 캠벨

차 례
인도의 신화와 예술

■ 머리말 • 5

제1장 영원과 시간
　　1. 개미들의 행진 • 13
　　2. 환생의 수레바퀴 • 23
　　3. 인생의 지혜 • 32

제2장 비쉬누의 신화
　　1. 비쉬누의 마야 • 39
　　2. 존재의 물 • 43
　　3. 비존재의 바다 • 53
　　4. 인도 예술에서의 마야 • 74

제3장 생명의 수호자
　　1. 뱀, 비쉬누와 부처의 후원자 • 83
　　2. 신들과 신들의 탈것들 • 94
　　3. 뱀과 새 • 97
　　4. 뱀의 정복자로서의 비쉬누 • 103
　　5. 연화 • 118
　　6. 코끼리 • 132
　　7. 신성한 강 • 140

Myths and Symbols in Indian Art and Civilization

제4장 시바의 우주적 환희
    1. '근본적 형상'과 '해학적 현현' • 157
    2. 팽창하는 형상의 현상 • 165
    3. 시바 샤크티 • 172
    4. 위대한 주 • 185
    5. 시바의 춤 • 188
    6. 영광의 얼굴 • 215
    7. 세 도시의 파괴자 • 226

제5장 여신
    1. 여신의 기원 • 233
    2. 보석의 섬 • 243

제6장 결론 • 269

■ 사진 색인 • 277
■ 역자 후기 • 315

제 *1* 장
영원과 시간

1. 개미들의 행진

인드라는, 손발이 없는 구름뱀의 모습을 하고서 하늘의 물을 자기 뱃속에 채워 넣은 채 산에 웅크리고 앉아 있던 거대한 용을 살해한다. 신은 흉칙한 뱀 똬리 한가운데로 번개를 날렸다. 괴물은 골풀 더미처럼 흩어져 버렸다. 물은 터져서 자유롭게 되었으며 내륙을 가로질러 굽이굽이 흘러가 다시 세계 곳곳을 돌게 되었다.

이 홍수는 생명의 홍수이며 모두에게 시의적절한 것이었다. 그것은 들과 삼림의 활력이며 혈관을 따라 흐르는 피와 같다. 괴물은 모두에게 돌아가야 할 이익을 독식하였으며 하늘과 땅 사이를 자신의 야망과 이기적인 욕망으로 가득 채웠지만 이제 살해당하였다. 액즙이 다시 퍼붓듯이 쏟아졌다. 거인들은 지하 세계로 물러갔으며 신들은 지구 중앙에 있는 산 정상으로 다시 돌아와 높은 곳에서 다스려 나갔다.

용이 패권을 잡던 시기에 제신의 웅장한 도시들의 화려했던 저택들은 금이 가고 부서졌다. 인드라가 취한 첫번째 행동은 그것들을 다시 짓는 것이었다. 하늘의 모든 신들은 그들의 구세주를 환호하며 반기었다. 자신의 승리와 힘을 알고 기고만장해진 그는 창조의 신 비쉬바카르만(Vishvakarman)을 불러 누구도 따를 수 없는 제신의 왕, 그의 특출한 광휘에 어울리는 궁전을 짓도록 명령했다.

만유(萬有)를 만드는 천재 비쉬바카르만은 한 해만에 궁전과 정원들과 호수와 탑들을 배치하여 놀랍고 빛나는 거처를 건립하는 데 성공하였다. 그러나 공사가 진척됨에 따라 인드라는 점점 더 무리한 요구를 해 왔고 그가 펼치는 상상력은 자꾸만 비대해져 갔다. 그는 테라스와 누각과 더 많은 연못과 작은 숲과 쾌락의 장소를 추가로 요구했다. 인드라가 공사를 감독하러 올 때는 언제나 기존의 설계보다 훨씬 더 기발한 착상과 상상을 불허하는 환상을 전개하여 깜짝 놀라게 하였다. 얼마 지나지 않아 낙심하게 된 비쉬바카르만은 높은 신의 구원을 청하기로 마음먹었다. 그는 조물주 브라마(Brahmā)에게 가려고 했다. 브라마는 우주 정신의 본래적인 화신으로서 야심과 갈등과 영광으로 인해 고통스러워하는 신들의 세계보다 훨씬 높은 곳에 거하는 자다.

비쉬바카르만이 상부 권좌에 은밀히 자기의 문제에 대해 도움을 청했을 때 브라마는 청원자의 마음을 진정시켜 주었다. "너는 곧 네 짐을 벗게 될 것이다. 그러니 평안히 돌아가라." 하고 브라마는 말하였다. 그리고는 비쉬바카르만이 서둘러 인드라의 도시로 돌아내려올 때 브라마 자신은 보다 높은 천계로 올라갔다. 그는 지고의 존재 비쉬누(Vishnu) 앞에 나아갔는데 비쉬누에 비하면 창조자 브라마는 일개 관리에 지나지 않았다. 즐거운 미소를 머금은 듯 조용히 비쉬누가 귀를 기울였고 그가 고개를 끄덕이는 것만으로도 비쉬바카르만의 청이 이루어질 것을 짐작할 수 있었다.

다음날 아침 일찍 순례자의 지팡이를 든 한 바라문 소년이 인드라의 집 문앞에 모습을 나타내어 문지기에게 왕을 배알코자 함을 청했다.

문지기는 주인에게 서둘러 알렸고 주인은 상서로운 객을 안으로 모시도록 일렀다. 소년은 후리후리한 키에 10여 세 가량 되어 보였으며 지혜의 후광으로 빛났다. 인드라에겐 그 소년 역시 기뻐 어쩔 줄 모르며 말똥말똥 자신을 바라보고 있는 다른 아이들과 다를 바가 없었다. 그 소년은 까맣게 빛나는 눈으로 부드럽게 쳐다보며 주인에게 인사하였다. 왕은 성스러운 어린 소년에게 인사를 보냈으며 소년은 즐거운 마음으로 복을 빌어 주었다. 두 사람은 인드라의 방으로 갔다. 거기서 왕은 꿀과 우유와 과일을 대접함으로써 자기의 손님을 정중하게 맞는 환영 연회를 베풀었다. 그리고는 물었다.

"오, 존귀한 소년이여. 오신 목적을 말해 주시오."

아름다운 소년은 상서로운 비구름의 느린 번개처럼 깊고 부드러운 목소리로 대답했다.

"오, 제신의 왕이시여. 저는 당신이 짓고 계시는 궁궐에 대한 이야기를 듣고 의문을 품게 돼 아뢰려고 왔습니다. 이 화려하고 광대한 거처를 완성하는 데 몇 해가 걸리겠습니까? 비쉬바카르만이 무슨 재간을 부려 완성하기를 바랍니까? 오, 제신 중에 가장 높으신 분이시여.(소년의 빛나는 자태는 부드러우면서도 알아차리기 어려운 가냘픈 미소로 움직였다.) 당신 이전의 어떤 인드라도 당신이 완성하시려는 그런 궁궐을 완성하지 못했습니다."

승리의 잔을 가득 채운 제신의 왕은, 이 소년이 자기보다 이전에 존재했던 인드라들에 대해 아는 체하며 말하는 것을 즐겁게 듣고 있었다.

아비가 자식을 대하듯 웃음을 띠며 그는 질문을 던졌다.

"얘야 내게 말해 주렴. 그렇다면 네가 보았던 아니면 적어도 네가 이야기 들어 본 적이 있는 인드라들과 비쉬바카르만들이 꽤나 많겠구나?"

이상스런 방문객은 조용히 고개를 끄덕였다.
"예, 참으로 많이 보았습니다."
그 목소리는 암소로부터 방금 짜 낸 우유처럼 따스하고 달콤하였지만, 그의 이야기는 인드라의 흥을 천천히 식히고 있었다. 소년은 계속해서 말했다.
"오, 제신의 왕이시여, 나는 우주의 무시무시한 종말을 알고 있습니다. 나는 매 순환 끝의 모든 멸망을 몇 번이고 보았습니다. 그 두려운 때에 모든 단일의 원자는 용해되어 최초의 순수한 영원의 물로 변하며 그로부터 원래의 모든 것이 발생하는 것입니다. 그런 다음 모든 것은 칠흑 같은 어둠으로 뒤덮여 있고, 생명 있는 존재의 모든 징조가 존재하지 않으며 깊이를 잴 수 없고 거친 대양의 무한으로 돌아갑니다. 아, 누가 감히 사라져 없어진 우주들을, 또는 광대한 바다의 무형의 심연으로부터 새롭게 또다시 발생하는 창조들을 헤아릴 수 있겠습니까? 누가 감히 서로 끝없이 꼬리를 물고 좇는 세계의 지나가는 시대들을 셀 것입니까? 그리고 뉘라서 넓고 무한한 공간을 통하여 각기 자기의 브라마와 자기의 비쉬누와 자기의 시바를 안고 나란히 존재하는 우주를 세려 들겠습니까? 누가 그들 가운데 있는 모든 인드라들을 셀 수 있겠습니까? 그들 인드라들은 나란히 동시에 헤아릴 수 없는 모든 세계를 지배하며, 그들 앞에서 사라져 간 다른 자들과 또 하나씩 신적인 왕위에 오르다가 하나씩 사라지게 되는 일정한 설계 속에서 서로 계승하고 있는 인드라들을 셀 수 있겠습니까? 제신의 왕이여, 당신의 부하들 가운데는 땅의 모래알과 하늘에서 떨어지는 빗방울을 세는 것이 가능하다고 주장하는 자가 있습니다만 일찍이 아무도 그 모든 인드라를 세려고 하지 않았습니다. 이것이 바로 지혜로운 자가 알고 있는 바입니다.
한 인드라의 수명과 왕권은 일흔하나의 영겁을 지탱하며 일흔여덟의 인드라가 소멸할 때에 브라마의 하루 낮과 밤이 경과합니다. 그러나 그러한 브라마의 낮과 밤으로 잰 브라마 하나의 존재는 108년에 지나지 않는 것입니다. 브라마가 브라마의 뒤를 따르며 하나가 가라앉으면 또 하나가 일어납니다. 그 끝없는 연속은 이루 다 말할 수가 없습니다. 그들 브라마들을 세는 데는 끝이 없으며 인드라에 대해서는 말할 것도 없습니다.

어느 일정한 순간에 각기 브라마와 인드라를 품고 있는 우주들을 나란히 늘어놓아 보십시오. 누가 감히 이들의 수를 셀 수 있겠습니까? 저 멀리 시야를 넘어 아득한 곳에서 수많은 외계의 공간과 여러 우주는 헤아릴 수 없이 왔다가 사라집니다. 부서질 듯한 작은 배들과 마찬가지로 그들은 비쉬누의 몸을 이루는 셀 수 없는 맑은 물 위를 떠가는 것입니다. 그 몸의 모든 털 구멍 하나하나로부터 우주가 일다가 꺼지는 것입니다. 당신이 감히 그들을 헤아려 보겠다고 하겠습니까? 당신이 그들 모든 세계 즉 현재의 세계들과 과거의 세계들 가운데 있는 신들을 헤아려 보겠습니까?"

소년이 강론을 하는 동안 방 안에 개미들이 행진하는 모습이 나타났다. 열병하여 4야드 넓이의 종대로 마루를 지나 행진하였다. 소년은 그것들을 응시하다 머뭇거리며 눈을 크게 뜨고 바라보다가 갑자기 깔깔대며 웃어 대곤 이내 깊은 생각에 빠져 침묵을 지켰다.

"어찌하여 웃는 건가?" 인드라는 더듬으며 말했다. "소년의 모습으로 가장한 수상쩍은 너는 도대체 누구냐?" 양양했던 신의 목과 입술은 바짝바짝 마르기 시작했고 그의 목소리는 볼멘듯 점점 작아졌다. "너는 도대체 누구냐, 미혹하는 안개에 뒤덮인 미덕의 대양이란 말인가?"

당당한 소년은 이야기를 계속했다. "나는 개미들 때문에 웃었습니다만 그 이유는 말하지 않겠습니다. 저에게 그것을 밝히라고 요구하지 마십시오. 비애의 씨앗과 지혜의 열매가 이 비밀 속에 감춰져 있습니다. 그것은 세상의 허영의 나무를 도끼로 내리쳐서 그 뿌리를 베고 그 영광을 흩어 버리는 비밀입니다. 이 비밀은 무지한 가운데서 암중모색하는 자들에게는 하나의 등불이며 또 오래된 지혜 속에 묻혀 있어 성자들에게조차 감춰져 있습니다. 이 비밀은 유한한 생존을 포기하고 초월하는 금욕적인 자들에게는 생명을 주는 신선한 바람이지만, 욕망과 교만으로 현혹된 속물들에겐 멸망을 가져다 줍니다."

소년은 미소를 지으며 조용히 있었다. 그를 바라보는 인드라는 움직일 수가 없었다. "오, 바라문의 아들이시여." 왕은 자세를 가다듬어 간청하였다. "나는 당신이 누군지 모르겠소. 그대는 지혜의 화신인 모양이오. 내게 오래된 이 비밀을 보여 주어 이 빛으로 어둠을 거두어 가시길 바랍니다."

마침내 소년은 입을 열어 신에게 감춰진 지혜를 가르쳐 주었다.

"오, 인드라여, 나는 긴 행렬의 줄을 이은 개미들을 보았습니다. 그것들 하나하나는 한때 인드라였습니다. 당신과 같이 경건한 행위를 한 자들은 한때 제신의 왕이라는 서열에 올라섰습니다. 하지만 수없이 많은 환생을 하는 동안 각자는 다시 개미가 되었습니다. 이 무리들은 예전에 인드라였던 무리들입니다.

경건과 고매한 행위는 세상에 거하는 자들을 천상 거처의 영광스러운 영역이나 브라마와 시바(Shiva)의 보다 높은 영역으로, 비쉬누가 계시는 최상의 세계로 올려 보내지만, 사악한 행동들은 그들을 비천한 세계로 보내는데, 새와 악충들 속으로, 돼지와 야생 동물들의 음부에서 태어난 새끼들로, 수목이나 곤충들로 다시 환생하는 것을 포함해 온갖 고통과 슬픔의 나락으로 빠뜨립니다. '행위'로 인하여 사람은 행복과 고통을 보상받고 주인이나 종이 되는 것입니다. 행위로 인하여 사람은 왕이나 바라문의 대열에 서기도, 혹은 어떤 신이나 인드라나 브라마의 대열에 끼게 되는 것입니다. 다시 행위를 통해서 사람은 병에 걸리고 아름다움과 흉함을 얻게 되고 괴물의 신분으로 다시 태어나기도 하는 것입니다.

이것이 바로 그 비밀의 전체 요지입니다. 이 지혜는 지옥의 대양을 건너 지복에 도달하는 나룻배인 것입니다. 셀 수 없는 환생의 순환 가운데 인생은 꿈속의 환상과 같은 것입니다. 말 못하는 높다란 나무들과 돌기둥 위의 제신들은 공상 속의 허깨비와 같은 것입니다. 그러나 죽음은 시간의 법을 꾸려 가고 있습니다. 시간에 의해 정해진 죽음은 모든 것을 마음대로 할 수 있습니다. 꿈속의 존재들이 행한 선과 악은 거품과 같이 스러질 것입니다. 끝없는 순환 속에 선과 악은 번갈아 나타납니다. 이리하여 현자는 악한 것에도 선한 것에도 그 어느 것에도 집착하지 않습니다. 현자는 전혀 어느 것에도 집착하지 않습니다."

소년은 간담을 서늘하게 하는 강론을 마치고 조용히 왕을 바라보았다. 제신의 왕은 자신의 천상의 광휘에도 불구하고, 생각하기에 일개 미천한 존재에 지나지 않는 것 같았다. 그 동안에 또 다른 형상이 방으로 들어왔다.

새로 들어온 사람은 성자의 모습을 하고 있었다. 그의 얼굴은 온통 헝클어진 머리카락으로 덮여 있었다. 그는 음부를 검은 사슴 가죽으로 가리고 있었다. 이마엔 흰 칠을 하고 머리는 보잘것없는 풀잎 삿갓으로 햇빛을 가렸는데, 가슴에는 소용돌이치는 기묘한 모양의 털이 자라고 있었다. 바깥쪽으로 난 털들은 고스란히 있었지만 가운데로 갈수록 많은 털들이 사라져 없어진 것 같았다. 이 성자의 모습을 한 인물은 인드라와 소년 앞으로 성큼 다가가서 마루 위 그들 사이에 털썩 주저앉아선 바위처럼 꼼짝도 하지 않았다. 왕의 위엄을 갖춘 인드라는 짐짓 주인의 역할을 취하려는 듯 꿀과 다과와 함께 시큼한 우유를 내놓으며 머리숙여 절을 하였다. 그런 다음 더듬거리긴 했지만 공손하게 이 무례한 손님의 안부를 묻고 환영의 말을 건넸다. 그러자 소년이 인드라 자신이 하고자 하는 질문을 하면서 성자에게 말을 걸었다.

"성자여 어디서 오시는 길입니까? 성함은 어찌 되시며, 무슨 일로 이곳까지 오시게 되었습니까? 집은 어디시며 풀잎 삿갓은 어찌된 영문이십니까? 가슴에 난 소용돌이 모양의 털들은 무엇을 의미하는 것입니까? 어찌하여 가장자리에선 촘촘하고 무성하다가 가운데선 엉성합니까? 오, 성자시여, 이런 질문에 친절하게 대답 좀 해 주십시오. 알고 싶어 좀이 쑤실 지경입니다."

나이 많은 성자는 참을성 있게 웃으며 천천히 대답하기 시작했다.

"저는 바라문 사람입니다. 제 이름은 털보라 합니다. 저는 인드라를 뵙고자 이곳에 왔습니다. 저는 오래 살지 못할 것을 알기 때문에 가정을 갖지 않고, 집도 짓지 않고, 결혼을 하거나 생계를 세우지 않기로 결심했습니다. 저는 동냥으로 살아가고 있습니다. 태양과 비로부터 제 자신을 보호하기 위해 머리에 이런 풀잎 삿갓을 걸치고 다니는 것입니다.

제 가슴에 난 털 소용돌이에 관해서 말씀드리자면, 그것은 세상의 어린 아이들에겐 슬픔의 근원입니다. 그런데도 그것은 지혜를 가르쳐 줍니다. 하나의 인드라가 쓰러지면 털 하나가 빠진답니다. 그것이 바로 가운데는 털이 하나도 남지 않게 된 이유인 것입니다. 현재의 브라마에게 할당된 기간의 나머지 절반이 만료될 때 저 자신도 죽게 될 것입니다. 오, 바라문 소년이시여, 저는 아주 짧은 기간 동안만 살아있는 존재에 불과하거늘 처나 아들이나 집이라고 하는 것이 무슨 소용이 있겠습니까?

위대하신 비쉬누의 눈꺼풀이 껌벅일 때마다 하나의 브라마가 사라지는 것을 표시합니다. 브라마의 범천(梵天) 아래 있는 모든 것들은 형체를 이루었다가 다시 해체되는 구름처럼 공허한 것입니다. 그것이 바로, 가장 높으신 비쉬누의 비할 데 없는 연꽃단 아래 엎드려 오로지 묵상만 하고 있는 이유입니다. 비쉬누를 믿음은 구원의 축복 이상입니다. 왜냐하면 모든 기쁨은 천상적인 기쁨일지라도 꿈과 마찬가지로 덧없으며, 지고하신 분께로 향한 우리의 신앙에 방해가 되는 것이기 때문입니다.

평화를 베푸시는 자, 가장 높은 정신적 안내자이신 시바가 내게 이 놀라운 지혜를 가르치셨습니다. 저는 다양한 축복된 형식의 구원을 체험하고자 갈망하지 않았습니다. 높은 신의 하늘 거처에 거하며 그와 영원히 함께하며 즐기기를 갈망하지 않습니다. 또는 겉으로 보이는 모습이나 의상을 차려입는 데 있어서 그와 같이 되기를 갈망하지도 않고, 그의 존엄하신 실체의 일부가 되거나 그의 이루 필설로 다할 수 없는 본질 속에 완전히 동화되는 것조차 갈망하지 않습니다."

그 성인은 말하기를 그치고 홀연히 모습을 감추었다. 그는 시바 자신이었다. 그는 이제 그의 영적인 세계의 처소로 돌아간 것이다. 비쉬누로 화한 바라문 소년도 마찬가지로 자취를 감추었다. 왕만이 홀로 허탈감과 놀라움에 사로잡혀 있었다.

제왕 인드라는 곰곰이 생각에 잠겼다. 그에게 이 일들은 한낱 꿈인 것 같았다. 이제 그는 더 이상 자신의 천상적인 수려한 광채를 과장하고 싶은 욕망이나 자신의 궁전을 짓는 일에 흥미를 느끼지 못했다. 그는 비쉬바카르만을 불렀다. 듣기 좋은 말로 그를 정중히 맞아 보석과 귀중품을 그에게 선사하고 나서 호사스런 잔치를 베풀어 주고는 집으로 돌려 보냈다.

인드라 왕은 이제 구원을 갈구하였다. 그는 이제 지혜를 얻었으니 오로지 자유스러워지기만을 바랐다. 그는 화려한 권세와 무거운 책무를 모두 아들에게 물려주고 광야의 은둔 생활을 준비하였다. 이에 그의 아름답고 정열적인 왕비 샤치(Shachi)는 슬픔으로 가득 차게 됐다. 슬픔과 깊은 절망감에 젖어 울면서 샤치는, 인드라 왕가의 머리가 뛰어난 사제이자 정신적인 조언자이며 주술적인 지혜의 주 브리하스파티 (Brihaspati)를 찾아갔다. 그의 발밑에 엎드려 절을 하며 남편의 매몰찬 결심을 되돌려 달라고 탄원하였다. 지략이 뛰어난 제신의 상담자는 자신의 주문과 계략으로써 하늘의 신들을 도와, 거인 적수들의 마수로부터 우주의 왕국을 지킬 수 있었다. 그는 이 육감적인 여신이 늘어놓는 불평을 신중하게 알아들은 체하며 고개를 끄덕여 동의를 표했다. 마법사다운 웃음을 띠며 그는 그녀의 손을 잡고 그녀의 남편 앞으로 손을 잡아 끌어 안내했다. 그리고 정신적인 교사의 역할을 수행하듯 그는 정신적인 생활의 덕에 관해 현명하게 강론하면서 동시에 세속적인 덕에 관해서도 강론했다. 그는 각자에게 그들의 처지에 알맞도록 대했다. 그는 매우 기술적으로 자기가 주장하는 내용을 전개해 나갔다. 왕실의 제자는 설득되어 자기의 극단적인 결심을 누그러뜨리게 되었다. 여왕은 빛나는 기쁨을 회복했다.

이 주술적인 지혜의 주 브리하스파티는 한때 인드라에게 세계를 지배하는 법을 가르치기 위해 정치에 관한 논문을 지었다. 이제 그는 국가 조직과 결혼한 사람들의 애정 방법에 관해 논한 두 번째 작품을 내놓았다. 항상 새롭게 구애를 하고 사랑하는 이와 지속적으로 결속하는 달콤한 방법을 열거하면서 이 값진 책은 재결합한 부부의 결혼 생활을 건전한 기초 위에 확립시켜 놓았다.

이리하여 제신의 왕이 어떻게 그의 끝없는 자존심을 꺾고, 과도한 야망으로부터 치유되어 정신적 및 세속적인 지혜를 통해 끝없이 회전하는 생의 각본 속에서 자기의 고유한 역할에 대한 지식에 도달하게 되었는가 하는 놀라운 이야기는 끝을 맺는다.[1]

---

1) *Brahmavaivarta Purāṇa*, Kriṣṇa-janma Khaṇḍa 47, 50~161.

2. 환생의 수레바퀴

인도의 신화와 상징들에 대한 보고는 무진장하다. 18세기 말 이후 학자들이 원전을 편찬, 번역, 해석해 왔지만 수많은 원전들과 수많은 불후의 건축 유적들 가운데는 웅변적으로 말해 주고 있는 세부 항목들이 아주 풍부하다. 때문에 지금까지 주목을 끌지 못했거나 알려지지 않았던 이야기들, 풀려지지 않았던 표상들과 아직 채 이해되지 않고 있는 표현상의 특징들, 그리고 해석되지 않은 미학적, 철학적인 가치들과 우연히 마주치는 일은 결코 희귀한 경험을 하는 것과 같지는 않다. 기원전 2000년경부터 인도의 전통은 연속성을 가지고 면면히 이어져 왔다. 전수 방법은 주로 구전에 의존하였으므로 기나긴, 복잡 다양한 발전에 대한 불완전한 기록만이 우리에게 남겨졌을 뿐 오랜 역사의 풍요한 문화를 꽃피우던 어떤 시기는 거의 기록 문서를 갖추지 못한 채 대부분이 돌이킬 수 없을 정도로 유실되고 말았다. 그럼에도 불구하고 수천 페이지 중 몇십 장씩은 원고 상태로 남아 아직도 출간을 기다리고 있으며, 또 이미 외국어 판이나 인도어 판으로 인쇄, 출판된 대작들도 많은데 한 사람이 그것들을 일생 동안 독파하는 일은 바랄 수도 없을 것이다.

이 유산은 거대하면서 동시에 단편적이다. 하지만 그것의 주된 특징들을 간단하게 그리고 일관성 있게 개설하여 제시할 수 있을 정도의 동질성은 갖추고 있다. 우리는 이 책에서 힌두 신화에서의 풍요로운 세계의 주요 영역과 문제들, 지배적인 상징과 가장 중요한 특징들을 검토하고 어느 정도 헤아리게 될 수 있을 것이다. 이국적인 형식들이 저들의 놀라운 비밀을 펼쳐 갈 때 불가피하게 야기시킬 방법론과 해석에 따른 여러 문제를 우리는 그때마다 다루게 되겠지만, 그런 문제들을 처음부터 다루지는 않을 것이다. 이는 우리가 개개의 사건에 등장하는 인물들과 양식과 논리에 아직 친숙하지 못하며 이들 전통의 기본 개념과 가치의 척도가 우리 자신의 것과는 판이하게 다르기 때문이다. 동양적인 개념들을 서양의 친숙한 틀에 억지로 뜯어 맞추려 해선 안 될 것이다. 동양의 심오하고도 독특한 방법을 통해 서양인들이 인류와 인간의 수수께끼에 대해 펼치는 접근 방법의 무의식적인 한계를 노출시키도록 해야만 하는 것이다.

개미들의 행진에 대한 놀라운 이야기는 공간에 대한 친숙하지 않은 광경과 이국적인 시간의 박동을 우리 앞에 드러내 준다. 일정한 전통과 문명의 울타리 안에서 공간과 시간에 대한 개념들은 공통적으로 받아들여지고 있다. 그것들의 타당성은 거의 논란이 되지 않고 의문도 제기되지 않는다. 사회·정치 및 도덕적인 문제들에 대해 민감하게 의견을 달리하는 사람들에 의해서조차도 그러하다. 그것들은 피할 수 없는, 색깔을 띠지 않는, 또 중요하지 않은 것으로 나타난다. 이는 마치 물 속에서 고기가 그러하듯 우리도 공간과 시간을 통해서 움직이고 지탱되고 있기 때문이다. 우리는 지식이 초월하는 것에 도달할 수 없기에, 저들의 특성도 모르는 채 저들 속에 담겨 있고 저들에 의해 사로잡혀 있다. 이런 까닭으로 인해 인도의 시간과 공간의 개념들은 서양의 우리들에게 얼핏 불합리하고 야릇한 것처럼 보인다. 서양 사람들의 견해에서 근본적인 것들은 우리의 안목에 너무나 밀착되어 있기 때문에 우리의 비판을 면하고 있다. 저들은 우리의 경험과 반응들의 바탕을 이루는 것이다. 그러므로 우리는 저들을 인간의 경험 일반에 대해 근본적인 것으로서 그리고 실재의 완전한 부분을 구성하는 것으로서 인정하는 경향이 있다.

의기양양하고 입신양명한 인드라를 재교육하는 데 대한 놀라운 이야기는――끝없는 시간 속에서 서로를 뒤쫓는 영겁들, 무한한 공간 속에서 동시적으로 존재하는 영겁들──우주적인 순환들에 대한 환상적인 장면을 연출해 주며, 그러한 것들이 서양의 사회학적·심리학적인 사고 속으로 파고든다고는 거의 말할 수 없을 것이다. 영원한 인도에서 이들 극단적인 과장은 모든 사고에 활력적인 리듬을 제공한다. 생과 사의 수레바퀴, 유출, 결실, 해체 그리고 재유출의 윤회는 철학, 신화, 상징, 종교, 정치 및 예술의 근본적인 주제인 동시에 대중 언어의 진부한 것들이다. 그것은 개체의 생활뿐 아니라 사회의 역사와 우주의 진화에 적용되는 것으로서 이해되고 있다. 생존의 모든 순간은 이 정신적인 우주(Pleroma)의 배경에 의지하여 평가되고 판단된다.

힌두교의 신화에 따르면 매 세계의 주기는 네 개의 유가들(four yugas) 또는 세계 시대들(world ages)로 나뉘어진다. 이것들은 희랍과 로마의 전통적인 네 시대와 비교될 수 있으며 희랍과 로마의 전통에서처럼 순환이 진행됨에 따라 도덕상의 미덕은 타락한다. 고전 시대는 시대의 이름을 금, 은, 동, 철의 광물로부터 취하고 힌두인은 크리타, 트레타, 드바파라, 칼리라고 하는 인도인의 주사위 네 번 굴림놀이에서 취하였다. 이들 두 경우에서 명칭들은 각 시대들이 서서히 불가역적으로 진행하면서 서로 이어나갈 때 그 시대들이 상관하고 있는 덕을 암시한다.

크리타(Kṛita)는 '하다'라는 의미의 동사 크리(Kṛi)의 완료분사형이다. 그것의 문자적 의미는 '행해진, 만들어진, 성취되어진, 수행되어진'을 의미한다. 이것은 잭포트 즉 전체를 얻는 주사위의 던짐이다. 인도인의 개념에 따르면 전부 혹은 전체라는 관념은 4라는 수와 연관되어 있다. 사방(四方)은 전체를 의미한다. 완전하고 자족적인 어떤 것이 있다면 그것은 4/4 '등분(Pāda)'을 소유하는 것으로서 생각된다. 그것은 자기의 네 다리(Catuḥ-pāda)로 확고 부동하게 세워져 있다. 이리하여 첫번째 시대 크리타 유가는 완전한 유가 혹은 '4/4 등분된'

유가이다.

다르마(Dharma, 法), 즉 세계의 도덕적인 질서(실제로 창조 이전의 존재이긴 하지만 바로 그때 세계의 영역들과 에너지들 및 존재들 가운데 현현되었다)는 성스러운 황소처럼 자기의 네 발로 확고하게 이 시기를 지탱하고 있다. 그리고 우주의 유기체 내 어디나 자리잡고 있는 구조적인 요소로서 100퍼센트 혹은 4/4 등분의 효력을 발휘한다. 이 유가의 시대 동안 남자들과 여자들은 덕스럽게 태어난다. 저들은 저들의 인생을 다르마에[2] 의해 성스럽게 정해진 의무와 책임을 완수하는 데 바친다. 바라문들은 성스러운 위치를 차지한다. 또한 제왕과 영주들은 진정 충성스러운 행위의 이상에 따라 행동한다. 농부들과 도회인들은 경작과 기예에 몰두한다. 하층의 노예 계급들은 복종을 정당한 것으로 감수한다. 그리고 최하층의 사람들조차 삶의 거룩한 질서를 준수한다.

그러나 세계 유기체의 생활 과정이 타성을 얻을 때 질서는 기초를 잃어버린다. 신성한 다르마는 주사위 뒷면이 활동 무대를 차지하는 동안 한 등분, 한 등분씩 자취를 감춘다. 그러므로 트레타 유가는 주사위 3의 면을 좇아 이름지어졌다. 트레타는 삼부일체(triad) 혹은 세 개가 묶여 한 벌을 이루는 것(triplet)이며 3/4 등분이다. 어원적으로 그 말은 라틴어의 trēs, 희랍어의 treis, 영어의 three와 관련된다. 트레타 유가가 경과하는 동안 인간 사회의 조직체는 물론 전반적인 조직체

---

2) 〔Dharma: Lex Aeterna, 이상적인 또는 절대적 정의 혹은 올바름을 뜻하며, 희랍어 δικαιοσύνη로 플라토와 누가복음 12장 31절을 참조하라. 개인에 속하는 이 정의에 어울리는 부분은 '자신의 정의(sva-dharma)'로서 사명, 사회적 기능 또는 자신의 본성에 따라 정해진 의무를 말한다.──AKC〕
· 편집자 주: Ananda K. Coomaraswamy 박사는 Zimmer 박사에 의해 남겨진 자료를 보충하기 위해 다수의 설명적 주를 친절하게 제공했다. 이것들은 〔 〕를 친 주(註)에 AKC로 명기 삽입하였다.

는 그것이 소유한 전체 미덕의 3/4에 의해서만 지탱된다. 사성계급의 고유한 생활 방식이 점차 쇠퇴하기 시작한다. 의무라는 것이 자발적인 인간의 행동법칙이 되지 못하고 반드시 배워 익혀야 하는 것이 된다.

드바파라 유가(Dvāpara yuga)는 불완전과 완전, 암흑과 광명 사이의 위험스러운 균형의 시대이다. 그 명칭은 '둘'을 의미하는 dvi, dvā, dvau (라틴어의 duo, 불어의 deux, 영어의 deuce, 희랍어의 dúo, 러시아어의 dva)로부터 연원되었다. 이것은 주사위 2점의 눈이다. 드바파라 유가 동안 다르마의 4등분 중 오직 2등분만이 현 세계에서 여전히 효력을 발휘한다. 다른 2등분은 회복할 수 없이 유실되었다. 윤리적인 질서의 황소는 네 다리로 굳건히 서거나 세 다리로 안전하게 쉬는 대신에 이제는 두 다리로 균형을 유지한다. 사회의 이상과 반(半)신적인 지위는 파멸되었다. 계시된 가치 체계에 대한 지식은 상실되었다. 정신적인 질서에 대한 이상은 이제 인간의 생활과 전반적인 생활에 활력을 주지 못한다. 일체의 인간들, 상인들과 노예들은 물론 바라문과 왕들은 세속적인 소유에 대한 정열과 집착 때문에 눈이 멀고, 점차 야비하고 탐욕스럽게 되어 자기 부정을 요하는 성스러운 의무를 염오하게 된다. 헌신적 의식, 서원(誓願), 금식과 금욕적인 관행을 통해서만 성취될 수 있는 참다운 성자의 모습은 완전히 자취를 감춘다.

최종적으로 칼리 유가(Kali Yuga) 즉 암흑 시대에는 불행하게도 다르마의 모든 힘의 25퍼센트만이 존재한다. 이기주의적이고 게걸스럽고 맹목적이며 무모한 요소들이 득세하여 시대를 지배한다. 칼리는 어느 것의 최악 또한(kal-aha, '투쟁, 분쟁'과 관계된 말로서) '투쟁, 분쟁, 불화, 전쟁, 전투'를 의미한다. 주사위 놀음에서 칼리는 잃는 판이다. 칼리 유가 동안 인간과 그의 세계는 최악의 상태에 존재한다. 도덕적 · 사회적인 퇴보는 비쉬누 푸라나(Vishnu Purāna)의[3] 한 구절에 잘 나타나 있다. '사회가 하나의 단계, 즉 재산이 직위를 부여하고,

부가 미덕의 유일한 원천이 되며, 정열이 남편과 부인 사이의 유일한 결합 기반이 되고, 어리석음이 생의 성공의 원천이 되며, 성(性)이 유일한 향락의 수단이 되는 단계 그리고 외부의 장식물이 내적인 종교와 혼돈되는 단계에 도달할 때⋯⋯,' 우리는 칼리 유가 즉 금일의 세계에 존재한다. 현재의 순환에서 이 시대는 기원전 3102년 2월 18일 금요일에 시작한 것으로서 계산된다.

다르마의 부족량은 칼리 유가의 기간을 짧은 기간, 43만 2000년으로 설명한다. 도덕적 본질의 양이 2배나 강한 이전의 트레타 유가는 86만 4000년간이라는 2배나 오래 존속한 것으로 기술된다. 마찬가지로 다르마의 3/4이 주어진 드바파라 유가는 칼리 단위의 3배인 129만 6000년 동안 지탱한다. 다르마의 기간인 크리타 유가는 '4곱'인 172만 8000년을 지탱한다. 총합은 432만 년이며 칼리 유가 기간의 10배가 된다. 이 완전한 순환을 마하 유가(Mahā Yuga) 즉 대유가라고 한다.

1000 마하 유가──인간의 햇수로 43억 2000만 년──는 브라마의 하루, 1칼파(Kalpa, 劫簸)를 이룬다. 신들(브라마보다는 아래이고 인간보다는 높은)의 햇수 계산으로 환산하여 이 기간은 1만 2000의 신년(神年)들을 포함한다. 그러한 하루는 창조, 혹은 진화(Sṛiṣṭi) 즉 신성하고 선험적이며 현현되지 아니한 실체로부터 한 우주가 유출하기 시작하여 해체와 재병합(Pralaya), 곧 절대자에게 몰입하여 돌아가는 것으로 끝난다. 세계의 영역과 그 속에 포함되어 있는 모든 존재들이 브라마의 낮이 끝날 때 사라지며 그 뒤의 밤 동안은 재현현을 위한 필연성의 잠재적인 맹아로서 지속한다. 브라마의 밤 길이는 낮의 길이와 같다.

매번의 겁파는 열넷의 만반타라들(Manvantaras) 또는 각기 일흔하나

---

3) 우리 시대 일천 년 전의 것으로 추정되는 힌두 신화와 전승의 고전자료. 1840년 런던의 H.H. Wilson에 의해 번역됨. 위의 원전은 제4권 24장의 긴 기술 문구 요약임.

와 나머지 얼마간의 마하 유가를 포함하고 홍수로 끝나는 마누 기간들(Manu-intervals)로[4] 세분된다.[5] 그 기간들은 홍수를 모면한 영웅 즉 힌두교의 노아라 할 수 있는 마누(Manu)로부터 이름붙여졌다. 현재의 기간은 '마누비바스바타, 빛나는 이의 아들 마누', '태양신 비바스반트의 아들 마누'의 기간이라 불린다.[6] 이것은 브라마의 현재 일곱 번째 만반타라이고, 날이 지기까지 일곱이 더 지나야 한다. 현재의 이 날을 바라하(Varāha) 칼파(멧돼지의 칼파)라 칭한다. 이 기간 동안에 비쉬누가 멧돼지의 꼴로 현현하였기 때문이다. 이것은 우리 브라마의 일생에서 51년의 첫번째 날이다. 그것은――일곱 번의 홍수가 더 있은 다음――다음 해체기에 끝날 것이다.

매 칼파의 진행과 쇠망은 유사하게, 다시 그리고 또다시 찬란히, 서서히 그리고 가차없이 교대하는 순환을 되풀이하는 신화적인 사건들에 의해 표상된다. 제신의 승리로 신들은 각자의 우주 영역에 대해서 권위를 확립하게 되고, 패배와 몰락과 황폐 상태의 막간극을 벌일 때

---

4) 산스크리트어에서는 모음 앞에 있는 u가 v가 된다. 따라서 Manu-antara('manu-interval')는 Manvantara가 된다.
5) 71×14=994이므로 6의 대유가가 남는 것으로 설명이 된다. 그 계산은 다음과 같이 이루어진다. 14개의 만반타라 중 첫번째 것은 하나의 크리타 유가(즉 0.4마하 유가)의 길이에 달하는 새벽이 있은 다음에 오는 것으로 생각된다. 그리고 모든 만반타라 사이에는 이같은 새벽이 있게 된다. 따라서 0.4×15=6이고 994+6=1000마하 유가들 혹은 1칼파가 되는 것이다. 이 복잡한 계산은 두 개의 전혀 다른 체계 즉, 하나는 회전하는 마하 유가의 연대기에 근거하고 또 다른 하나는 주기적인 우주적 홍수의 전통에 근거한 체계들을 조정하기 위해 도입된 것 같다.
6) 개개의 만반타라는 그 시기에 있었던 홍수 영웅의 특별한 현현으로부터 이름붙여진다. 현재 인류의 선조인 바이바스바타 마누(Vaivasvata Manu)는 물고기로 현신한 비쉬누에 의해 대홍수로부터 구원되었다. 그의 아버지는 태양신 비바스반트(Vivasvant)였다. 비바스반트는 베다 말로 태양이라는 뜻이다. 페르시아 조로아스터교의 전통에서 이와 같은 이름이 최초의 인간인 이마(Yima)의 이름을 딴 것으로서 나타나는데 이마는 산스크리트어로 야마(Yama)라 불린다. 홍수의 인간과 최초의 인간은 결국 동일한 최초의 존재에 대한 두 가지 다른 해석인 셈이다.

저들은 거인들이나 적신들(antigods)——저들의 의붓형제들로 언제나 저들을 전복하려 경계를 게을리하지 않는——에 의해 정복당한다. 아바타르들(Avatārs, 化身들)은[7] 지고의 존재 비쉬누의 현신들이며, 현신할 때 그는 세상의 구세주로서 동물이나 인간의 형상을 취하며 제신을 구원한다. 이 놀라운 일들은 저들이 발생할 땐 기이하고 손에 땀을 쥐게 할 것같이 보이지 않으면 안되지만, 끊임없이 회전하는 연쇄의 변하지 않는 기반(羈絆)일 뿐이다. 저들은 한결같은 과정에 있어서 전형적인 계기들이며 이 과정은 세계 유기체의 연속적인 역사이다. 저들은 브라마의 하루 표준 일정을 이룬다.

매번 칼파의 여명에 브라마는 비쉬누의 배꼽에서 자라 피어난 연꽃으로부터 다시 나타난다. 현재의 바라하(Varāha, 멧돼지) 칼파의 최초 마누 기간 동안에 비쉬누는 바다의 밑바닥으로부터 새롭게 창조된 대지를 구조하러 한 마리의 멧돼지로 하강했으며, 대지는 심연의 악마에 의해 그곳으로 붙잡혀 갔었던 것이다. 네 번째 기간 혹은 만반타라(manvantara) 기간에 그는 바다괴물로부터 커다란 코끼리 왕을 구조한다. 여섯 번째에서는 '우유의 대양을 휘저음(Churning of the Milky Ocean)'이라 알려진 우주적인 사건이 발생한다. 세계의 패권을 다투는 제신과 거인들은 광대한 바다로부터 불사의 묘약을 캐기 위해 잠정적으로 휴전하기로 결정한다. 일곱 번째 만반타라의 현재 마하 유가 동안 2대 인도 서사시에 묘사된 사건들이 발생토록 고려되고 있다. 라마야나(Rāmāyaṇa)에 열거된 사건들은 현재 순환의 트레타 시대에 할당되었고 마하바라타(Mahābhārata)에서의 사건들은 드바파라 시대에 할당되었다.

---

7) Avatāra, '강하'라는 말은 '지나다 혹은 넘어 통과하다, 지나 항해하다'를 의미하는 tri 어근에 '아래'라는 접두사 ava로부터 나온 말이다.

전통을 따르는 원전들은 그것들이 기술하고 격찬해 마지않는 신화적인 사건들이 43억 2000만 년마다 즉 매 칼파마다 한 번씩 몇 번이고 되풀이하여 발생한다는 사실을 언급하는 경우는 거의 드물다는 것을 알아두어야 할 것이다. 그것은 덧없는 인간 개체의 관점으로부터 생각할 때 그러한 엄청난 상황은 일시적으로 무시될 수밖에 없을 것이기 때문이다. 그러나 그것은 완전히 그리고 대강 처리할 수 있는 문제가 아니다. 왜냐하면 윤회의 순환 속에서 덧없는 개체는 길게 늘어뜨린 시간의 전체 과정을 통하여 아무튼, 언젠가 하나의 가면, 아니면 또 다른 가면 속에 변함없이 감싸이게 될 것이기 때문이다. 비쉬누가 멧돼지나 아바타르로 현신할 때의 행위들에 관해 말하는 고대 성전의[8] 설명 중 한 곳에, 신화에 나타난 중요한 계기들의 순환적인 반복에 관해 우연히 언급한 설명이 보인다. 멧돼지는 여신 대지를 바다 깊은 곳으로부터 구출하여 팔에 끌어안고 가면서 대지에게 대충 다음과 같이 말한다.

"매번 내가 이 길로 너를 이끌고 간단다……."

단 한 번의 신기원적인 역사적 사건들(예를 들어 그리스도의 강림이라든가, 어떤 결정적인 성격을 지닌 이상들의 출현 또는 인간의 자연에 대한 지배의 과정에서 보여진 발명 재주의 오랜 발전과 같은 그러한 사건들)을 믿는 서양 사람들에게 불멸하는 신의 이러한 뜻밖의 발언은 조용히 경멸당하고 절멸당하는 느낌을 갖게 한다. 그것은 인간 개체와 그의

---

8) 푸라나(Purāna)는 전설적인 현자이며 시인인 Vyāsa에 의해 편찬되었다고 가정된 신화적 및 서사시적인 전설의 성전이다. 푸라나(Purana, '고대의 전설적')는 18권이 있으며 각기 2차 푸라나(upapurāna)의 수와 관련되어 있다. 2차 푸라나 가운데는 대서사시 라마야나(Rāmāyana)와 마하바라타(Mahābhārata)가 포함되어 있다.

삶, 그의 운명과 과업에 대한 우리의 가치 평가에 대한 개념들을 거부한다.

인간적인 관점에서 생각해 볼 때 브라마의 일생은 매우 긴 것 같아 보인다. 그럼에도 불구하고 그것은 한정되어 있다. 그것은 브라마의 낮과 밤의 100 브라마 년 동안만 지속하고 거대한 하나의 우주적인 해체로 끝맺는다. 그런 다음 삼계(대지와 하늘과 그 사이의 공간)의 가시적인 영역뿐만 아니라 온갖 존재의 모든 영역과 높은 세계의 영역들조차 자취를 감춘다. 일체는 신적이며 원초적인 실체로 용해된다. 그때 전체적으로 재흡수의 상태가 또 다른 브라마의 세기를 지배하며 그 뒤에 인간의 햇수로 311조 400억 년의 전체 순환이 새로 시작된다.

3. 인생의 지혜

우리의 직선적·진화적 시간 관념(지질학, 고생물학, 문명사에 의해 명백히 실체화 된)은 현대인이 갖고 있는 특유한 어떤 것이라는 것을 잊기가 쉽다. 힌두인보다 우리의 사고 방식과 감정 그리고 우리의 실제 전통에 있어 훨씬 가까운 플라톤이나 아리스토텔레스 등 당시의 희랍인들조차 그것을 함께 나누지는 못했다. 성 아우구스티누스는 이러한 근대적인 시간 관념을 최초로 생각했던 것 같다. 그의 개념은 이전에 통용되던 개념에 반대하여 점차적으로 자체를 확립하였다.

아우구스티누스 학회(The Augustinian Society)에서 발행한 에릭 프랑크(Erich Frank)의[9] 논문에서는 아리스토텔레스와 플라톤 두 사람

---

9) E. Frank, 〈성 아우구스티누스와 희랍사상(The Augustinian Society, Cambridge, Mass, 1942, The Harvard Cooperative Society로부터 입수 가능)〉 pp.9~10을 보라.

모두 모든 기예와 과학은 여러 차례 그것의 극치에 달했다가 쇠망하였다는 것을 믿었다고 지적한다. '이들 철학자들은 자기들 자신의 사상조차 이전 시기의 철학자들에게 알려졌던 사상들을 재발견하는 것일 뿐이라고 믿었다.'고 프랑크는 쓰고 있다. 이러한 신념은 여러 시대의 순환을 통해 계시되었다가 다시 계시된, 복원되고 상실되었다 다시 복원된 항구적인 철학 즉 영원의 지혜에 대한 인도인의 전통과 엄밀하게 일치한다. '아우구스티누스에게 인간의 생명이란 자연의 한 과정에 지나지 않는 것이었다.'고 또 프랑크는 선언한다. '그것은 유일무이하고 반복할 수 없는 현상이었다. 그것은 발생했던 모든 것이 새로운 것이었을 뿐 아니라 이전에 결코 존재하지 않았던 개체의 역사를 가지고 있었다. 그러한 역사 개념은 희랍의 철학자들에겐 알려지지 않았다. 희랍인들은 저들이 살던 시대의 역사를 탐구하고 기술한 위대한 역사가들을 가졌지만…… 저들이 생각한 우주의 역사는 모든 것이 주기적인 순환 속에서 되풀이되고, 따라서 아무 것도 참으로 새로이 발생하지 않는 자연적인 과정으로서의 역사였다.'

이것은 엄밀하게 말해서 힌두인의 신화와 생활에 깔려 있는 시간관념이다. 진화로부터 해체에 이르는 주기적인 추이 속에서 우주의 역사는 점차적이며 냉혹한 퇴보, 해체 및 쇠망에 대한 하나의 생물학적인 과정으로 생각된다. 모든 것이 전체적인 멸절을 향한 방향으로 발전하고 영구한 우주의 끝없는 암흑 속에 다시 잠복하게 된 이후에만 우주는 완전하게 원래대로 아름답게 다시 태어나 나타난다. 그렇게 해서 시간의 최초 순간이 시작되자마자 돌이킬 수 없는 과정이 새롭게 시작한다. 지극히 정화된 성자다움과 이기적이 아닌 순결함의 이상――다시 말해서 신적인 자질, 혹은 다르마의 에너지――을 감지하고 동화할 수 있는 인간적인 능력은 계속적으로 쇠퇴한다. 역사의 과정 속에서 아주 이상야릇한 사건들이 발생하는 동안 시간의 바퀴가 끝없이 돌아가는 동안, 이전에 여러 차례 발생하지 않은 것이란 하나도 없다.

개체의 짧막한 수명, 종족의 자서전마저 초월하는 이 광대한 시간 의식은 자연 그 자체의 시간 의식이다. 자연은 세기들(centuries)은 알지 못하고 시대들(ages)——지질학적, 천문학적인 시대들——만을 알며 더욱이 저들을 초월하여 위치하고 있다. 우글거리는 개아(個我)들은 자연의 자식들이지만 자연은 종족에 대해서 관심을 갖는다. 자연이 내놓고, 결국은(디노사우르, 맘모스 및 거조들처럼) 죽도록 내버려두는 다양한 종족들을 위한 짧은 시간 중 세계의 모든 시대는 자연의 가장 짧은 시간이다. 인도는——자체를 품고 있는 생명처럼——우리의 천문학, 지질학, 고생물학에서의 주기들과 비교할 수 있는 주기로 시간의 문제를 생각한다. 인도는 시간과 자신을, 말하자면 생물학적인 용어를, 종족의 술어로 생각하며 하루살이 같은 개아의 술어로 생각하지 않는다. 후자는 늙어 가고 전자는 오래되었으니 그와 더불어 영원히 젊은 것이다.

한편 서양인은 세계사를 인류의, 특히 서양인의 자서전으로 간주하며 자신들만을 가족 중 가장 중대한 요원으로 평가한다. 자서전이란 생존의 어느 부분에서 유일무이하고 복제 불가능한 것에 초점을 맞춘 다음 의미와 방향을 제공하는 특성을 명백히 드러내는 통찰과 표상의 형식이다. 우리는 개아들, 개체들, 생명들만 생각하고 인생을 생각치 않는다. 우리의 의지는 인간의 제도 가운데서 자연의 보편적인 작용을 완결시키려 하지 않고 우리 자신을 그 작용에 대항시킴으로써 개아 중심적인 고집을 가지고 평가하려 한다. 아직까지 물질과학과 생물과학——물론 비교적 젊은 학문이지만——은 우리의 전통적인 인본주의의 일반적인 진로에 영향을 미치지 못했다. 참으로 우리는 저들 과학의 있을 법한 철학적 암시(과학의 진화에 대한 설명으로부터 끝어내고 싶어하는 '진보'에 대한 교훈을 제외하고)에 대해서 잘 인식하지 못하고 있기 때문에, 우리가 힌두인의 신화적 영겁의 시간 속에서 과학적인 성질의 어떤 것과 마주치게 될 때 정서적으로 지극히 냉담하게 된다. 우리는 기괴한 유가들을 생의 의미로 채울 수 없으며 그럴 수 있는 마음의 준비도 되어 있지 않다. 지구상에 인간의 거주보다 선행된 동시에 그 뒤를 잇도록 되어 있는 우리의 오랜 지질학적 시대들에 대한 개념과 외부의 공간과 항성들의 운행을 기술하는 우리의 천문학적인 숫자들은, 우리들로 하여금 수학적인 상상력의 범위를 생각하도록 어느 정도 준비를 갖추었다고 해도 무방할 것이다. 그러나 우리는 인간의 삶에 대한 하나의 실제적인 철학에 대해 저들이 적합성을 띠고 있는지 거의 느낄 수 없다.

이 글의 첫머리에서 말했던 작자 미상의 찬란한 신화를 고대 경전들의 한 구석에서 발견하였을 때 그것은 결과적으로 내겐 하나의 커다란 경험이었다. 갑자기 공허한 숫자의 다발들이 생의 활력으로 채워졌다. 저들은 철학적인 가치와 상징적인 의미로 살아 있는 것이 되었다. 그 진술은 너무나도 선명하고, 너무나도 충격이 강해서 의미를 찾아내기 위해 그 이야기를 분석할 필요조차 없었다. 그 교훈은 너무나 평이했다.

비쉬누와 시바라는 위대한 신들은 천상의 왕 인드라를 훈계함으로써 신화를 듣는 인간 청중들을 가르친다. 어린애와 같은 입술로 수수께끼를 풀고 지혜를 쏟아 내는 놀라운 소년은 모든 시대의 수많은 전승 동화에 공통적인, 하나의 원형적 인물이다. 그는 스핑크스의 수수께끼를 풀고, 괴물들의 세계를 제거하는 소년 영웅의 일면을 갖는다. 마찬가지의 또 다른 원형적인 인물은 개아의 환상과 야망을 넘어서 재물의 굴레 즉 고통과 욕망의 굴레를 벗게 하고 분쇄하는 지혜를 소중히 하면서 전하는 늙은 현인이다.

그러나 이 신화에서 가르쳐 준 지혜가 만약 공간과 시간의 무한에 대한 지혜를 가르쳐 주는 말로 끝나는 것이었다면 불완전했을 것이다. 헤아릴 수 없는 우주가 거품처럼 일어 나란히 존재한다는 상상력과, 인드라와 브라마의 끝없는 연속에 대한 교훈은 개체 존재의 모든 가치를 폐지할 것이다. 이 가없고 손에 땀을 쥐게 하는 환상과 덧없는 개체의 한정된 역할이라고 하는 정반대의 문제 사이에서 이 신화는 균형을 다시 회복한다. 제신의 높은 사제이며 정신적 지도자인 브리하스파티는 힌두교 지혜의 화신이며 인드라(우리 자신 즉 혼란된 개체)에게 각 세계에 당연히 지불해야 할 것을 보답하는 방법을 가르쳐 준다. 우리는 신성한 것, 시간을 통해 항상 변함없이 회전하는, 영원의 비인격적인 세계를 인정하도록 배웠다. 그러나 우리는 또한 꿈을 꾸고 있는 영혼에게 꿈이 그런 것처럼, 살아 있는 사람에게 현실적이며 생동적인 것으로서 개체의 생존에 대한 의무와 쾌락의 덧없는 세계를 존중하도록 배웠다.

제 2 장
비쉬누의 신화

1. 비쉬누의 마야

 끝없는 반복과 목표 없는 재생산은 자신과 권세의 불변에 대한 승리에 도취한 인드라의 고지식한 생각을 극소화시키고 결국 없애 버렸다. 그의 끊임없이 커가는 건축계획들은 자기 확신과 자연스러우면서도 위엄을 갖춘 개아 개념에 대한 적절한 배경을 마련하기 위한 것이었다. 그러나 환영들이 돌아가며 펼쳐짐에 따라 천 년이 순간으로 작아지고 영겁이 몇 날로 축소되는 의식의 층면들이 활짝 열렸다. 인간 자신과 또 인간과 유사한 저급한 신들의 제한된 성질은 실재성을 상실했다. 개아의 멍에와 희열, 소유한 것과 잃은 것, 인간 생시의 전체 알맹이와 노력이 비실재로 용해되었다. 방금 전까지만 해도 그에게 중요한 것으로 나타났던 모든 것이 이제는 빛이 번쩍일 때의 순간처럼 불가해한, 왔다가 사라진 무상한 허깨비로 보였다.
 인드라의 관점이 달라짐으로써 변형이 초래되었다. 미래의 전망이 확대됨으로써 인생의 모든 측면의 가치가 달라졌다. 그것은 70년 가량의 짧은 우리 인간 수명의 관점에서 생각할 때 여러 수천 년이 마치 영원히 존재하는 것처럼 보이듯이, 산맥들을 더 높은 차원에서 바라볼 때 보이는 전망 모두를 동시에 바라보아야 할 것과 같다. 저들은 파도와 같이 일었다간 스러졌을 것이다. 영겁이란 흐름으로 보였을 것이다. 위대한 목표들이 눈앞에서 용해되었을 것이다. 가치에 대한 모든 경험이 갑자기 변형되었을 것이다. 정신은 그 자체의 방향을 다시 잡아주도록 움직이기가 어려웠을 것이고 감정은 견실한 근거를 발견하기가 어려웠을 것이다.[1]

힌두인의 정신은 '일시적이고 항상 변하고 포착하기 어렵고 항상 재발하는' 그러한 관념들을 '비실재'와 연관시키고 역으로 '불멸의, 불변의, 확고 부동한, 영원한' 관념들을 '실재적인 것'과 연관시킨다. 한 개체의 의식을 통해 흐르는 경험과 감정이 확대시키거나 가치를 떨어뜨리는 상상력에 의해 손상되지 않는 한, 생의 끝없는 순환(Saṁsāra, 재생의 순환) 속에 나타났다가 사라지는 멸하기 쉬운 인간들은 아주 실재적인 것으로서 인간에 의해 존중받게 된다. 그러나 저들의 무상한 성격이 분별되는 순간, 저들은 거의 비실재적인 것으로—— 하나의 환상이나 신기루, 감각의 기만, 너무 제한된, 개아 중심적인 의식의 의심스런 허구로——보이게 된다. 이런 방식으로 이해되고 경험될 때 세계는 마야(Māyā) 즉 '마야의 잠동사니'이다. 마야는 '예술'이다. 즉 그것에 의해 기물이나 허깨비가 만들어진다.[2]

---

1) 범어에서 '그것은……이다'라는 보통의 단어는 '그것은……이 된다(bhavati)'이다. Asti('그것은……이다')는 논리적인 형식들(예를 들어 tat tvam asi, '그대가……인 바, 그대는……이다')에 더욱 한정되는 경향이 있다. 비교적으로, '세계나 우주'라는 범어의 용어는 '가다, 움직이다'라는 어근 gam의 변형 jagat이다. jagat는 '움직이는 것, 일시적인 것, 항상 변하는 것'을 암시한다.
2) [마야는 정확하게 말해서 만드는 자의 능력 또는 예술, Jacob Boehme의 의미로 '주술'이다. '그것은 일체 삼계의 어머니이며 사물이 원하는 모델을 따라 모든 것을

명사 마야는 어원학적으로 '도량'과 관련이 있다. 그것은 '치수를 재다, 혹은 설계하다(예를 들어 한 건물의 평면도나 하나의 형태의 윤곽으로서), 생산하다, 형태를 이루다, 혹은 창조하다, 발휘하다'는 의미의 어근 'mā'에서 생겼다. 마야는 치수를 재거나 창조 혹은 형식들을 나타내는 것이다. 마야는 어떤 환상, 속임수, 농간, 기만, 사기, 마술 혹은 요술사의 짓거리, 환상적인 이미지, 환영, 허깨비, 착각이다. 마야는 또한 속이기 위해 고안된 어떤 외교적 속임수나 정치적 농간이다. 제신의 마야는 저들 미묘한 실체의 다양한 측면들을 마음대로 발휘함으로써 다양한 형태를 취하는 저들의 권능이다. 그러나 신들 자체가 보다 큰 마야 즉 본래적으로 비분화된, 일체를 생산하는 신성한 실체의 자발적인 자기 변형의 산물이다. 그리고 이보다 큰 마야는 제신만을 생산하는 것이 아니라 저들이 그 속에서 작용하는 우주를 만들어 낸다. 공간 속에서 공존하며 시간 속에서 서로를 계승하는 일체의 우주들 즉 자연적이든 초자연적이든 존재의 여러 층면과 저들 여러 층면의 피조물들은 존재의 메마르지 않고 본래적이며 영원한 샘으로부터 현현하는 것들이며 마야의 유희로써 나타나게 된다. 비현현의 기간 즉 우주적인 밤을 지나는 막간에 마야는 더 이상 작용하지 않고 해체를 가져온다. 눈에 보이는 광경은 점점 희미하게 사라진다.

마야는 '존재(existence)'이다. 우리가 알고 있는 세계와 성장하고, 해체하는 환경에 둘러싸인 우리 자신들 모두는 차제에 성장하고 해체된다. 동시에 마야는 눈에 보이는 광경 즉 우주적인 실체의 역동적인 측면을 일으키고 활동하게 하는 지고의 힘이다. 이렇게 하여 그것은

만든다. 그것은 지력이 아니라 지력에 따르는 여성 조물자(creatrix)이며 선이나 악 자체에 도움을 주며 …… 영원으로부터 만물의 근거와 지원을 ……, 요컨대 주술은 의지를 가진 정령의 행위이다.'(Sex Puncta Mystica, V)——AKC]

결과(우주적인 유전)인 동시에 원인(창조적인 힘)이다. 후자에 관해서 그것은 '우주적 에너지'인 샤크티(Śhakti)로서 알려진다. 명사 샤크티는 '할 수 있는, 가능한' 것을 의미하는 어근 'śak'에서 나왔다. 샤크티는 '권력, 능력, 역량, 수완, 힘, 에너지, 용맹, 제왕의 권력, 구성 능력, 시적 능력, 천재, 단어 혹은 용어의 능력, 혹은 말뜻, 필연적인 결과를 낳는 원인 가운데 내재한 힘, 철제 창, 작살, 곡괭이, 투창, 칼이다.' 샤크티는 여성의 기관이다. 샤크티는 신의 적극적인 힘이며 신화적으로 여신 곧 배우자이며 여왕으로 간주된다.

마야 샤크티는 궁극적인 존재의 세계를 보호하는 여성적이고도 모성적인 측면이며 그러한 것으로서 생의 유형적인 실재에 대한 자발적인 수용을 상징한다. 일체의 덧없는 것의 경험에 수반하는 고통, 희생, 죽음과 사별을 견디면서 그녀는 현현된 형식들의 섬망 상태를 긍정하고 스스로 거기에 빠지고 표상하며 즐긴다. 그녀는 생의 창조적인 기쁨이며 그녀 자신이 살아 있는 세계의 아름다움이며 놀랄 만한 것이며 유혹이고 매력이다. 그녀는 우리들을——그리고 그녀 자신이 그렇기도 한데——존재의 변화하는 국면에 내맡기도록 양육한다. 마야 샤크티는 사과를 먹고서 자기의 남편에게 사과를 먹도록 유혹하고 그녀 자신이 바로 사과이기도 하였던 이브 즉 '영원한 여성(das Ewig-Weibliche)'이다. 정신의 남성적 원리(지속적이고, 영원하며, 타당하고, 절대적으로 신성한 것을 찾아 헤매는)의 관점에서 볼 때 그녀는 분명히 수수께끼이다.

마야 샤크티 데비(devi, 여신)의 특성은 잡다하고도 애매하다. 신의 상관적인 현현들(Correlative Manifestations)로서 우주와 개체(대우주와 소우주)를 낳은 다음 마야는 곧바로 자기의 사라져 없어질 작품의 보자기 속에 의식을 싸 버린다. 개아는 거미줄 속에, 쓸모없는 고치 속에 걸려든다. '나를 둘러싼 이 모든 것'과 '내 자신의 존재'——밖에서의 경험과 안에서의 경험——는 미묘한 구조의 날줄과 씨줄이다. 우리들 자신과 환경의 영향으로 인해 노예로 사로잡힌 우리는 마야의 좌절을 아주 현실적인 것으로서 간주하며 아첨과 욕망 그리고 죽음이라는 끝없이 괴로운 시련을 겪는다. 반면에 우리의 눈이 미치지 않는 바로 그 관점——영구적인 비의식 전통에 표상되었고 고행하는 행자의 경험에 대한 무한한 초개체적 의식에 알려진——으로부터 마야(우리가 집착하는 세계, 인생, 개아)는 구름과 안개처럼 덧없고 속절없는 것이다.

  인도인의 사상적 목표는 언제나 뒤얽힌 것의 비밀을 터득하는 것이었으며 그리고 가능하다면 우리의 의식적인 존재를 휩싸고 있는 정서적 및 지적인 소용돌이의 밖에 그리고 바로 아래에 있는 하나의 실재 속으로 관통하는 것이었다. 인드라가 매료되고 애썼던 것이 바로 그러한 것이었으며 그때 그의 눈은 허깨비들과 신성한 아이와 지복천년의 현인의 가르침을 받고 열렸다.

2. 존재의 물

  힌두 신화는 수수께끼의 철학적인 의미를 일반 사람들에게 접할 수 있도록 해 주는 한 폭의 그림 같은 책에서 마야의 수수께끼를 생생하게 다룬다. 그 이야기는 입에서 입으로 전해지는 구두 전승에 의해 전해 내려왔다. 그 이야기들은 오늘날 여러 가지로 변형되어 나타난다. 이들 변형들의 대다수는 문학적으로 표현하는 데 고정된 형식을 갖게 되었다. 나머지는 기록되지 않은 민간 전승의 유동적인 형식으로 지속한다.

  그 이야기는 지고한 존재께 마야의 비밀을 가르쳐 주도록 직접 요구했던 반신적인 고행자 나라다(Nārada)에 대해 말한다. 힌두교의 신화에서 이 나라다는 '신앙의 길(Bhaktimārga)'의[3] 참배자로서 즐겨 인용되는 모델이다. 그의 끈질기며 강렬한 금욕정신에 부응하여 비쉬누는 은자의 모습으로 그에게 나타나 한 가지 소원을 성취시켜 주겠노라 응락하였다. 그가 겸손하게 자기의 깊은 갈망을 표명하자 신은 말로써가 아니라, 그로 하여금 비참한 모험을 겪게 함으로써 그를 가르치셨다. 그 이야기의 문어본은 산스크리스트어로 편찬된 '맛시야 푸라나(Matsya Purāna)'로 우리에게 전해지는데 그것이 현재와 같은 형식을 취하게 된 것은 서기 4세기경 중세 힌두교의 고전 시기일 것으로 추정된다. 그것은 비아사(Vyāsa)라는 성자가 자세히 이야기하는 형식으로 나타난다.

일단의 성자들이 숲속에서 혼자 거하는 덕망 높은 은자 비아사의 주위에 모여들었다. 저들이 그에게 말하기를 "당신은 신성한 영원의 이치를 이해하시니 우리에게 비쉬누의 마야의 종지를 밝혀 주십시오."

"그이 말고 뉘라서 가장 높으신 신의 마야를 이해할 수 있겠습니까? 비쉬누의 마야는 우리의 집단적인 꿈입니다. 저는 구체적인, 눈에

---

3) 신적인 존재의 무한한 은총에 대해 이처럼 온 마음을 다한 겸손한 복종을 뜻하는 bhakti-mārga의 최초 고전 문헌은 바가바드 기타(Bhagavad Gītā)이다. 다르마가 우주와 인간 속에서 보다 더 효과를 발휘했던 초기시대에 사람들이 따랐던 신앙의 길 또는 기교(mārga)는 칼리 유가의 시대에 들어와서 인간의 요구에 더 이상 적합하질 않았다. 제사와 천적 활동의 방침인 Karma-mārga와 신에 대한 직관적 깨달음과 인간의 내면 깊은 곳에 자리잡은 자아와 그 깨달음의 동일성을 말하는 jñāna-marga 는 이제 열렬한 신앙의 길인 bhakti-mārga의 기교들에 자리를 양보한다. 참배자는 비쉬누에게서, 대체로 현신 혹은 아바타라(權化)들, 크리쉬나와 라마에게서 표상된 것으로 신적인 것의 의인화 앞에 경건한 사랑으로 자신을 겸손히 낮춘다. 〔바크티(Bhakti)는 글자 그대로 '참여', '배당'이며 bhakta는 자기의 몫을, 여기서는 신에게 드리는 자이다. 이렇게 드린다는 것, 특히 자신을 드린다는 것은 사랑을 의미한다.——Mīrā Bāsī의 유명한 시구에서처럼 '내 모든 것을, 마지막 남은 알곡까지 다 드렸으니, 나의 사랑, 나의 생명, 나의 영혼, 나의 모든 것을.'——AKC〕

띄게 교훈적인 경우에 이 마야가 어떻게 효력을 발생하는지에 대해서 오랜 옛날부터 전해 내려온 하나의 이야기를 여러분께 암송해 드릴 수 있을 뿐입니다."

그를 방문한 사람들은 열심히 귀기울였다. 비아사는 다음과 같이 시작하였다.

아주 오랜 옛날 젊은 왕자 카마다마나(Kāmadamana) 즉 '욕망을 길들이는 자'가 살았는데 그는 스스로 자기 이름의 정신을 따라서 행동함으로써 일생 동안 엄격하고 금욕적인 내핍 생활을 실천하며 지냈다. 그러나 그의 아버지는 그가 결혼하기를 바란 터라 때때로 다음과 같은 말로 그에게 일렀다.

"카마다마나 내 아들아, 대체 무슨 까닭이 있어 왜 처를 구하지 않느냐? 결혼을 함으로써 남자들은 모든 욕망을 충족시킬 수 있고 완전한 행복에 도달할 수 있단다. 여자들은 바로 행복과 안녕의 근원이니라. 그러니 내 아들아 결혼을 해라."

젊은이는 자기 아버지를 존경하는 뜻에서 입을 다물고 있었다. 하지만 그 후에도 강권하고 재차 독촉하자 카마다마나는 대답하였다.

"아버님이시여 저는 제 이름에 지워진 행동의 노선을 고수하렵니다. 이 세상에서 우리 자신과 모든 것을 떠받치시고 또 그물코에 얽히게도 하시는 비쉬누의 신성한 권능이 제게 계시하셨습니다."

국왕인 부친은 이 문제를 잠시 생각하다가 개인적인 쾌락에 호소하는 데서 의무에 호소하는 방향으로 자기의 주장을 교묘하게 바꾸었다.

"남자는 후손을 얻기 위해 반드시 결혼해야 하느니라. 그리하여 조상들의 세계에 계신 선조의 망령이 후손들의 식물 헌납이 부족하여 이루 말할 수 없는 불행과 절망에 빠지게 해서는 안 될 것이다."

청년은 말했다.

"사랑하는 부모님, 저는 인생을 수천 번 경험하였습니다. 저는 수백 번의 죽음과 노경을 맞아 견디었습니다. 저는 처들과의 결합과 사별을 알고 있습니다. 저는 풀로서, 떨기나무들로서, 덩굴식물들로서, 나무들로서 존재했었습니다. 저는 가축과 맹수들 틈에서 생활하였습니다. 저는 수백 번, 바라문이기도 하였고 한 여자이기도 하였으며 한 남자이기도 하였습니다. 저는 시바의 천상 저택의 축복을 나누었습니다. 저는 불사의 신들 틈에서 살았습니다. 실로 제가 기껏 한 번 형상을 취해 보았던 초인간적 존재조차 변화가 없었습니다. 저는 악마였고 악귀였으며 속세 보물의 감시자였습니다. 저는 강물의 요정이었으며 저는 천상의 소녀였습니다. 저는 또한 악마-뱀 중의 왕이었습니다. 우주가 신의 무형적인 본질 가운데서 재흡수되기 위해 용해될 때마다 저 역시 소멸하였습니다. 그리고 우주가 다시 전개될 때 저 역시 존재 속으로 다시 들어와 또 다른 계열의 환생을 맞아 사는 것입니다. 다시, 또다시 존재의 망상의 희생이 되어 내내 처를 취하였습니다.

제가 지난번 화신하여 사는 동안 제게 일어났었던 어떤 일을 소상하게 말씀드리겠습니다. 그 생존 기간에 저의 이름은 수타파스(Sutapas)였으며 저의 금욕 생활은 훌륭한 것이었습니다. 저는 고행자였습니다. 우주의 주 비쉬누께 열심히 귀의함으로써 저는 은총을 받았습니다. 제가 많은 서약을 이행한 데 기뻐하시고 그는 천상의 새 가루다(迦樓羅, Garuda) 위에 앉아 저의 육신의 눈앞에 모습을 나타내셨습니다. '은혜를 허락하노니' 그가 말씀하시길, '무엇이든지 네가 원하는 대로 네 것이 될 것이니라.'

우주의 주께 저는 응답하였습니다. '괜찮으시다면 당신의 마야(Māyā)를 이해하도록 해 주십시오.'

'나의 마야를 이해해서 무엇을 어쩌려는 것인가? 차라리 생활의 부유함과 너의 사회적인 의무와 과업의 성취, 모든 부귀와 건강과 쾌락 그리고 당당한 아들들을 허락하겠노라.' 하고 신은 답하셨습니다.

'그것이, 엄밀히 말해서 바로 그 점이 제가 벗어나고 싶고 초탈하고 싶은 점입니다.'라고 저는 말씀드렸습니다.

신은 계속해서 말씀하셨습니다. '아무도 나의 마야를 이해할 수 없다. 일찍이 그것을 이해한 자는 하나도 없었다. 그것의 종지를 꿰뚫어 볼 수 있는 자는 아무도 없을 것이다. 아주 오랜 옛날, 나라다(Nārada)라는 신에 가까운 거룩한 선지자가 살았는데 그는 브라마 신 자신의 직계손이었으며 내게 귀의하는 열렬한 신앙으로 가득 차 있었다. 너와 마찬가지로 그는 나의 은총을 받을 만하였으며 내가 지금 네게 모습을 나타낸 바와 마찬가지로 그 앞에 모습을 나타냈었다. 내가 그에게 한 가지 은혜를 허락하자 그는 네가 말한 것과 같은 소원을 말하였다. 또한 그에게 나의 마야의 비밀을 더 이상 캐묻지 말라고 경고하였음에도 그는 너와 마찬가지로 고집하였다. 난 그에게 말했지. 〔저편에 있는 물로 뛰어 들어가라. 그리하면 나의 마야를 체험하게 될 것이다.〕 나라다는 연못으로 뛰어들었다. 그는 한 소녀의 모습으로 다시 나타났다.

나라다는 베나레스 왕의 딸 수실라(Sushilā) 즉 정숙한 자로서 물으로 걸어나왔다. 그녀가 젊음의 전성기에 있을 즈음 그녀의 아버지는 그녀를 이웃 비달바 왕의 아들과 결혼시켰다. 거룩한 선지자이자 고행자는 한 소녀의 모습으로 사랑의 기쁨을 만끽하였다. 그리곤 머지 않아 비달바의 늙은 왕이 돌아가시자 수실라의 남편이 왕좌를 계승하였다. 아리따운 왕비는 많은 아들과 손자들을 두었으며 비할 데 없이 행복했었다. 그러나 오랜 시간이 흘러 수실라의 남편과 그녀의 아버지 사이에 반목이 생겼으며 이 일은 무시무시한 전쟁으로 발전하기에 이르렀다. 단 한 번의 커다란 전투에서 수많은 그녀의 아들과 손자들, 그녀의 아버지와 남편이 모두 칼의 이슬이 되고 말았다. 대학살의 사실을 알게 된 그녀는 비탄에 잠겨 도성을 떠나 전쟁터로 나아갔으며 거기서 장엄한 애도의 식을 올렸다. 그녀는 커다란 장례용 장작더미를 쌓도록 한 후 그 위에 그녀의 친족들, 오라비들, 아들들, 조카들과 손자들의 시신들을 누이고, 남편과 아버지의 시신을 나란히 누이도록 하였다. 그녀는 손수 장작더미에 불을 당겼고 불꽃이 활활 타오르자 〔내 아들아, 내 아들아〕 하고 큰 소리치며 울다가 불꽃이 요란하게 타오를 때 그만 화염 속으로 몸을 던졌던 것이다. 화염이 이내 가라앉아 식고 맑아지자 장작더미는 변하며 연못이 되었다. 수실라는 물 한 가운데 있는 자기 자신을 발견하였다. 그리고는 다시 성자 나라다로서의 자기 자신을 발견하였던 것이다. 신 비쉬누는 성자의 손을 붙들고 그를 연못으로부터 이끌어 내셨다.

  신과 성자가 못가에 닿은 후에 비쉬누는 묘한 웃음을 띠면서 물었다. 〔네가 그다지도 죽음을 슬퍼했던 이 아들이 누구인가?〕 나라다는 혼미하고 부끄러워 말을 멈추었다. 〔이것이 바로 애처롭고 음침하고 저주스러운 나의 마야의 모양이다. 연꽃에서 탄생한 브라마도, 어떤 여타의 신들도, 인드라도, 시바조차도 그것의 밑빠진 깊이를 잴 수 없다. 어찌하여, 또 어떻게 네가 이 불가사의한 것을 알려고 하느냐?〕'

  나라다는 완전한 신앙과 헌신을 허락받게 될 것과 미래의 모든 시간 동안 이 체험을 기억토록 은총받기를 기구하였습니다. 더구나 그는 입신의 수원지로 들어가는 것으로써 그가 들어갔던 연못이 순례의 성소가 되도록 할 것을, 그 못의 물에——신이 성자를 주술적인 구렁텅이로부터 이끌어 내려 들어가신 그곳에 신의 영원한 비밀이 나타났던 데 감사하여——모든 죄를 씻어 버리는 힘을 부여하실 것을 요청하였습니다. 비쉬누는 그 경건한 소망을 승락하였으며 즉시 모습을 감추어 은하수 그의 우주적인 처소로 물러가셨습니다.

  고행자 수타파스로부터 물러가기 전에 비쉬누는 마찬가지로 결론을 맺었습니다. '나의 마야의 종지는 불가사의하며 알 수 없다는 것을 네게 가르치려고 이 이야기를 네게 하였느니라. 만약 네가 그렇게 되기를 갈망한다면 너 역시 물 속으로 뛰어들어야 할 것이며, 그렇게 하면 이것이 어인 일인지 알게 될 것이다.'

그 때문에 수타파스(혹은 그의 지난 화신인 카마다마나 공자)는 연못의 물 속으로 뛰어들었습니다. 나라다와 마찬가지로 그는 한 소녀의 모습으로 나타났으며 이런 까닭으로 해서 다른 인생의 구조 속에 휩싸였습니다."

이것이 중세 문어본에 나타난 신화이다. 그 이야기는 일종의 동화로서 지금도 인도에서 이야기되고 있고 어린시절부터 많은 사람들이 친숙하게 들어 알고 있다. 19세기 벵골의 성자 라마크리쉬나(Rama-krishna)는 하나의 비유로써 대중적인 형식의 이야기를 사용하여 가르침을 폈다.[4] 이 경우 주인공은 다시 전형적인 참배자 나라다였다.

끈질긴 고행과 헌신적인 관행들을 통하여 나라다는 비쉬누의 은총을 얻었다. 신은 암자에 있는 성자 앞에 나타나 그에게 소원을 성취시켜 주겠노라 허락하였다. "제게 당신의 마야의 주술적인 힘을 보여 주십시오." 나라다는 기구하였으며 신은 대답하셨다. "좋다, 나와 함께 가자꾸나." 그러나 그의 아리따운 입술 언저리엔 묘한 웃음이 또다시 번지고 있었다.

햇빛과 바람을 피할 수 있는 은자의 작은 숲, 유쾌한 그늘로부터 비쉬누는 나라다를 이끌고 무자비하게 작열하는 뜨거운 태양 아래 금속처럼 이글이글 빛나는 불모의 광활한 육지를 횡단했다. 그 둘은 이내 심한 갈증을 느꼈다. 눈부신 빛 속에서 그들은 저 멀리 작은 마을

---

4) *Sri Ramakrishna*의 어록(Mylapore, Madras, 1938) 제4권.

의 초가지붕이 있음을 알아차렸다. 비쉬누가 부탁했다. "저곳에 가서 물 좀 구해다 주겠는가?" "여부가 있겠습니까? 주님이시여!" 성자는 대답을 마치고는 멀리 있는 오두막집들을 향해 달려갔다. 신은 벼랑의 그늘 밑에서 쉬며 그가 돌아오기를 기다렸다.

작은 마을에 도착한 나라다는 첫번째 대문을 두드렸다. 아름다운 소녀가 그에게 문을 열어 주자 그 성자는 그가 그때까진 결코 꿈에도 그려 보지 못했던 어떤 것을 체험했다. 황홀하게 사로잡는 소녀의 눈 때문이었다. 소녀의 눈은 그의 신령한 주인의 눈과 닮은 데가 있었다. 그는 우두커니 서서 넋을 잃은 채 바라볼 따름이었다. 무엇하러 왔는지를 그는 깜빡 잊고 있었다. 유순하고 꾸밈없는 소녀는 그를 반기며 맞았다. 그녀의 목소리는 그의 목을 낚아챈 금올가미였다. 마치 환상 가운데서 움직이는 것처럼 그는 대문을 들어섰다.

그 집에 사는 사람들은 그를 존경해 마지않았으며 조금도 스스럼이 없었다. 그는 한 사람의 성자로서 고귀한 영접을 받았으나 어쨌든 낯선 사람으로서 영접을 받은 것은 아니다. 차라리 오랫동안 만나지 못했던 덕망있는 친우로서 영접을 받았다고나 해야 할 것이다. 나라다는 그들의 유쾌하고 고상한 거동에 감격하여 그들과 함께 머무르며 아주 편안한 느낌을 가졌다. 아무도 그에게 무엇 때문에 왔는지를 묻지 않았다. 그는 아득한 옛날부터 그 가족에 속해 있는 사람처럼 보였다. 얼마의 시간이 흐른 뒤 그는 부친에게 그 소녀와의 결혼을 허락해 줄 것을 청하였는데 그것은 그 집안의 모든 사람이 기대하고 있던 일이었다. 그는 그 가족의 일원이 되었으며, 가족들과 함께 소농가의 오랜 걱정과 단순한 기쁨을 나누는 사람이 되었다.

12년이란 세월이 흘렀다. 그는 세 자녀를 두었다. 그의 장인이 돌아가시자 그는 그 집안의 가장이 되어 재산을 물려받고 재산을 관장하고 가축을 기르고 밭을 경작하였다. 열두 번째 해의 장마철은 유난히도

격심했다. 냇물이 불고 억수 같은 물줄기가 언덕을 타고 쏟아져내려 그 작은 마을은 갑작스런 홍수로 물 속에 잠기게 되었다. 한밤중에 초가집들과 가축들이 휩쓸려 가고 모두들 물난리를 피해 도망쳤다.

한 손으로 자기의 처를 부축한 채 다른 손으로는 두 자녀를 이끌고 작은 녀석은 어깨에 무등을 태우고 나라다는 황망히 길을 나섰다. 칠흑 같은 어둠을 헤치고 휘몰아치는 비를 맞으며 앞으로 나아가면서 미끄러운 진창을 간신히 빠져 소용돌이치는 물살을 비틀거리며 헤쳐 나갔다. 그를 내리누르는 멍에는 그의 다릿가에서 무겁게 훼방하고 있는 물줄기를 감당할 수 없게 만들었다. 그가 비틀거리자 어깨에 무등을 태우고 가던 어린아이가 미끄러지면서 노호하는 어둠 속으로 사라졌다. 필사적으로 소리를 지르며 나라다는 큰 녀석에게 작은 아이를 붙잡으라고 소리쳤지만 때는 이미 늦었다. 그 동안에 큰 물이 닥쳐 다른 두 아이들을 쓸어 갔고 그가 그런 불행을 미처 깨닫기도 전에 옆에 있던 그의 처마저 떼어 갔으며, 그는 급류에 휩쓸려 통나무처럼 곤두박질치다 처박혔다. 무의식중에 나라다는 해안가 작은 벼랑에 좌초하고 말았다. 의식이 되돌아와 다시 눈을 떴을 때 그의 눈엔 온통 흙탕물만이 보였다. 그는 하염없이 울었다.

"얘야." 귀에 익은 목소리를 듣자 그의 심장은 거의 멎을 뻔했다.

"네가 나를 위해서 가지러 갔던 물은 어디 두었느냐? 반 시간이 넘도록 줄곧 너를 기다리고 있었느니라."

나라다는 뒤를 둘러보았다. 물 대신에 한나절의 햇살이 비치는 환한 사막이 눈에 비쳤다. 그는 신이 그의 어깨 맞은편에 서 있는 것을 발견했다. 넋을 빼앗는 입가의 몰인정한 곡선들이 여전히 미소를 띠고 있었으며, 입에서는 부드러운 질문이 흘러나왔다.

"나의 마야의 종지를 이제 이해하였는가?"

초기 베다의 시기로부터 현재의 힌두교에 이르기까지 인도에서 물은 신성한 요소의 실체적인 현현으로 간주되어 왔다. "태초에 모든 것은 빛이 없는 바다와 같은 것이었다."고 고대의 송가는[5] 선언하고 있으며, 오늘날에 이르기까지 일상 제의에서 가장 공통적이고 단순한 예배 대상들 중 하나는 물을 채운 단지나 주전자이며 그것은 신의 임재를 나타내고 신성한 이미지를 모신 장소에서 상에 차려 내는 데 사용된다. 예배를 드리는 기간 중에 물은 신의 처소, 혹은 자리(piṭha)로서 간주된다.

나라다에 대한 두 이야기 가운데 중요한 특징은 물에 의해 야기된 변형이었다. 이것은 마야의 작용으로서 해석되어야 한다. 물은 비쉬누의 마야(에너지)의 원초적인 체현으로서 이해되기 때문이다. 저들은 비, 수액, 우유, 혈액의 형식들로 자연을 두루 통하여 순환하는 생명 유지의 요소이다. 저들은 유동적인 변화의 힘을 부여받은 실체이다. 그러므로 신화들의 상징에서 물에 뛰어든다는 것은 마야의 신비를 탐구하는 것, 인생의 궁극적인 비밀을 추구하는 것이다. 인간 제자 나라다가 이 비밀을 가르쳐 달라고 요청했을 때 신은 구두에 의한 가르침이나 구두 형식으로 대답을 털어놓지 않았다. 반면에 비법을 전수하는 요소에 대해 그는 그저 물을 가리켰다.

가없고 불후한 우주적 물줄기는 만물의 무시무시한 묘혈인 동시에 흠 없는 원천이다. 자기 변형의 힘을 통해 나라의 에너지는 일시적인 생명과 제한된 개아 의식을 부여받은 개체화된 형식들을 내거나 취한다. 얼마 동안 그것은 생기를 주는 수액으로 이들을 양육하고 기운을 돋아 준다. 그런 다음 그것은 가차없이, 구별하지 않고 저들을 다시 해체하여 저들이 일어나 나온 무명의 에너지 속으로 되돌려 버린다. 그것이 바로 일체를 불사르는 우주적인 자궁, 마야의 성격이다.

---

5) 리그베다, X. 129.3. 또한 Ib. X.121.8, Sátapatha Brāhmāna, XI. 1.6.1 등을 보라.

무시무시하면서 인자한, 이 같은 병존은 모든 힌두교의 상징과 신화의 지배적인 특징이다. 그것은 힌두인의 신에 대한 개념에서 본질적이다. 지고한 신격과 그 신의 마야뿐만이 아니라 막강한 전통의 수두룩한 신전들에 모셔놓은 모든 신적인 존재는, 조장하고 파괴하는 데 위력이 있을 뿐 아니라 선행에 휘말리게 하고 죽음의 칼에 이르게 하는 데 위력이 있는 하나의 모순이다.

3. 비존재의 바다

마야의 상징은 우주가 해체되고 재창조되는 비현현(non-manifestation)의 막간에 강력한 현자 말칸데야(Mārkandeya)가 겪은 불합리한 모험들을 기술하는 멋진 신화 속에서 한층 더 발전된다. 말칸데야는 기적적이고 야릇한 사고에 의해 비쉬누가 일련의 원형적인 변형을 하는 것을 보게 된다. 첫번째는 우주적인 대양의 본질적인 모습으로 변형하고 다음에는 바다 위에 기대어 누워 있는 거인으로 변형하고, 다시 우주적인 나무 밑에서 혼자 놀고 있는 신동으로 변형한 다음, 끝으로 당당한 야생 수거위로서 변형하였는데 그것이 숨쉬는 소리는 세계의 창조와 해체의 주술적인 음향인[6] 것이다.

그 신화는 네 유가들이 서서히 그러나 돌이킬 수 없이 경과하는 동안 우주적인 질서의 퇴보를 재음미하는 것으로써 시작한다. 신성한 다르마(법)는 세계가 생명을 얻었을 때부터 혼돈이 잇달아 일어날 때까지 분기마다 소멸한다. 드디어 인간들은 육욕과 악으로만 가득차게 된다. 아무에게서도 더 이상 깨우치는 미덕(Sattva)이 지배하지

---

6) *Matsya Purāṇa*, CLXVII. 13~25.

못한다. 참으로 현명한 사람도 없고 성자도 없으며 진리를 말하는 사람이나 자기의 신성한 말을 지키는 사람도 없다. 겉으로 보기에 거룩한 바라문은 멍청한 바보보다 나을 것이 없다. 노령의 참된 지혜가 부족한 늙은이들은 젊은이들과 같이 처신하려 하고 젊은이들은 청년의 솔직성을 잃고 있다. 사회적인 계급들은 저들을 구별하는 미덕과 위엄을 갖추게 하는 미덕을 상실하였으며 교사들과 공자들과 상인들과 종들은 하나같이 상스럽게 대자로 드러눕는다. 무상의 정상에 오르고자 하는 의지가 모자란다. 연민과 사랑의 기반이 무산되고 편협한 이기주의가 팽배한다. 무분별한 얼간이들이 일종의 끈적끈적하고 입에 맞지 않는 빵을 만들어 내려고 꼬여든다. 한때나마 조화를 이루며 질서 잡혔던 인간의 도시에 이러한 재앙이 밀어닥칠 때 세계 유기체의 실체는 구조할 길 없이 타락하며 우주는 와해될 단계에 접어든다.

순환은 이제 그 끝에 이르렀다. 브라마의 하루가 지난 것이다. 지고의 존재 비쉬누는——그로부터 세계가 처음 순수하게, 질서있게 발산되었지만——이제 자신의 내면에서 케케묵은 우주를 자기의 신적인 실체로 끌어넣고 싶은 충동을 점차 느끼게 된다. 이런 까닭으로 해서 우주의 창조자이자 보존자인 그는 자기의 파괴적인 측면을 나타내야 할 지점에 이른다. 그는 우주적인 본체의 내적 지배자이자 우주적인 생동 정신인 하늘의 브라마로부터 아래로는 풀잎에 이르기까지 열매를 맺지 못하는 혼돈을 휩쓸어 버리고 일체의 생기를 가진 존재를 용해시킬 것이다. 언덕과 강들, 태산과 대양들, 제신과 거인들, 악귀들과 정령들, 동물들, 천상의 존재들 그리고 인간들 일체는 지고한 자에 의해 다시 시작되어야 한다.

파괴의 과정에 대한 인도인의 개념에서 인도인이 생각하는 역년(曆年)의 규칙적인 진행은——폭염과 한발이 내린 다음에 호우가 내리는——존재를 부양해 주는 대신에 존재를 파괴하는 그러한 정도로까지 확대된다. 온기와 습기가 이롭게 번갈아가며 찾아올 때 온기는 순리적으로 무르익게 하고 습기는 자양분을 주지만 이젠 그것이 폐지되었다. 비쉬누는 그의 무한한 에너지를 태양에 방사함으로써 무시무시한 마지막 작업을 시작한다. 그 자신이 태양이 된다. 그것의 격렬하고 맹렬한 광선으로 그는 모든 생기를 가진 존재의 시각을 자신에게 끌어들인다. 온 누리는 메마르고 시들며 땅은 갈라지고 깊은 균열을 통해 치명적인 열기를 뿜는 불길이 지하 세계 나락의 신성한 바다에서 날름거린다. 이것들은 붙잡혀 자취를 감춘다. 달걀 모양의 우주적인 동체와 일체 피조물의 몸뚱아리들로부터 생명의 수액이 완전히 사라질 때 비쉬누는 바람 즉 우주적인 생명의 숨결이며 모든 생물로부터 활기를 띠게 하는 공기를 뽑아 낸다. 건조시킨 잎사귀들처럼 우주의 말라비틀어진 실체는 큰 회오리 바람으로 도약한다. 높은 가연성 물질의 소용돌이치는 소란으로 마찰이 일어나 불이 붙고 신은 불로 변한다. 거대한 겁화(劫火)로 일체가 날아가 연기를 내뿜는 잿더미로 가라앉는다. 최종적으로 커다란 구름의 형상으로 비쉬누는 폭우와 단비와 우유처럼 깨끗한 비를 쏟아 세계의 겁화를 꺼버린다. 그을리고 고통당하는 대지의 동체는 마침내 자기의 궁극적인 휴식과 최종적인 절멸 즉 열반(nirvana)을 인식하게 된다. 비가 된 신(The God-Become-Rain)의 홍수속에서 대지는 원초적인 대양으로 되돌아가는데 바로 이 원초적인 대양으로부터 우주적인 여명에 대지는 발생하였다. 기름진 물의 자궁은 일체 창조의 재들을 다시 자신의 내부에 수용한다. 궁극적인 요소들은 저들이 한때 발생해 나왔던 미분화(未分化)된 유체로 용해된다. 달과 항성들은 녹아 희미해진다. 늘어나는 조수는 광활한 물바다가 된다. 이것이 바로 브라마의 밤의 시간이다.

비쉬누는 잠잔다. 자기 자신의 유기체로부터 뽑아 낸 실 위에 올라간 한 마리의 거미처럼 그것을 자신에게 다시 회수하면서 신은 다시 우주의 거미줄을 소모시켰다. 대양의 불멸하는 본체 위에서 홀로 있는 하나의 커다란 형상이 부분적으론 물에 잠긴 채, 부분적으론 물 위에 뜬 채로 그는 선잠을 즐긴다. 그를 바라볼 자 아무도 없으며 그를 이해할 자 아무도 없다. 그 자신의 내면을 제외하곤 그에 대한 지식은 전무하다.

이 거대한 '마야의 주'인 그가 기대어 드러누워 있는 우주적인 대양은 단일 본질의 이중적인 현현이다. 왜냐하면 인간의 형상과 마찬가지로 대양은 비쉬누이기 때문이다. 더군다나 힌두 신화에서 물을 나타내는 상징이 뱀(Nāga)이기 때문에 비쉬누는 보통 한 마리 거대한 뱀의 사리 위에서 휴식을 취하는 것으로 표상되며, 그가 가장 좋아하는 상징적인 동물은 뱀 아난타(Ananta)로서 '영원'을 의미한다. 따라서 거대한 의인적 형상과 가없는 본질적인 것뿐만 아니라 파충류적인 것 역시 비쉬누다. 이 우주적인 인간은 그 자신의 불멸적인 실체의 뱀 같은 대양 위에서 우주적인 밤을 통과한다.

신의 내부는 어머니 뱃속의 태어나지 않은 미생아와 같은 우주이다. 그리고 여기서 일체는 자기의 최초의 완성을 회복한다. 비록 밖에선 어둠만이 존재할지라도 신적인 몽상가의 마음 속에선 우주가 어떠해야 할 것인가에 대한 이상적인 환상이 성장한다. 쇠퇴와 혼돈과 재난으로부터 회복하고 있는 세계는 다시 조화로운 방향으로 움직인다.

이제 이같이 미몽에서 깨어나지 못하는 막간의 기간 동안에——그 이야기에 따를 것 같으면——하나의 환상적인 사건이 발생한다.

말칸데야라 이름하는 한 성인이 평화스런 대지를 지나는 정처없는 순례자로서 신의 내부를 편력하며 세계의 이상적인 환상의 교훈적인 광경을 보는 것을 낙으로 받아들였다. 이 말칸데야는 잘 알려진 신화적인 인물이며 끝없는 생명을 부여받은 성자이다. 그는 수천 살의 나이를 먹었음에도 불구하고 정정한 힘과 기민한 정신력을 가졌다. 비쉬누의 육체 내부를 두루 편력하면서 그는 신성한 은자의 집을 방문하고 현자들과 저들의 제자들의 경건한 수행에 만족했다. 신전과 신성한 장소에서 그는 예배드리기 위해 걸음을 멈추었으며, 돌아보던 나라 사람들의 경신(敬神)함을 보고 그는 대단히 기뻤다.

그러나 이제 한 사건이 발생한다. 정처없고 끝없는 산책 과정에서 불굴의 노인은 그만 무심코 일체를 담고 있는 신의 입을 빠져 나갔다. 브라마의 무한한 밤의 적막 속에서 깊고, 낭랑한, 율동적인 소리로 숨을 몰아쉬며 비쉬누는 입술을 조금 벌린 채로 자고 있었다. 깜짝 놀란 성자는 자는 이의 거대한 입술로부터 나뒹굴어져 우주적인 바다로 곤두박질쳐 빠졌다.

처음엔 비쉬누의 마야 때문에 말칸데야는 잠자는 거인을 보지 못했다. 완전히 캄캄한, 일체를 감싸안은 별도 없는 밤에 멀리 뻗쳐 있는 대양만이 눈에 보일 따름이었다. 그는 절망에 빠지고 자기의 생명을 걱정하게 되었다. 캄캄한 바다 속에서 허우적대며 사방으로 물을 튀기던 그는 이내 수심에 잠겨 이것 저것 곰곰이 생각하며 의심하기 시작하였다. '이게 꿈인가? 아니면 내가 망상에 홀린 것일까? 참으로 이러한 이상 야릇한 상황은 내 환상의 소산임에 틀림없다. 세상은, 내가 알고 있기에는, 또 조화있게 진행되고 있는 세계를 관찰하기로는, 지금 갑작스럽게 당하는 것과 같은 그러한 섬멸을 받을 만하지 않기 때문이다. 태양도 없고 달도 없고 바람도 없다. 신들은 모두 사라졌고 대지는 자취를 감추었다. 그 속에서 내가 나 자신을 발견하게 되는 이 우주는 도대체 어떤 종류의 우주인가?'

성자의 이와 같은 탐구적인 반성은 힌두인들에 의해 생각되어진 것으로서 마야의 관념 즉 '무엇이 현실인가?' 하는 문제에 대한 일종의 주석이다. '실재'는 개체에 대한 함수이다. 그것은 특수한 미덕들의 결과이며 개체적인 의식의 한계들이다. 성자가 우주적인 거인의 내부

를 헤매는 동안 그는 자기의 본성에 상통하는 것처럼 보였던 하나의
실재를 지각하였으며 그리고 그는 그것을 견고하고 본질적인 것으로
간주하였다. 그럼에도 불구하고 그것은 잠자는 신의 정신 내면의 꿈이
거나 환상일 뿐이었다. 이에 반하여 한밤중을 지나는 동안 신의 원초적
인 본질의 실재는 어리둥절케 하는 신기루처럼 성자의 인간적인 의식
에 나타났다. '그것은 불가능하며 그것은 실재일 수 없다.'고 그는 곰곰
이 생각한다.

힌두 철학의 교리와 요가행에서 수련의 목표는 개체화된 의식의
한계를 초월하는 것이다. 그 신화적인 이야기들은 철인들의 지혜를
전달하고 요가의 체험들과 결과들을 평범한 그림 같은 형식으로 나타
내려는 것이다.[7] 직관과 상상력에 직접적으로 호소하면서 저들은 존재
의 한 해석으로서 모든 사람들에게 접근할 수 있다. 저들은 분명하게

---

7) 요가(Yoga)는 '멍에를 씌우다, 결합하다, 동력화하다, 연합하다, 혹은 연결하다,
정신을 집중하거나 고정하다, 누구에게 무엇을 주다, 승낙하다, 수여하다'라는 어근
yuj에서 나왔다. 요가는 자기 자신의 존재의 의지력에 대한 자제력을 얻기 위해,
신비한 힘을 얻으며, 자연의 어떤 특별한 힘을 지배하려고, 최종적으로(주로) 신
혹은 만유의 정신과 통일을 이루기 위하여 행한 하나의 엄격한 정신적 단련이다.
요가의 3가지 주요 단계는 1. 확고한 정신집중(dhāraṇā), 2. 명상(dhyāna), 3. 몰입
(samādhi) 〔이들 3단계는 유럽인들의 Consideratio, Contemplatio 및 Excessus 혹은
Raptus와 일치한다.──AKC〕 정신집중은 오로지 단일 대상에만 주의를 쏟고 갈망
한다(구체적이거나 추상적인, 인간적이거나 신적인 어느 특성과 행자의 목적에
따라서 어느 대상이라도 선택될 수 있다). 예를 들어서 통제된 자세, 통제된 호흡,
음식 조절, 극기와 같은 다양한 신체적인 단련이 규정된다. 직접적인 목표는 모든
정신적인 에너지들을 한 점에 집중하고 의식을 대상과 전적으로 동일시하는 것이
며, 이 동일시는 삼매(三昧, Samādhi)가 된다.
요가는 바가바드 기타(Swami Nikhilānanda, New York, 1944의 번역을 참고)에
있어 파탄잘리의 잠언(Swami Vivekānanda, Rāja Yoga, New York, 1897, 1920을 참
고)과 Saṭ-cakra-nirūpaṇa와 Pādukāpañkaka(두 기본 작품들은 Arthur Avalon에 의한
서론 및 주석과 함께 번역되었다. Sir John Woodroffe)에서 기술된다. *The Serpent
power*(3rd revised edition, London, 1931). W.Y.Evans-Wentz, *Tibetan Yoga and Secret
Doctrines*(Oxford University Press, 1935)에서 광범한 토의가 발견될 것이다.

주석을 달거나 설명되지 않는다. 주요 인물들의 대화와 담화들은 철학적인 해설과 해석의 계기를 담고 있지만 그 이야기 자체는 결코 설명되는 법이 없다. 신화적인 행동의 의미에 대한 분명한 주석은 존재하지 않는다. 그 이야기는 듣는 이의 직관과 그의 창조적인 상상력에 호소함으로써 청중에게 곧바로 전달된다. 그것은 무의식적인 것을 자극하고 무의식적인 것으로 흘러들어간다. 언사보다는 오히려 사건의 감동적인 호소력에 의하여, 인도의 신화는 요가 체험과 전통 종교의 비의적인 지혜의 대중적 전달 수단으로써 그것의 기능을 수행한다.

그 이야기들은 개체적인 체험들과 반응들의 소산이 아니기 때문에 직접적인 효과는 확실하다. 저들은 종교적인 사회의 집단적인 활동과 사고에 의해 생산되고 고이 간직되고 통제된다. 저들은 뒤를 잇는 세대들의 끊임없이 되풀이되는 찬동에 의해서 번창한다. 저들은 익명의 창조적인 과정과 집단적, 직관적인 수락을 통해 새로운 의미를 더해가며, 개조되고 새로운 형태를 갖게 된다. 저들은 직관과 감정과 상상력에 접하여 주로 무의식적인 수준에서 힘을 발휘한다. 저들의 상세한 묘사는 기억 속에 저들 자신들을 새기며 영혼의 보다 깊은 층면에 스며들고 거기서 형체를 취한다. 골똘히 생각해 볼 때, 저들 의미심장한 삽화적인 사건들은 개체의 체험과 생의 요구들을 따라서 다양한 의미의 색조를 띠게 할 수 있다.

인도의 신화들과 상징들은 지성적으로 추리하는 것과 고정된 의미로 환원시키는 것을 거부한다. 그러한 취급은 저들 신비한 힘을 가진 것들을 메마르게 할 뿐이다. 왜냐하면 저들은 희랍의 문학들——호머의 신들과 신화들, 아이스퀼로스, 소포클레스, 유리피데스 같은 아테네인의 비극에 나오는 영웅들——로부터 우리에게 친숙한 것들보다도 더 원형적인 형태의 것이기 때문이다. 후자는 시적인 대가들에 의해 개조되었으며 대체로 개체적인 창작물이다. 이 점에서 전통적인 형식들을 다루려는 우리의 현대적인 시도와 유사하다. 셸리(Shelley)와 스윈번(Swinburne), 무엇보다도 바그너(Wagner)의 작품들에서처럼 호머 시대 이후 희랍인들의 작품들 속에서 낡은 신화적인 주화에 새로운 의미들을 각인하려는 하나의 시도 즉 개체적인 체험에 기초한 존재에 대한 새로운 해석들이 항상 존재한다. 한편 인도의 신화를 통해 우리는 영원의 이름 모를, 다면적인 문명의 직관적·집단적인 지혜를 대하게 된다.

그러므로 어느 힌두 신화에 대해 논평하라는 제의를 받게 될 때 망설이지 않을 수 없음을 느끼게 될 것이다. 하나의 전망을 열어 놓게 될 때 또 다른 전망을 닫게 할 위험이 항상 있게 마련이기 때문이다. 자기 체험과 전통의 부분으로서 힌두 청중에게는 친숙할지 몰라도 서양의 독자들에겐 낯설은 이들 상세한 묘사들에 대해 설명해 주지 않으면 안된다. 하지만 일정한 해석의 계통적 서술은 가능한 한 멀리 피하는 것이 좋을 것이다. 그러므로 우리는 말칸데야의 곤경에 대해 이러쿵 저러쿵 할 것이 아니고 그것이 스스로 이야기하도록 해야 할 것이다.

광막한 망망 대해에 버림받아 절망에 빠질 찰라에 성자는 드디어 잠자는 신의 형식을 깨닫게 되었다. 그리고 그는 놀라움과 행복에 넘치는 즐거움에 충만하였다. 부분적으로 물 속에 잠긴 거대한 형체는 바다에서 솟아오른 연산(連山)과 유사하였다. 그것은 내면으로부터 비치는 불가사의한 빛으로 타오르는 듯하였다. 성자는 실재를 살피려고 더 가까이 헤엄쳐 갔다. 그리고 그가 누구인지 물으려고 입술을 열자 바로 그때 거인은 그를 붙잡아 한입에 집어삼켰으며 성자는 또다시 신의 내부의 친숙한 무대에 있게 되었다.

이 같은 까닭으로 해서 비쉬누의 꿈의 조화어린 세계에 뜻밖에 원상복귀한 말칸데야는 극도의 혼란에 빠진다. 그는 자기의 짤막하나마 잊을 수 없는 체험을 일종의 환상으로서 생각할 수 있을 뿐이었다. 그러나 역설적으로 그 자신은 즉 자기의 한정된 의식의 해석 능력을 초월한 그 어떤 실재를 받아들일 수 없는 인간 존재는, 이제 실재의 우주적인 꿈의 꼴로서 그 속에 포함된다. 그러나 뜻밖에 지고한 존재──그 자체 그리고 스스로 자기의 모든 것을 포함하는 독거와 평온 속에 존재하는──의 환상을 바라보는 은총을 누리게 된 말칸데야에게 그 계시 또한 한낱 꿈에 지나지 않는 것이었다.

말칸데야는 돌아가 자기의 이전 생활을 회복했다. 전과 같이 그는 젊은 대지 위를 활보하였으며 거룩한 순례를 행하였다. 그는 숲속에서 금욕을 행하는 행자들을 살펴보았다. 그는 바라문들에게 후한 선물로 값비싼 제물을 드리는 제후다운 시주인에게 목례로 동의를 표하였다. 그는 희생 제의를 집행하고 자신들이 행한 주술에 대하여 후한 사례를 받는 바라문들을 지켜보았다. 그가 본 모든 계급들은 자신들의 고유한 과업들에 경건하게 전념하였으며 인생의 4단계의 거룩한 계기가 사람들 사이에서 완전히 효력을 발휘하고 있음을 그는 관찰했다.[8] 이러한

---

8) 힌두인의 인생에 대한 4단계(āśrama) 도식은 다음과 같다. (1) 생도(brahmacārī) 즉 청년의 단계. 순결과 복종으로 특징지워지는 단계로서 계시된 지혜에 조예가 깊은 사제의 정신적 지도하에 인생의 제의적 행사들에 대한 성스러운 비법을 전수받기 위한 종교적 수업을 하는 수련 시대, (2) 가장과 가족의 우두머리(grihastha)의 단계, 즉 성년의 시기. 자식을 낳아 기르며, 물려받은 가업을 이어 발휘하고, 바라문의 정신적 지도자들의 지시에 따라 신들과 조상들께 대한 성스러운 임무를 완수하고, 바라문들과 성자들에게 보시로써 공양을 하는 결혼 생활의 단계, (3) 은자(Vānaprastha), 즉 정신적인 성숙의 단계. 아들이 장성함에 따라 가정생활과 세상의 재산을 포기하고 숲속에 은둔하여 하늘을 지붕삼아 고독한 삶을 살며, 은둔자의 생활을 내성하는 이른바 금욕적인 관행과 단순한 생활을 통해 속세적 상황을 떨쳐버려 영혼을 정화시키며 헌신적인 근행과 요가행 및 인간과 우주 속에 있는 영원한 것을 깨닫는 데 심혈을 기울인다. (4) 정처없는 탁발승(sannyāsi) 즉 노년의 단계. 정처없는 탁발승의 거처인 오두막집과 목가적 풍경의 숲을 떠나 발 닿는 대로 길이 난 대로 방랑하는 걸식 성자로서의 금욕 생활을 하는 탁발 수도승의 길을 따른다. 그러나 그의 방랑은 환생의 세속적인 굴레로부터의 해방으로 이르는 길인 것이다.

이상적인 상태에 지극히 만족하며 그는 또 다른 수백 년 동안 평안히 방랑하였다.
  그러나 그때 무심결에 또다시 그는 잠자는 이의 입에서 미끄러져 역청같이 새카만 바다에 곤두박질하였다. 이번엔 으스스한 어둠과 고요의 바다 사막에서 그는 빛나는 아이를, 무화과나무 아래서 평화스럽게 잠을 자고 있는 신동을 보았다. 그때 다시 마야의 작용에 의해 말칸데야는 광막한 대양 한가운데서 조금도 놀라는 기색이 없이 유쾌하게 노는 외로운 작은 소년을 보게 되었다. 성자는 호기심에 가득 찼지만 그의 눈은 어린아이의 눈부신 광채를 바라볼 수가 없어 자신이 캄캄하게 깊은 바다에 빠질까 저어하며 멀찌감치 떨어져 있었다. 말칸데야는 조용히 생각했다. '이러한 종류의 어떤 것을 이전에———아주 오래 전에———보았던 기억이 나는 것 같다.' 그러나 그때 그의 마음은 가없는 대양의 바닥모를 깊이에 겁을 먹고 바짝 얼어 있었다.
  신은 신동의 모습으로 그에게 부드럽게 말했다. "어서 오너라, 말칸데야야!" 그 목소리는 상서로운 비구름의 아름다운 선율의 천둥이 갖는 기분 좋은 장중한 음색을 띠었다. 신은 그를 안심시켰다. "어서 오너라, 말칸데야야! 두려워 말아라, 내 아가야, 겁내지 말고 이리 오너라."
  백발의 나이도 모를 성자는 누가 주제넘게 자기를 어린애로서 부르며 그의 높은 덕과 혈통에 관해 언급하는 존칭을 붙이지도 않고 그의 이름 첫자로 그를 부른 적이 있음을 기억할 수 없었다. 그는 심히 거슬렸다. 지리하고 피로감으로 괴롭고 대단히 불리한 입장에 있었기에 그만 울화를 터뜨렸다. "누가 감히 나의 위엄과 나의 덕성 그리고 금욕적인 고행을 통해 쌓아올린 주술적인 힘의 보고를 우습게 생각하는가? 네가 누구이길래 신들이나 햇수를 헤아릴 수 있을 수천 살에 가까운 나의 고령을 무시하여 모욕하는가? 이 같은 모욕적인 처사에 나는 익숙치 못하다. 높으신 신들조차 나를 예외적으로 대우하여 생각하신다. 브라마조차도 이런 불손한 방식으로 나를 대하지는 않으실 것이다. 브라마께서도 내겐 깍듯이 대하여 '오, 장수한 자야'라고 부르신다. 나를 말칸데야라고 부름으로써 이제 재난을 초래하고 파괴의 심연으로 무턱대고 뛰어들고, 자기의 생명을 초개같이 내버리는 자가 누구인가? 죽어 마땅한 자가 누구인가?"

그로 인하여 성자가 분노를 표하자 신동은 침착하게 이야기의 본론으로 들어갔다. "애야, 나는 너의 부모, 너의 아버지, 너의 조상으로서 생명을 부여해 주는 원초적인 존재란다. 왜 내게로 오지 않느냐? 나는 너의 아비를 잘 알고 있단다. 네 아비는 그 옛날 아들을 보기 위해 혹심한 극기의 생활을 하였다. 그는 나의 은총을 입었고 나는 그가 완전히 성자답게 행동하므로 그것이 마음에 들어 그에게 선물을 주었던 것이란다. 그는 아들인 너에게 그칠 줄 모르는 생명력을 부여하고 또 결코 늙지 않도록 해 달라고 요청했단다. 네 아비는 자기 존재의 신비한 본질을 알고 있었고 너는 바로 그 본질에서 태어났다. 바로 그렇기 때문에 지금 너는, 모든 것을 포용하는 근원적인 우주적 바다에 누워 여기 나무 아래에서 어린아이의 노릇을 하고 있는 나를 바라볼 수 있는 은혜를 입고 있는 것이란다."

말칸데야의 얼굴은 기쁨으로 빛났다. 그의 눈은 피어오르는 꽃봉오리처럼 커졌다. 겸손히 자신을 내맡기면서 그는 절하듯 허리 굽혀 말했다. "당신의 마야의 비밀을 알려 주십시오. 지금 이렇게 무한한 바다 속에 누워 놀고 있는 어린아이의 모습으로 나타난 당신의 비밀을 알려 주십시오. 우주의 주재자시여, 당신의 존함은 무엇이신지요? 저는 당신이 모든 존재들 중에서 가장 위대한 존재이시라고 믿습니다. 도대체 누가 당신이 계시듯이 존재할 수 있겠습니까?"

비쉬누는 대답했다. "나는 근원적인 우주적 인간 나라야나(Nārāyana)이다. 나는 바다이고 최초의 존재이며 우주의 기원이다. 나는 일천 개의 머리를 갖고 있으며 나 자신을 거룩한 제물 중 가장 거룩한 제물로 현현시킨다. 나는 지상 사람들의 제물을 천상에 있는 신들에게 가져다 주는 성스러운 불로 나 자신을 현현시킨다. 동시에 나는 바다의 주인으로 나 자신을 현현시킨다. 신들의 왕인 인드라의 옷을 입은 나는 신들 중에서 으뜸이다. 나는 모든 것을 생산하고 다시 소멸시키는 역년의 주기(the cycle of the year)이다. 나는 망상의 기막힌 묘기를 보여 주는 우주적 요술사 또는 주술사인 신성한 행자(divine yogi)이다. 우주적인 행자의 주술적 속임수들은 유가들(yugas) 즉 세계의 연륜이다. 우주의 현상적 진행 과정 중에 발생하는 신기루의 전개는 나의 창조적인 측면의 작품이다. 그러나 동시에 나는 또한 모든 전개되었던 것들을 다시 빨아들이고 유가들의 진행 과정에 종막을 고하는 파괴력을 지닌 회오리바람이고 소용돌이다. 나는 존재하는 모든 것을 끝장낸다. 나의 이름은 우주의 죽음이다."

비쉬누의 이러한 자기 계시를 보면 말칸데야가 나라다보다 훨씬 더 많은 특전을 받았음이 분명하다. 이 두 성인들은 비쉬누의 마야의 본질적 측면인 물로 뛰어드는데 나라다는 의도적으로 뛰어들었고 말칸데야는 우연히 그렇게 되었다. 이 두 사람에게 물은 '다른 면' 즉 '전혀 다른 측면'을 나타낸다. 그러나 타오르는 신앙심과 사랑하는 마음으로 자기 자신을 버림(bhakti)으로써 신의 은밀한 본질에 익숙해 있음에 틀림없는 나라다는 이승의 고통과 기쁨의 또 다른 생활, 또 다른 올가미에 걸려든다. 그 같은 변형은 그가 그토록 열렬한 금욕 생활을 통해 간과하고 극복하고자 노력했던 바로 그 인연들로 그를 묶어 놓았다. 물은 그 자신의 존재의 무의식적인 면으로 그를 이끌어 간다. 다시 말해서 일방적인 그의 노력으로 그의 의식에서 여과되었던, 그러면서도 그의 자신 속에 아직도 살아 있는 온갖 갈망과 생각들을 그에게 일깨워 주었다. "너의 참된 모습은 네가 바로 네 자신이라고 생각하는 것과 다르다."는 것이 그가 눈 깜짝할 사이에 물 속에 잠겼을 때 그를 덮친 놀라운 경험이 암시해 준 교훈이었다.[9]

말칸데야는 다른 성격을 지닌 성인이었다. 잠자는 신의 체내에서 진행되고 있는 세계의 품속에 등장하는 수많은 인물들 중에 포함된 한 개인에 지나지 않으면서도 그는 인간사의 이상적인 상황에 만족하면서 고통을 감내해야 하는 성자의 순례를 행하는 자신의 역할을 기쁨으로 행하였다. 그는 신기루의 기적을 간파함으로써 마야의 주문을 초월하고자 하는 강박적인 갈망을 갖고 있지 않았다.

말칸데야가 신의 입으로부터 미끄러졌을 때 그는 존재하기를 그친 것이다. 물론 여기서 존재란 이해되어질 수 있고 견딜 수 있는 의미의 존재를 의미한다. 그는 자신이 거대한 무(無)에 달하는 어떤 것 즉

---

9) 힌두 신화의 비유법은 심리학(의식과 무의식의 심리학)의 견지에서 조심스럽게, 직관적으로 읽어도 무방할 것이다. 여러 다른 종류의 해석들 중에서 이러한 접근 방법이 절실히 요구된다고 할 수 있겠는데, 이는 마야라는 말이 우주적인 용어일 뿐 아니라 심리학적인 용어이기도 하기 때문이다.

우주의 개체화된, 분화된 형상들은——하늘과 지하의 높고 낮은 영역은 물론 지상의 영역들의——심연의 무형적 유동성 요소에 의해 지탱되고 있다. 모든 것은 이 근원적인 액체로부터 나와 성장하였으며 그 액체의 순환에 의해 유지된다. 마찬가지로 개체적, 의식적인 개성, 우리가 지각하는 혼 즉 우리가 사회적으로 그리고 단독적으로 격리되어 연출하는 성격의 역할은 정신적 및 정서적 소우주로서 무의식의 액체를 기반으로 하여 지탱된다. 무의식은 우리의 의식적 존재와는 구별되며 많은 부분이 알려지지 않은 잠재력을 나타내는데 이것은 함양된 인격(personality) 보다 훨씬 광범위하고 훨씬 낯설지만 이 인격의 깊은 기반으로서 그것을 지탱시켜 주고 또 깊이 관계하며 생기를 북돋워 주고 영감을 불어넣어 주며 때로는 거추장스럽게 방해하는 액체로서 그 인격을 두루 순환한다.

물은 깊숙한 곳에 자리잡은 무의식적인 요소를 나타내며 의식적인 인격이, 나라다의 경우에서처럼 완전무결한 성자의 상을 추구하면서 백안시하고 옆으로 젖혀놓았던 모든 것(성향과 생각들)을 포함한다. 그것은 지각되고 인식되고 의식적으로 행한 성격과는 분리되어 있지만 개체에 주어진 생명과 천성의 무차별한 포괄적인 잠재력을 나타낸다.

끝없는 바다의 거대한 황야에 마주서 있음을 발견한다. 그에게 친숙한 세계는 사라지고 없다. 눈 깜짝할 사이에 그는 하나의 본질 속에 있는 두 개의 이율배반적으로 상반되는 국면들을 경험하는바 그의 인간적인 머리로는 이 두 가지를 보고 어떻게 해야 할지 얼떨떨하기만 하다. 그리하여 비쉬누는 그에게 이 상반되는 것들의 동일성 즉 신 안에서 모든 것의 근본적인 통일성에 대해서 가르쳐 준다. 모든 것은 신의 유일한 존재로부터 흘러나와서 신 안에서 번창하다 쇠멸하여 다시 그 유일한 근원으로 녹아들어 가는 것이다.

비쉬누는 이 두 상반되는 것들의 동일성을, 첫째로 끝없이 깊은 바다와 별도 보이지 않는 어두운 밤의 무한히 광활한 곳에 홀로 있으면서도 두려워하지 않는 어린아이로 자신을 현현시킴으로써, 두 번째는 노령의 성자를 '아이야'라고 부르고 이전에 한번도 만나본 적도 없으면서 오랜 지기(知己)나 친척처럼 첫자로만 이름을 부름으로써 그것을 가르쳐 준다.

마야의 비밀은 바로 이 두 상반되는 것들의 동일성이다. 마야는 서로 모순되는 에너지들과 서로 이율배반되고 멸절시키는 과정들이 동시적이고도 연속적인 현현이다. 즉 창조와 파괴, 진화와 해체, 신의 내면을 향한 환상의 꿈속 같은 목가적 풍경과 황량한 허무, 허허로움의 공포, 고통스러운 무한이 바로 그것이다. 마야는 모든 것을 낳고 그리고 그것을 다시 채워 가는 역년의 전체 순환이다. 서로 모순되는 것들을 통합시키는 이 접속사 '과'나 '와'는 마야의 주인이며 지배자인 가장 높으신 존재의 근본적인 성격을 나타내며 그의 에너지가 바로 마야이다. 정반대되는 것들은 근본적으로 하나의 본질로서 한 비쉬누의 두 측면들인 것이다. 이 신화가 힌두교도들에게 계시하려고 시도하는 것은 바로 이 지혜이다.

아이의 깊이 울리는 소리는 계속되었고 그때마다 그의 입술에서는 경이롭고 영혼을 만족시키는 듯한 흐름을 타고 교훈이 흘러나왔다. "나는 신성한 질서(dharma)이며 나는 금욕적인 노력(tapas)의 빛나는 열정이고, 나는 저들 일체의 현상과 덕이며 그것을 통해서 존재의 참된 본질은 자체를 현현한다. 나는 주 창조자이며 일체 존재의 생산자(Prajāti)이고 제물을 드리는 의식의 법도이며 그리고 나는 거룩한 지혜의 주라 불린다. 천상의 빛으로서 나는 나 자신을 바람과 대지로 대양의 물로 그리고 사방으로 펼쳐 있고 시방 사이에 두루 통하고 위아래로 뻗쳐 있는 공간으로서 현현한다. 나는 원초적 존재이며 지고의 안식처이다. 내게로부터 모든 존재했던 것, 존재하게 될 것 또는 지금 존재하는 것 등이 나온다. 그리고 온 우주 속에서 네가 무엇을 보거나 듣거나 알게 되거나간에 너는 나를, 내가 그 속에 거하는 그분(Him)으로 알고 있어라. 매 주기마다 나는 나의 본질로부터 우주의 영역들과 생물들을 만들어 낸다. 네 마음 속에 그것을 새겨두어라. 나의 영원한 질서의 법칙을 준수하고 나의 체내에 있는 우주를 행복하게 거닐어라. 브라마가 나의 체내에 살고 있고 일체의 신들과 거룩한 현인들이 나의 체내에 살고 있다. 너는 나를, 자신을 현현하면서도 그 주술은 나타내지 않는 분으로, 또 알아낼 수 없는 그분으로 알라. 나는 인간의 삶의 목표(감각의 충족, 번영에의 추구, 성스러운 임무의 경건한 성취)를 초월하지만 나는 저들 세 가지 목표를 이승에서 존재 본연의 목표라고 지적한다."

그런 다음 원초적 존재는 재빠른 동작으로 말칸데야를 그의 입속으로 가져가 꿀꺽 삼켜 버렸다. 그리하여 그는 다시금 거대한 몸속으로 사라져 버렸다. 이번에 그 성자의 가슴은 지극한 행복으로 충만하여 더 이상 배회하지 않고 조용한 곳에 가 안식을 구한다. 그곳에서 그는 홀로 고요히 남아 〈불멸하는 거위의 노래(The Song of the Immortal Gander)〉를 즐거이 듣는다. 그 노래는 들이마시고 내쉬는 신의 생기

(life-breath)의 거의 알아들을 수 없는 은밀한 우주적 음향인 것이다. 그리고 말칸데야가 들은 노래는 이러하다. "여러 가지 형상을 나는 취한다. 그리고 해와 달이 사라지면 나는 끝없이 광활한 물 위를 천천히 떠다니며 유영을 한다. 나는 거위다. 나는 신이다. 나는 나의 본질로부터 우주를 탄생시키고 또 시간을 해체하는 시간의 순환 속에 거한다."

우주적인 거위의 형상과 함께 이 음향과 노래는 경건한 성자 말칸데야에게 보여진 신의 일련의 원형적 계시들 가운데 마지막 것이다. 힌두인의 신화에서 야생 거위는 보통 브라마와 연관을 갖는다. 인드라가 코끼리의 등을 타고 시바가 난디라 하는 황소를 타고 있으며 시바의 아들인 전쟁의 신 스칸다 카르티케야(Skanda-Kārttikeya)는 공작새를 타며, '여신(데비)'이 사자 위에 올라타 앉듯이 브라마는 멋진 거위 등을 타고 창공으로 치솟는다. 이들 수레들 또는 탈것들(vāhana)은 개개의 신들이 동물적인 층면에서 현현한 것들이다. 거위는 브라마 속에 신인동형적으로 구현되어져 있는 창조적 원리의 동물적 마스크이다. 그러한 것으로서 그것은 무오한 영성을 통해 얻을 수 있는 최상의 자유에 대한 상징이다. 이것이 바로 힌두 고행자 즉 환생의 멍에로부터 벗어나 자유롭게 되었다고 믿어지는 탁발 수도사 또는 성자를 '거위(haṁsa), 혹은 가장 높은 거위(paramahaṁsa)'의 서열에 도달했다고들 하는 이유인 것이다. 이것들은 오늘날 힌두교의 정통파 교사인 성자들에게 통상적으로 적용되는 명칭이다. 어찌하여 이 거위는 그렇게도 중요한 상징을 갖는가? 우리는 묻지 않으면 안 된다.

야생 거위는 그 생활 방식에서 모든 존재들의 이중적 성질을 아주 기막히게 표출하고 있다. 거위는 수면에서 헤엄을 친다. 그러나 물에 속박되어 있지 않다. 물의 영역으로부터 물러나면 거위는 맑고 무오한 창공으로 날아오르는데 하늘은 아래 있는 땅 못지않게 그에겐 편안한 곳이다. 공간을 날아다니며 거위는 계절에 따라 남과 북을 오고간다. 따라서 거위는 위에 있는 천상과 아래 땅의 영역 어느 쪽에서나 편안하게 그러면서도 구속받지 않고 사는 집 없는 자유 방랑자인 것이다. 거위는 원하기만 하면 이 땅의 물 위에 내려앉고 또 거위가 원하면 다시 드높은 허허로움 속으로 물러갈 수 있다. 따라서 거위는 개체 속에 구현되어서 그 속에 살고 있으면서도 개체적 삶의 사건들과는 무관하며 영원히 자유롭게 남아 있는 신적 본질을 상징한다.

한편으로는 땅에 묶여 있고 생명력에 있어서나 덕에 있어서나 의식적인 면에 있어서 제한을 받고 있으면서도, 다른 한편으로는 제한받지 않고 불멸하며 실질적으로 전지전능한 신의 본질의 한 현현인 우리는, 야생 거위처럼 두 영역의 시민들이다. 우리들은 우리들 자신 속에 불멸의 초개체적인 핵을 지닌 유한한 개체들이다. 우리의 육체적 본성에 감촉되는 조야한 틀을 한정시키며 개체화시키는 층면에 의해 그리고 우리의 활기차게 꿈틀대는 영혼의 정묘한 껍질에 의해 덮인 자아(Ātman)는 제약하는 층면들의 여러 과정과 활동들에 의해 근본적으로 영향을 받지 않고 고립하여 지복 속에 몰두해 있다. 그것을 알지 못하나 우리는 영적이며 숭고하고 고귀한 존재들이다. 그럼에도 또한 즐거움과 슬픔과 쇠퇴와 환생과 같은 체험들에 제약을 받는 변화무쌍한 존재들이다.

대우주적인 거위 즉 우주의 체내에 있는 신적인 자아는 한 노래를 통하여 자체를 현현한다. 인도의 행자(行者, yogī)가 수행(prāṇāyāma)을 통해 자신의 호흡의 리듬을 조절할 때 듣게 되는 들이쉼과 내쉼의 음향은 '내면의 거위'의 현현으로 간주된다. 들이쉼은 'haṁ'이라는 소리를 만들고 내쉼은 'sa'라는 소리를 만든다고 한다. 이런고로 끊임없이 그것 자신의 이름 함—사, 함—사를 콧노래로 부름으로써 내면의 존재는 행자인 전수자에게 자체를 계시한다.

말칸데야는 이 노래를 듣고 있다. 그는 가장 높은 존재의 숨결을 듣고 있는 것이다. 그것이 바로 그가 한적한 곳에 홀로 앉아 세상사를 추구하는 데 더 이상 개의치 않고, 주위를 배회하는 것과 인간사의 이상적 상태를 돌아보는 일에 더 이상 즐거움을 느끼지 않게 된 이유인 것이다. 그는 즐겁긴 하지만 끝없이 계속되는 유람의 주술로부터 해방되었으며 천상적인 경치를 보느라 이리저리 다녀야 하는 심리적 압박감으로부터 벗어났다. 상상할 수 있는 한 가장 천상적인 음향이 그의 온 정신을 빼앗고 말았다.

내면의 거위의 노래는 밝혀야 할 마지막 비밀을 가지고 있다. 거위는 "함—사, 함—사"라고 노래하는데 이것은 동시에 "사—함, 사—함"이라는 노래도 되는 것이다. 사는 '이것'을, 그리고 함은 '나'를 의미한다. 즉 그것이 가르치는 것은 "이것은 나다."라는 것이다. 마야의 주문에 얽매여 환상에 빠져 있는 제한된 의식의 인간적 개체인 나는 실체적으로 또 근본적으로 이것(This) 또는 그(He), 다시 말해서 제한되지 않은 의식과 존재의 아트만, 자아 즉 최상의 존재인 것이다. 영혼과 육체의 과정과 사건들을 완전히 실제적이고 숙명적인 것으로서 받아들이는 소멸할 수밖에 없는 개체와 나를 동일시해선 안된다. "나는 자유롭고 신성한 그분이시다." 그것이 바로 숨을 들이마시고 내쉬는 순간마다 사람에게 들려오는 노래의 교훈이며 호흡을 하고 계시는 그이의 신적 본성을 나타내는 말인 것이다.

이 노래를 듣자 무엇이 참된 것인가에 대한 말칸데야의 의문은 해결된다. "많은 형상들을 나는 취한다."고 신은 노래한다. 말하자면 자기 마야의 창조적인 에너지들을 통하여 신적인 존재는 자신을 변형시키고 일단의 소멸할 수밖에 없는 개체들과 우주들——예를 들어, 말칸데야가 일부를 형성하고 있는 우주——로 탈바꿈한다. "그리고 해와 달이 사라지면 나는 가없이 넓은 물 위를 천천히 떠다니며 헤엄을 치노라."

고 거룩한 새는 노래한다.

  그리하여 그 성자가 친숙했던 세계로부터 떨어져 깊이를 알 수 없는 대양의 캄캄한 어둠 속에 빠졌을 때 그를 그렇게 당황케 하고 좌절시켰던 실재의 서로 상반되는 측면들이 이제는 화해되고 동일한 하나로서 그에게 나타나 보였다. "나는 신이고, 나는 거위이다." 나는 지고의 완전한 존재(All-Being)이고, 나의 해학적인 변형이 바로 대우주이다. 그리고 나는 사람(소우주) 속에 자리잡고 있는 가장 깊은 원리이다. 나는 호흡의 음향 속에 계시된 신적인 생명의 원리이다. 나는 일체를 포함하는 우주적 거인이신 주이며 그리고 인간 속에 자리잡은 소멸되지 않은 신적인 삶의 중심인 자아이다. "나는 나의 본질로부터 우주를 낳았으며 그리고 나는 시간을 해체시키는 시간의 순환 속에 거한다." 마야의 움직임은 번갈아가며 나타나는 우주적 환상을 통하여 말칸데야에게 계시되었다. 나라다가 개인적인 꿈의 변형을 통해 불가사의한 것을 체험하는 반면 말칸데야는 우주적인 규모에서 펼쳐지는 희곡의 기적을 바라보았던 것이다.

  그 신화는 영겁의 해체를 묘사하는 것으로 시작하였는데 이제 그것은 새로운 시작의 이야기로 끝을 맺는다.

  최고의 존재는 물의 형상으로 자신 속에 타오르는 에너지를 서서히 모아 축적하였다. 그리고는 그의 한없는 힘으로 우주를 다시 만들어내고자 결심한다. 그 자신이 만유이신 그는 에테르, 공기, 불, 물 그리고 흙이라는 다섯 원소들(五大, five elements) 속에 우주의 형상을 드러냈다. 깊이를 알 수 없고 정묘한 대양 위에 고요가 덮여 있다. 비쉬누가 물 속에 들어가 서서히 물을 휘저었다. 물결이 출렁거리고 물결이 물결을 뒤이어 가니 저들 속에 조그마한 틈이 생겼다. 이 틈이 바로 공간 혹은 에테르였으며 눈에 보이지 않고 감촉되지 않는 것으로서 다섯 원소들 가운데 가장 정묘한 것이며 보이지 않고 감촉되지 않는

음질의 전달자이다. 공간이 진동하며 그 소리로부터 두 번째 요소인 공기가 바람의 형상으로 발생한다.

  자발적으로 움직이는 힘인 바람은 공간을 마음대로 뻗어갈 수 있다. 공간을 침투해 가면서 바람은 멀리, 널리 확장해 나간다. 세차게 돌진하고 맹렬히 불어 대면서 바람은 물을 일깨운다. 그 결과로 인한 소동과 마찰로 세 번째 요소인 불이 비롯되었다.——불은 강력한 신성으로서 그가 가는 길은 연기와 재로 캄캄하다. 불은 증가되면서 거대한 양의 우주적인 물을 삼켜 버렸다. 그리고 물이 사라진 곳에는 거대한 공허가 남았으니 그 속에 하늘의 상층권이 자리를 잡고 앉았다. 자기의 본질로부터 이들 요소들로 하여금 나아가도록 허락한 우주적인 존재는 이제 천상의 공간이 형성됨을 바라보고 즐거워한다. 브라마를 탄생시킬 준비에 그는 온 정신을 기울인다.

  우주의 대양 한가운데서 스스로 즐기는 것은 무쌍한 존재의 본성이다. 목하 그의 우주적인 본체로부터 그는 태양과 같이 빛나며 홈 하나 없는 순금의 수많은 꽃잎을 지닌 단 하나의 연꽃을 내어 놓는다. 그리고 이 연꽃과 함께 그는 타오르는 창조적 에너지를 확산하고 빛을 발산하며 황금의 연꽃 가운데 앉아 있는 브라마 즉 우주의 창조신을 탄생시킨다.

  브라마의 지위와 역할은 자신과 우주의 힘들을 완전히 통어하는 한 사람의 온전한 행자의 그것이다. 한 인간적인 존재가 열렬한 극기를 통해 정화되고 비법 전수를 통해 영적으로 다시 태어나 성스러운 지혜에 도달하게 되면, 최상의 깨달음을 성취하고 모든 행자들 가운데서 가장 높은 행자가 되며 지고하신 존재로부터 완전한 존엄성을 갖춘 자로 인정을 받는다. 우주가 다시 전개될 때 창조의 나머지 과정은 그의 권한에 맡겨진다.

  브라마는 네 개의 얼굴을 지녔으며 이 얼굴들로 그는 사면팔방과 우주의 전 영역을 관장한다.

　브라마의 연꽃은 "대지의 최상의 형상 혹은 측면이다."라고 현자들에 의하여 신성한 전승에서 노래로 불려지고 있다. 그것은 흙의 요소에 대한 상징으로 표식된다. 그것은 대지 혹은 습기의 여신이다. 이 대지로부터 성스럽고 까마득하게 높이 솟은 히말라야와 수메루 혹은 메루는 세계의 중심 산봉우리이며, 우주의 큰 말뚝 즉 수직 축이다. 카일라사는 수호신(yakṣas)의 왕 쿠베라 신의 저택이며 또한 시바가 즐겨 찾는 행락지이기도 하다. 북인도의 평야와 데칸 고원 사이에 경계를 짓는 빈디야 산의 정상에서 태양은 매일매일 그의 일과인 천공의 왕래를 시작하기 위해 떠오른다. 이 모든 산봉우리들은 경건한 자들에게 소원을 이루게 해 주는 많은 무리의 신들과 천상의 존재들, 초인적인 존재들과 도통한 경지에 도달한 성자들의 거처들이다. 나아가서 이 산들로부터 흘러 내려오는 물들은 영원한 생명의 불로장수약처럼 유익하다. 이 물은 순례의 성스러운 목적지인 강들로 흘러들어간다. 그리고 연꽃의 꽃술들은 소중한 광석들로 가득 찬 세계의 수많은 산들이다. 연꽃의 바깥쪽 꽃잎들은 외인들이 접할 수 없는 대륙들을 포함한다. 꽃잎의 아래쪽에는 악마들과 뱀들이 살고 있다. 그러나 사방으로 펼쳐지는 네 개의 대양 가운데 과피의 중심부에는 인도가 그 일부를 이루고 있는 대륙이 있다.

　이리하여 우주를 품고 있는 신의 마야의 힘으로부터 4유가들의 웅장한 순환을 재개하기 위해 우주 전체의 광대한 꿈이 다시 생겨났다. 이전에 지나갔던 모든 순환과 동일하고 앞으로 왔다가 사라질 모든 순환들과 같을 또 다른 순환이, 그 원천으로부터 흘러나온 살아 있는 실체로 촉촉히 젖고 반짝반짝 빛나면서 싱그러운 새벽빛 속으로 멋지게 펼쳐져 나간다.

4. 인도 예술에서의 마야

　인도의 서해안 봄베이에서 가까운 바자(Bhājā)에 있는 언덕들에는 불교의 동굴 수도원이 있는데 이 동굴은 기원전 2세기경부터 조성된 것이다. 입구의 오른쪽에는 신들의 왕인 인드라를 보여 주는 웅장한 석조각이 있다.(그림1) 지상의 모든 코끼리의 조상이며 비를 간직하는 몬순 구름의 동물 모양을 한 원형(archetype)인 아이라바타(Airāvata)라는 거대한 코끼리 위에 인드라는 앉아 있었다. 이 부조상 윗부분의 절반에 지나지 않을 것 같이 보이는 아래쪽에 있는 땅과 비교할 때 신과 그의 탈것은 어마어마한 크기의 것이라 하겠다. 미세한 장난감 같은 인물들이 아래의 풍경을 덮고 있다. 중앙에는 울타리에 둘러싸인 성스러운 나무가 한 그루 있다. 왼쪽에는 궁전의 장면이 있는데 왕은 고리버들을 정교하게 엮어 만든 왕좌에 앉아 있고 그의 머리 위에는 우산이 펼쳐져 있으며, 악사와 무희들이 주위에 둘러앉아 있다. 천상의 코끼리는 코를 치켜들고 그가 지나는 길에서 뽑아올린, 아무도 대항할 수 없는 폭풍의 노여움을 상징하는 커다란 나무를 들고 있다.

　이 바자의 부조는 분명히 '환상적인 유형'으로 완성되었다고 하겠는데 돌에 끌을 대어 만들었다기보다는 조소 회화에 더 가깝다. 능숙하고 거친 붓놀림으로 섬세하면서도 대담하게 조각된 이 부조는 초기의 문서들이 아직 발견되지 않던 오래 전의 전통에 대해서 유리한 증언을 한다. 인물들은 바위로부터 솟아나 구름 같은 물질의 섬세한 물결처럼 바위의 표면을 아주 얇은 잔물결 층으로 덮고 있다. 그리하여 견고한 돌에 새겨졌음에도 불구하고 저들은 일종의 신기루를 생각나게 한다. 돌이라는 물체가 경쾌하게 스쳐 가는 발산 가스의 윤곽미를 취한 것 같기도 하다. 말하자면 형태가 없고 분화되지 않은 무명의 바위가 개체화된 살아 있는 형상들로 자체를 변형시키는 바로 그러한 과정에 있는 것 같다. 마야의 기본 개념이 이러한 스타일 속에도 반영되어 있다. 그것은 무형의 원초적 실체로부터 살아 있는 형상들의 출현을 표상한다. 그것은 세속적 및 신적인 일체 존재들의 변화무쌍한 신기루 같은 성격을 잘 보여 준다.

그러나 마야로서의 우주관은 인도인들에게 알려진 유일한 세계 해석만은 아니다. 사실 이러한 우주관 즉 경험의 양상은 기원전 1000년부터의 오랜 기간에 걸쳐 얻어진 것으로 오늘날까지도 자이나(Jaina) 종파의 교리에서 고수되고 있고 또 선사 시대에 인도 반도의 아리안족 이전의 민족들 사이에 통상적으로 꽃피웠을 것으로 생각되는 지극히 융통성이 결여된 이원론적인 신앙 체계에 대한 적지 않은 철학적 승리를 의미한다.

서기 1913년 자이나 교도의 숫자는 125만 2,105명으로 대부분이 부유한 상인들, 은행가, 무역상들로서 대도시에 정착해 살고 있었으며 이들 부유한 평신도 사회는, 수도승들과 수녀들로 이루어진 엄청나게 엄격하고 수준이 높은 고행자들의 가장 중요한 내부 집단을 후원하고 있다. 그러나 한때 자이나 교도의 숫자는 엄청난 정도였고 그들의 가르침은 인도의 사상사에서 중요한 역할을 했었다. 저들 최후의 대예언자는 마하비라(Mahāvīra, 기원전 500년경 사망)로서 부처(기원전 563~483)와 동시대 사람으로, 그 자신 자이나교의 스물세 번째 예언자로 간주되는 훨씬 앞 시대의 예언자인 파르쉬바나타(Pārshvanātha, 기원전 872?~772?)의 추종자였다. 22대의 예언자인 네미나타(Neminātha)는 파르쉬바나타보다 8만 4000년을 앞서 살았다고 한다. 첫번째 예언자인 리샤바나타(Rishabhanātha)는 세계의 초창기 시대에 존재하였으며 그때에 부부는 쌍동이로 함께 태어나고 갈비뼈는 각기 예순네 개씩이었고 키는 자그마치 2마일이나 되었다. 수세기 동안 자이나교는 정통 힌두교와 어깨를 나란히 하여 번창하였으며 서기 5세기에는 그 절정에 달하였다. 그러나 그때부터 7세기가 지나 마호메트 교도들의 침입과 대학살이 있었던 이래(특히 알라우드덴〔Alā-ud-dēn〕의 구자라트 지역의 정복 이후 1297~8년에 있었던 '대학살') 그 종파는 서서히 내리막길을 걸어왔다. 현재의 이러한 흔적만 남았다고 할 수 있는 상태는 예언자들에 의해 이미 말해졌던 것인데 그것에 의할 것 같으면 완만하고 돌이킬 수 없는 제시대의 순환 과정에서 세상의 덕은 쇠퇴하고, 진정한 종교는 점차 힘이 미약해질 수밖에 없는바 세계가 타락하여 붕괴되면서 그 종교는 사라질 거라는 것이다. 최후의 자이나교 수도승은 두파사하수리(Duppasahasūri)이고, 최후의 수녀는 팔구쉬리(Phalgushri)이며, 마지막 남신도는 나길라(Nāgila)이고, 최후의 여신도는 사티아쉬리(Satyashri)로 불리울 것이다.[10]

자이나교는 세계의 본성에 대한 심오하고 절대적인 비관론으로 그 특징을 이룬다. 물질은 결코 정신의 변형이 아니며, 원자들로 구성되어 있고(진흙처럼) 여러 형상들을 취할 수 있는 구체적이며 근절할 수 없는 영원히 존재하는 실체이다. 물질과는 달리 물질 속에 갇혀 있으며, 효모처럼 물질에 작용을 하여 형태를 지니게 하는 것이 바로 영혼(Jiva, '생명들')인데, 영혼은 사실상 헤아릴 수 없이 많으며(세계는 문자 그대로 영혼들로 가득차 있다.) 물질 자체와 마찬가지로 결코 분해되지 않는다. 자이나 교도의 종교적 관행의 목표는 이들 영혼들을 물질(물질

---

10) 자이나의 순환은 비쉬누의 마야 세계의 순환과 다르다는 것을 주목해야 한다. 우주는 결코 해체되지 않으나 오랜 기간의 철저한 참변이 있은 후 자이나교가 다시 나타날 때까지, 다시금 서서히 모든 것이 나아지기 시작한다. 사람들의 키가 다시 장대해져 가고 우주는 아름다워지며 모든 것은 곧 완전한 상태로 되돌아가는데 여기서 다시 쇠퇴의 길은 시작된다.──Mrs. Sinclair Stevenson, *The Heart of Jainism* (Oxford University Press. 1915) 참고.

은 '비영혼, ajiva'이다)과 착종된 데서 해방시키는 것이다. 이 목적을 달성하기 위해 평신도로 하여금 낮은 등급에서 시작하여 높은 고행자의 최종 상태로 이끌어 갈 생활규칙과 서원의 복잡하고 여러 단계의 등급으로 분류한 하나의 체계가 조심스럽게 주장되고 있다. 인간이 움직이고 어떤 일을 함에 있어 모든 행위는 새로운 착종을 일으키기 때문에 족쇄를 차게 된다. 그러므로 승리하는 길은 절대로 활동하지 않는 것이다. 이러한 상태가 올바르게 그리고 서서히 얻어지면 모든 아지바의 흔적은 죽음이 오는 순간에 사라지고 만다. 이때 지바가 놓여 절대적인 해방(Kaivalya, '완전고립')을 얻게 된다. 이러한 상황을 자이나 교도들은 궁극적인 우주적 실체에의 재흡입으로 여기지 않는다. 왜냐하면 저들은 일체를 포함하는 비이원적인 존재의 상태에 대해선 전혀 아는 바가 없기 때문이다. 이와는 반대로 개체적인 영혼, 즉 단자(Monad)는 줄 풀린 풍선처럼 우주의 유기체 천장까지 그냥 올라가 그곳에서 모든 다른 자유로운 풍선들과 함께 영원히 머문다.——이들 고무풍선들은 각기 자존적이고 자족적이며, 세계의 천정에 대해서 더 올라갈 데가 없으므로 부동적이다. 개개의 완전한 영혼에 의해 점유된 공간은 무한하다. 완전한 영혼들은 완전히 이해한다.[11]

완성되어진 상태인 카이발리야는 제신이 주재하는 이승의 영역을 초월한 훨씬 저편에 있음에도 불구하고 자이나 교도들은 저들이 곧잘 집에서 행하는 기도의식에(평신도들이 일상생활을 하는 데 도움을 주고

---

11) 우주는 자이나교의 신화적 상징에 의해 인간적인 형상을 한 거인 즉 하나의 남성으로서나 하나의 여성으로서 표상될 수 있는 우주적 거인으로서 표상된다. 이 거인 몸체의 하부인 허리로부터 발끝까지는 연옥과 악마들이 거주하는 장소인 지하세계이다. 인간의 세계는 그의 허리춤에 자리잡고 있다. 거대한 가슴과 목 그리고 머리에는 하늘이 있다. 모크샤(Moksha, mokṣa, '자유, 해방')라 하는 순수한 지바들의 거처는 왕관 속에 있다. 역사의 순환과 재생에 대한 모크샤의 관계는 도식적으로 다음과 같이 표상된다.

위로하기 위하여 정신적 순화의 높은 경지에 다다를 때까지 행한다.) 힌두 만신전의 어떤 신들을 받아들이고 있다. 그러나 이들 신들은 명백하게 열등한 존재의 양식에 참여하는 것으로 이해된다. 저들이 지배하는 세계처럼, 저들도 일시적인 존재물의 재료 때문에 무겁다. 그리고 이 중량감, 이 지속성 있는 물질성은 자이나교의 예술 작품 가운데 저들이 나타내는 표상 속에 반영되어 있다.

그림 2는 인드라 즉 제신의 왕인 천상의 라자(rāja)에 대한 자이나교의 조상(image)이다. 이 작품은 서기 850년경 작품으로 추정되는데 엘로라(Elūrā)의 자이나교 신전에 서 있으며 그 사원은 절벽의 자연석을 깎아 만든 하나의 큰 돌덩이로 되어 있다. 모든 시대의 자이나교 예술은 꼭두각시 같은 뻣뻣함과 무미건조함과 경직성으로 특징을 이룬다. 때때로 대중 예술과의 밀접한 혈족 관계를 맺은 데서 나온 어떤 생동감이 넘치고 활력에 찬 것을 그려 내기도 하지만 자이나교 예술의 이미지들은 종종 원시적인 수준에 머물러 있는 집단의 주물신의 꼴과 비슷하다. 자이나교가 나타내고 풀이하는 교리와 인생 체험과 마찬가지로, 자이나교의 예술은 낡고 근본주의자의 융통성이 없는 그러한 것이다.——어떠한 무딘 눈으로 보아도 그것은 단순하다. 어떠한 것도 분화되어지지 않은, 초월적인 정묘한 본질 속으로 융해되질 않는다. 결국 어떠한 것도 존재하기를 그치지 않는다. 최초의 물질과 살아서 안간힘을 쓰는 영혼들 간의 영원히 지속되는 모순은 결코 해소되지 않는다.

신들의 왕 인드라는 거의 위압적이라 할 위엄을 갖춘 육중한 무게로 자기의 탈것인 코끼리 위에 앉아 있다. 양 옆에는 두 명의 수행원이 있고 '소원을 들어 주는 나무(kalpa-vṛikṣa)의 그림자에 드리워져 있다. 인드라의 낙원에 사는 거주자들은 이 생명에 대한 수목 상징의 나뭇가지들로부터 저들이 바라는 원망의 과실들——보석과 값진 의상들과 그 밖의 허영과 쾌락의 즐거운 물건들——을 딴다. 그러나 신과 그 나무 그리고 저들이 줄 수 있는 모든 것에는 물체의 중량이 걸려 있다. 이 작품이 보여 주는 뚜렷한 윤곽과 장식들 속에서 바위의 활력과 단단한 저항력은 의도되었던 효과를 일으키고도 남음이 있다. 그 조상을 만드는 데 사용된 돌은 자체의 견고성을 유지한다. 광물질의 무게와 동물적인 무게를 우리는 여기서 보게 된다. 돌이 뭔가 정묘하게 무상한 것으로 전환한다든가, 구름처럼 덧없는 것에 대한 암시 같은 것은 전혀 존재하지도 않는다. 철저하게 성실한 사실주의와 그야말로 무미건조한 헌신적 신앙으로, 육중한 무게와 거대한 부피로 생명력을 표현한다. 식물과 동물의 본성의 장중함과 지복이 여기에 표현되어 있지만 불멸하는 신의보다 고차적인 양식으로 표현되어 있다. 이 인드라는 감각적인, 살아 있는 세계의 건장하고 억센 지배자이며 자이나의 성자들은 그의 영역으로부터 도망치려고 부단히 훈련한다. 수도승이 자유를 얻기 위해선 극도로 자신의 육체를 자학하지 않으면 안 되도록 되어 있다는 것은 조금도 놀라운 일이 아니다.

 이 융통성 없는 신앙에 대해서 거둔 획기적이라 할 철학적 및 심리학적 승리는 바자(Bhāja) 예술의 정묘한 신기루 효과에서 표상된다. 여기서 전체적으로 현현된 세계는 해체되었지만 그러나 '살짝 불어대도 사라져 버릴 타다 남은 실처럼' 그러한 정도의 존속은 허용되어 있다.

제3장
생명의 수호자

1. 뱀, 비쉬누와 부처의 후원자

　유출과 해체에 관한 신화들이 인간의 행복과 불행의 거대한 세계를 사실상 보잘것없는 비실재물로 환원케 하는 냉정하고 잔인한 비인격성을 중심으로 맴도는 데 반해, 민간 전승은 생의 환상에 유연하게 공감하는 신들과 정령들로 가득 차 있다. 현인 나라다와 말칸데야는 마야의 비실체성을 주술적으로 체험할 수 있는 기회를 허락받았다. 다른 한편 수백 만의 인류는 꿈의 거미줄이 쳐진 망 속에 거주하며 괴로워한다. 저들은 저들의 생활 속에서 많은 무리의 소박한 후원자들에 의하여 기만당하기도 하고 보호도 받으며 후원을 받고 또 편안함을 맛보기도 한다. 그 후원자들의 기능은 태초에 이 세계를 형성했던 우주 발생적인 힘의 국부적 및 연속적인 작용을 통괄하는 것이다. 땅의 수호신들(yakṣa)은 토질의 힘과 대지의 광물성 보물, 귀금속, 보석 등을 표상한다. 뱀의 왕(Nāga)들과 여왕(Nāgini)들은 호수와 연못, 강과 바다의 지수들(Terrestrial Waters) 즉 세 개의 신성한 물줄기의 여신들인 갠지스 강의 강가(Gaṅgā), 줌나 강의 야무나(Yamunā), 사라스와티 강의 사라스바티(Sarasvatī)와 식물 세계의 후원자들로서 숲의 요정 혹은 나무의 여신들(vṛikṣa-devatā)과 본래 날개를 달고 구름들과 사귀었고, 지금도 지상에서 비를 져나르는 오랜 벗들을 매혹하는 힘을 가지고 있는 신성한 코끼리들(Nagā, '뱀'을 뜻하는 것과 같은 말이다)을 의인화하고 지배한다. 이들 수호신들은 세상의 어린 것들에게 세속적인 행복의 은혜 즉 농작물과 가축의 풍요, 번영, 다산, 건강, 장수 등의 은혜를 베풀고 있다.

인도에서 이글거리는 태양의 힘은 일종의 죽음의 힘으로 간주된다. 한편 청량한 이슬을 내려 주는 달은 생명의 거처이며 원천이다. 달은 물의 통치자이며 이 물은 우주를 순환하면서 모든 살아있는 피조물을 유지시켜 주는바 하늘의 음료 아므리타(Amrita)[1] 즉 신들의 음료수에 상응하는 이승의 대응물인 것이다. 이슬과 비는 식물의 수액이 되며 이 수액은 암소의 우유가 되며 또 우유는 혈액으로 변환되는 아므리타 즉 물, 수액, 우유, 혈액 등은 다만 한 가지 불로장수약(Elixir)의 각기 다른 상태를 표상할 뿐이다. 이러한 불멸의 액체를 담는 그릇이나 컵이 바로 달이다. 지상에서 가장 뚜렷하고 자애스럽게 달을 현현하는 것은 바로 거대한 강들이며 특히 위대하고 신성한 세 개의 강인 갠지스, 쥬마, 사라스바티이다.

인도 신화 중에는 생명을 부여하는 물의 힘의 의인화가 대단히 많다. 이들 가운데 우두머리는 바로 비쉬누 자신이며 그는 우주의 지고한 산출자이다. 그에 버금가는 자는 락쉬미(Lakshmi)와 스리(Shri, 번영,

---

[1] A는 '없음'을, mṛita는 '죽음'을 뜻하는데 이 말은 어원학적으로는 희랍어의 ambrosia 와 관련되어 있음. 〔A.M.Fowler:〈고전언어학〉, 1942년 1월, 37장, ἀμβροτοςに 관한 주와 '리그베다, 호머, 에다시에 관한 인도 유럽 언어에 있어 불멸에 관한 표현들' 에 대한 논문(하버드)을 참고할 것——AKC〕

재산, 미, 덕)라고 불리는 그의 배우자이자 여왕인 파드마(Padmā, 연꽃)이다. 남신과 여신은 창조된 세계 속에서 살아 있는 물의 역할을 상징하는 다른 많은 종류의 지방 수호신과 밀접한 관계를 가지고 있는 인도의 사원들에 잘 묘사되어 있다.

데오가르(Deogarh) 사원에 있는 아름다운 부조상(그림 3)은 아난타 즉 우주적인 뱀(Viṣṇu Anantāśāyin)의 사리들 위에 드러누운 비쉬누의 모습을 보여 주고 있다. 서기 600년경의 굽타(Gupta) 양식인 이 작품은 열 명의 아바타르들 혹은 이 지고한 신의 체현(incarnation)들을 자세히 열거하고 묘사하는 고전 푸란경의 설화들과 동시대의 것이다. 인간의 형태를 취한 모습과 그의 자리를 이루는 뱀의 사리 그리고 이 뱀이 둥실 떠 있는 물은 단일의 신성한, 불멸하는 우주적 실재 즉 생명에 대한 일체 형식들의 토대를 이루며 그 속에 깃들어 있는 에너지의 삼위일체적인 현현들이다.

우아하고 편안한 자태로 마치 그의 내부에 있는 우주의 꿈속 깊이 빠진 듯 신은 기대어 잠들고 있다. 힌두 여인네들에게나 돌아가는 누추한 자리인 그의 발밑에는 락쉬미 스리(Lakshmī-Shrī) 즉 그의 배우자 여신 로투스(Lotus)가 있다. 그녀는 오른손으로 그의 발을 잡고 왼손으로는 그의 다리를 부드럽게 두드린다. 이렇게 두들기는 모습은 예로부터 힌두 여인들이 남편의 발에 올리는 숭앙심을 뜻한다. 남신의 배꼽 위에는 연꽃이 자라는데 이는 남신의 발 아래 위치한 여신의 현현을 이중으로 묘사하는 것이다. 꽃은 네 개의 얼굴을 가진 조물주 브라마를 화관으로 떠받치고 있고 그 위에 힌두 만신전의 주요 신들이 늘어서 있다. 네 얼굴을 가진 브라마의 오른쪽 형상은 인드라인데 그는 자기의 코끼리 아이라바타(Airāvata)를 타고 있다. 수놈 위에 앉아 공간을 날고 있는 한 쌍은 시바와 그의 배우자 '대 여신'이다. 오른쪽 모퉁이에 여러 개의 옆모습으로 나타낸 사내아이의 용모는 아마도 여섯 개의 얼굴을 가진 전쟁신 스칸다 카르티케야(Skanda Kārttikeya)일 것이다.
아래쪽에 나란히 있는 남자 모습의 다섯 상과 하나의 여자상은 서사시 마하바라타(摩訶婆羅多, Mahābhārata)의 영웅 판다바(Pandava) 가의 다섯 왕자와 그들의 아내이다. 이들은 비쉬누의 특별한 은총을 받은 이름 높은 수혜자로서 그와 관계가 깊다. 그 서사시의 이야기에 따르면 그들은 노름을 하다가 사촌인 카우라바스(Kauravas) 가에게 저들의 왕국을 잃었는데 그 뒤 왕국을 되찾기 위한 투쟁에서 바로 그 위대한 신의 도움을 받았다. 비쉬누는 저들의 벗인 크리쉬나의 모습을 빌려 조언자의 전사로서 저들을 도왔다. 마지막 전투 개시 직전에 그는 저들의 선봉장인 아류나(Arjuna)에게 바가바드 기타(Bhagavad Gītā)의 은혜스런 복음을 은밀히 계시하였는데, 그럼으로써 지상에서의 승리는 물론 영원한 자유가 그에게 수여되었다. 데오가르 사원 부조상의 중앙 인물은 바로 유디스티라(Yudhishthira)이며 그의 왼편의 둘은 비마(Bhima)와 아류나이며 그의 오른편에는 쌍둥이인 나쿨라(Nakula)와 사하데바(Sahadeva)가 있다. 이들 다섯의 공동 아내인 드라우파디(Drāupadi)는 구석 쪽에 있다.[2]

거대한 뱀 침상의 문제로 되돌아가서 인도의 조상에 나오는 뱀 상징의 전체적인 주제를 검토해 볼 필요가 있다. 비쉬누의 어깨와 머리는, 넓게 펼쳐진 두건을 쓴 것 같은 아홉 마리 코브라의 머리에 둘러싸여

---

2) 이들 영웅들은 그들 자신의 화신으로 간주된다. 유디스티라는 삶의 성스러운 질서인 다르마(법)의 인간적인 현현이다. 비마는 바람의 신 바유를 상징하는데 그가 들고 있는 거대한 철봉으로 그의 성격이 나타나 있다. 그는 이 철봉으로 일대 일로 맞붙어 싸운 적장의 넓적다리를 (반칙으로) 힘껏 내리갈겼다. 아류나는 인드라의 인간적 복사물이다. 나쿨라와 사하데바는 쌍둥이 기수의 신 아쉬빈(희랍의 Dioscuri에 해당하는 힌두신)을 체현한다. 끝으로 드라우파디는 인드라의 아내이며 신들의 여왕인 인드라니의 복사체이다. 다섯 형제와의 일처다부제적인 그녀의 결혼은 바라문 전통에서 특이하고 예외적인 경우이다.

보호를 받고 있다. 그는 거대한 사리 위에 누워 있다. 이 다두형의 뱀은 신인동형적 형상으로 잠자는 그의 동물 쪽 모습이다. 이것은 영원 (ananta) 또는 잔존자, 나머지(śeṣa)라고도 불린다. 이것은 대지, 상층의 지역과 연옥의 지역 그리고 저들 일체의 존재들이 우주적인 심연의 바다로부터 형성된 이후에 남은 잔여자를 표상하는 한 개의 형상이다. 세 개의 피조된 세계는 이 바다 위에 떠 있다. 다시 말해서 저들은 넓게 펼쳐진 두건 위에서 균형을 유지한다. 셋사는 바로 땅 위를 기어다니는 온갖 뱀들의 왕이자 조상이다.

어깨와 머리를 둘러싸고 있는 넓은 뱀 두건의 방패는 인도 예술에서 뱀 수호신의 특징적 형상이다. 이러한 뱀의 전형적인 표상이 동북부 인도의 거대한 나란다(Nālandā) 불교 승원 대학 발굴 작업 중 발견되었다.(그림 4) 이것은 서기 5세기경 후기 굽타 시대의 성숙한 고전 양식의 작품이다. 인간의 형상을 한 뱀 왕자 또는 나가(Nāga)는 오른쪽 손바닥에 염주를 늘어뜨린 채 묵상에 잠겨 기도하는 자세로 앉아 있는 것으로 표현되어 있다. 등뒤로는 독특한 후광이 흐른다. 넓게 펼쳐진 홀수의 코브라 두건이 몸의 일부를 이루며 머리를 보호한다. 때때로 뱀의 구불구불한 몸체는 등쪽을 향해 달리는 것으로 묘사된다. 혹은 인어를 묘사할 때와 같은 방식으로 둔부에서 사람의 형태가 뱀으로 바뀌기도 한다. 갠지스가 대지에 강하(The Descent to Earth of the Ganges, 이에 대해선 본 장의 결론에서 논의할 것임)하는 것에 대한 신화를 묘사하고 있는 거대한 부조에서 그러한 암컷과 수컷의 두 가지 형상을 볼 수 있다.(그림 27, 28)

나가는 사람보다 우위에 있는 수호신들이다. 그들은 수중의 낙원에 살며 강, 호수, 바다의 바닥에 보석과 진주가 박힌 호화 찬란한 궁전에 거주한다. 그들은 샘, 우물, 연못과 같은 땅의 물에 축적된 생명의 에너지를 지키는 자들이다. 그들은 또한 산호, 조개, 진주 등 깊은 바다의 보고에 대한 파수꾼이다. 그들은 머리로 귀중한 보석을 운반한다고 믿어지고 있다. 영리함과 아름다움으로 유명한 뱀의 공주들은 많은 남인도 왕조의 여 선조들 중에 자주 나타나는데 족보상에 나타나는 나기니(Nāgini) 혹은 나가(Nāga)는 이러한 배경을 보여 주고 있다.

나가들(Nāgas)의 중요한 기능은 바로 '문지기(dvāra-pāla)의 역할이다. 문지기로 힌두교와 불교 사원의 현관에 자주 나타난다. 이러한 역할 가운데 그들 본연의 자세는 그들이 지키고 있는 경내에 모신 신이나 부처의 내성적 통찰에 관한 열정적이면서도 사모하는 집념 즉 경건한 신앙심(bhakti)을 보여 주는 자세이다. 그러한 민간 신들에 대한 불교나 힌두교적인 표상들이 본질에나 세밀한 점에서 서로 다를 바 없음은 지극히 홍미롭고 중요한 일이다. 불교와 힌두교의 예술은 ──불교나 힌두교의 교리도 역시 마찬가지인데── 인도에서는 근본적으로 하나이기 때문이다.[3] 기원전 6,5세기에 가르쳤던 고타마 싯다르타(Gautama Siddhārtha) 즉 '역사적 부처'는 인도 문명의 문맥(context)을 당연한 것으로 받아들이고 그 속에 안주했던 한 사람의 개혁자 즉 수도자적인 개혁자였다. 그는 결코 힌두교의 만신전을 부정하거나 깨달음(mokṣa, nirvāṇa)을 통한 해방이라는 힌두교의 전통적 이상을 깨뜨리지도 않았다. 그의 독특한 행위는 심오한 개인적 체험을 바탕으로 하여 마야의 고통으로부터의 해방이라는 오래 전부터 내려오는 인도인의 가르침을 반박하고자 한 것이 아니라 새로이 체계화한 그것이었다. 그의 독특한 수양법을 위해 그가 설립했던 새로운 탁발승 수도회는 인도에서 볼 수 있었던 무수한 수도회 중의 하나였다. 그가 말한 기록을 보면 "나는 고래의 방법을 발견한바, 이전에 모든 것을 깨달은

---

3) Ananda K. Coomaraswamy, 〈힌두교와 불교(The Philosophical Library, New York, 발행년도 미상)〉 참조.

자들이 택했던 낡은 길이 바로 내가 따라야 할 행로이다."라고[4] 전한다.

다른 모든 주목할 만한 인도의 성자들처럼 고타마는 그가 살아 있을 당시에 이미 절대 진리의 인간 매개자로서 숭앙을 받았다. 그가 입멸한 뒤 그에 대한 추억은 규범화된 신화로 옷입혀지게 되었다. 불교 종파가 본질적으로 수도승의 영역으로부터 발전하여 대규모의 세속적 공동사회의 영역으로 확대되었을 때[5] 이 위대한 창시자는 전적으로 추종받아야 할 표본이 되기보다는(평범한 신자들이 어찌 고행자의 길을 따르면서 아울러 가족에 대한 의무를 충분히 수행할 수 있을 것인가?) 오히려 명상에 잠긴 사람들 속에 잠재해 있는 구속적인 깨달음의 능력에 대한 상징 즉 존경받아야 될 상징이 되었다. 부처의 시대 이후 그리고 마호메트의 열광자들이 도래하기 이전까지의 황금기 동안 불교와 힌두교는 나란히 발전하면서 상호 영향을 받으며 반론과 성찰을 주고받았다. 후기 불교 예술에서 우리는 이 축복받은 자가——절대자를 최고로 의인화할 때 그렇듯이——옥토와 극락 그리고 지옥의 아주 오래 전부터 전해 내려오는 신들과 악마들의 모습 가운데서 지고의 옥좌에 앉아 있음을 발견한다.

인도에서 최초의 석조 기념비들은 마우리아(Maurya) 시대(기원전 320~185), 특히 아소카 황제(Ashoka, 기원전 272~232)의 획기적인 통치 시대로부터 비롯한다. 아소카는 개종한 불교 신자로서 막강한 힘을 가진 후원자였다. 그는 아프카니스탄, 카슈미르, 데칸 지방 등을 포함하여 북인도 전역을 지배하였을 뿐만 아니라 남쪽으로는 세일론에 그리고 서쪽으로는 시리아와 이집트에 이르기까지 선교사를 파견했었

---

4) Samyutta Nikaya, II. 106. Coomaraswamy에 의해 인용 op. cit., pp. 45~6
5) 500년 후 기독교의 역사에서 똑같은 발전이 있게 된다.

다. 그는 셀 수 없이 많은 수도원을 제국 전역에 걸쳐 설립했으며, 8만 개에 이르는 다가바(dāgabas)들 혹은 스투파(stūpas, 탑)들을 축조한 것으로도 유명하다. 그의 시대의 잔해 속에서 아름다운 인도의 신화와 상징의 전통이 급류처럼 우리 앞에 나타나 빛을 발휘한다.

그러나 정교성, 완벽성의 정도 그리고 아소카 시대에 갑작스럽게 나타나서 급속히 늘어난 다양한 종류의 작품들을 통해 볼 때 이미 초기의 수세기 동안에(상아와 나무라는 사라져 없어지기 쉬운 재료에 의존하였기 때문에 우리는 볼 수 없지만) 인도의 종교적인 예술의 흐름은 세차게 흘러넘치고 있었음이 분명하다. 산치(Sāñchī, 그림 63) 대 스투파와 지금은 산산히 부서진 바르후트(Bhārhut), 보드가야(Bodhgayā) 및 아마라바티(Amarāvati) 사원들의 정교하게 장식된 대문들을 만든 장인들은 저들 공예의 오래된 전통적 테마를 돌에 옮겨 놓았으며, 또한 새로운 종파의 특별한 요구 사항과 그들 나름의 전설에 바로 그 테마를 기술적으로 응용하였다. 앞에서 언급한 신기루 같은 인드라는 서기 2세기경의 한 불교 수도원의 현관을 아름답게 꾸며 주고 있다. 나가들과 브릭샤—데바타들, 약샤(yaksha)들과 약시니(yaksini, 뱀 왕들과 수목의 여신들, 대지의 수호신들 및 그들의 여왕)들은 불교 신앙에 대한 많은 기념물들 속에 아주 많이 나타나 있다. 중앙의 사당이나 깨달으신 분의 조상과 관련하여 그들이 차지하는 위치는 절대자에 대한 정통 힌두교의 의인적 상징인 비쉬누와 시바와 함께 나타날 때 저들이 보여 주는 위치와 구별하기가 힘들다. 예를 들면 그림 5는 세일론 섬 내의 루안웰리 탑(Ruanweli Dāgaba)까지 이르는 길게 늘어진 계단의 층계 아래 서있는 나가를 보여 주고 있다. 이 우아한 왕자는 생명을 유지시키는 지수(terrestrial waters)의 수호자이자 반신적인 뱀의 화신으로서 그가 책임지고 있는 풍요로운 초목의 상징들을 양손에 들고 있다. 그의 왼손에는 한 그루의 나무를, 오른손에는 풍요의 그릇인 물주전자를 들고 있는데 이로부터 향기로운 식물이 자라고 있다. 문지기가 참배자로 뱀 왕자의 모습을 한 경우는 초기 불교미술 시대로 거슬러 올라간다.

인도의 경우 부처와 나가 사이에는 서양에서 흔히 볼 수 있는 구세주 대 뱀의 상징적 적대 관계는 찾아볼 수 없다. 불교적 견해에서 보면 육신의 모습을 갖춘 구원자의 출현으로 모든 자연의 수호신들은 지고의 신들과 함께 즐거워하며 뱀 또한 지상의 생명을 주는 물의 으뜸가는 화신으로서 예외일 수 없는 것이다. 만인의 스승에 봉사하고자 그들은 석가의 마지막 깨달음에 이르는 과정을 애타게 지켜본다. 왜냐하면 고타마 싯다르타는 그의 지상과 천상 그리고 지옥의 모든 피조물인 삼라만상을 다같이 구원하고자 왔기 때문이다.

자연의 속박을 극복한 구원자와 바로 그러한 속박을 상징하는 뱀 사이의 이 같은 극도의 조화를 강조하는 특이한 부처의 유형이 있다. 그러한 유형의 조상들은 캄보디아와 태국의 불교미술 가운데 현저하게 잘 나타나 있다.(그림 7) 아난타 위에 있는 비쉬누(그림 3)의 이미지와 같이 부처는 전통적인 힌두교 나가 공식(nāga formula)의 독특한 변화를 시사한다.(그림 5) 이 유형은 인도 본토의 예술 작품 속에서는 나타나지 않으나 그 점을 설명하는 전설은 초기 인도 불교 전통의 한 부분을 형성하며, 세일론의 존경받는 불교 단체가 보존하고 있는 정통적인 경전에선 중요한 위치를 차지한다. 그것은 고타마가 득도한 바로 직후 발생한 것으로 믿어지는 한 사건에 근거하고 있다.[6]

깨달음의 마지막 밤을 지새우던 성자가 인연법(dependent origination)의 신비를 깨닫는 순간 지상의 온갖 만물들은 우뢰와 같은 소리로 그가 전지함에 도달한 것을 찬송하였다. 그 뒤 그는 깨달음의 축복에 잠겨 나이란자나(Nairañjanā) 강변의 보리수('깨달음의 나무') 아래에

---

6) Mahā-vagga, i. 1~3.

서 이레 동안 안좌하였다. 그리고 모든 개체화된 존재의 멍에에 대해 깨달음을 얻어 일체의 살아 있는 존재에게 의문을 던지는 타고난 무지의 숙명적인 힘과 결과적으로 만물에 널리 퍼져 있는 삶에 대한 불합리한 갈망과 탄생, 고통과 쇠퇴, 죽음 그리고 재생의 끝없는 윤회에 대해서 새롭게 깨달은 바를 곰곰이 생각했다. 일곱 날이 경과한 뒤 그는 일어나 '목자의 나무'라는 벵골 보리수 곁으로 다가가 그 아래에 다시 안좌했다. 그리고 그곳에서 다시 이레 동안 깨달음의 축복에 싸여 앉아 있었다. 그 기간이 지나자 다시 일어나 벵골 보리수를 떠나 세 번째 나무로 가서 다시 이레를 앉아 지내면서 그는 숭엄한 고요의 경지를 체험했다. 이 세 번째 나무——전설의 나무——를 이름하여 '뱀의 왕, 무찰린다(Muchalinda)의 나무'라 하였다.

한 마리의 거대한 코브라 무찰린다가 그때 그 나무 뿌리들 사이의 구멍 속에서 살았다. 그는 부처가 지복의 경지에 도달하는 순간 계절에 맞지 않게 거대한 먹구름이 모여들기 시작함을 지각했다. 그러자 조용히 암흑의 거처를 빠져나와 자기의 몸을 꼬아 깨달은 자의 성체를 일곱 번 감쌌으며 그의 거대한 코브라의 두건을 우산처럼 활짝 펴서 성자의 머리를 보호했다. 이레 동안 비가 내리고 찬 바람이 부는 가운데 부처는 명상에 잠겼다. 이레째 되는 날 때 아닌 폭우가 몰아쳤다. 무찰린다는 꼬았던 몸을 풀고 자신을 유순한 젊은이로 변신시켜 양손을 합장하면서 세상의 구세주에게 구부려 경배하였다.

이 전설의 무찰린다와 부처의 이미지에는 적대적인 원리들의 완전한 화해가 표상되어 있다. 탄생과 재생을 자극하는 생명의 힘을 상징하는 뱀과, 그러한 삶에의 맹목적 의지에 대한 정복자이며 출생의 굴레를 끊는 절단자로서 또한 영원한 초월주의적 세계로 가는 길을 밝혀 주는 지침자인 이 구세주는 바로 이 점에서 조화를 이루어 일치하여 모든 사고의 이원성을 뛰어넘는 혜안을 제시하고 있다. 태국과 크메르(서기

9세기에서 13세기의 샴과 캄보디아)의 이들 무찰린다—부처를 표상하는 어떤 것들은 불교 예술의 가장 탁월한 걸작품들에 속하는 것이다. 미묘하고, 초자연적이고, 관능적인 매력의 꿈 같고 우아한 육욕을 저들은 완전한 영성과 평온한 초연성과 결합시켰다. 깨달음의 체험에 깊이 몰입할 수 있는 축복, 생의 굴레를 극복한 승리, 최상의 평화 및 열반과 해방이 불상의 본체에 고루 퍼져 있으며 부드럽고 자비로운 그리고 신선한 광채를 발한다.

부처는 자신의 교리를 펴나갈 무렵 대중이 그것을 완벽하게 받아들일 수 있는 준비가 되어 있지 못함을 곧 알게 되었을 것이라고 몇몇 사람들은 말하고 있다. 중생은 부처가 설파하는 절대적인 공허(Universal Void, Śūnyatā)의 엄청난 의미에 움찔하였다. 그러므로 부처는 실재에 대한 보다 깊은 해석을 나가들의 청중에게 맡겼으며 나가들은 인류가 이해할 채비를 갖출 때까지 실재에 대한 보다 깊은 해석을 간직하도록 되어 있었다. 그 후 부처는 역설적인 진리에 대한 일종의 예비적인 훈련과 접근 방법으로서 자기의 제자들에게 이른바 소승(小乘, Hīnayāna division)파 불교의 비교적 합리적이고도 현실적인 교리를 제시하였다. 7세기 가량이 지나서야 비로소 대현인 나가르주나(龍樹, Nāgārjuna, Arjuna of the Nāgas)는 뱀 왕들에 의하여 모든 것은 공허하다(Śūnya)는 진리를 전수받을 수 있었다. 그러므로 대승(大乘, Mahāyāna)에[7] 대한 참다운 불교의 가르침을 사람들에게 전해 준 이는 바로 나가르주나였다.

---

7) 소승(Hīnayāna)과 대승불교(Mahāyāna Buddhism)에 대한 논의는 Ananda Coomaraswamy 의 *Buddha and the Gospel of Buddhism*(New York, 1916)을 보라.

2. 신들과 신들의 탈것들

우리는 어디를 가나 만들어진 연대가 기원전 1세기까지 거슬러 올라갈 수 있는 일련의 불교 유적들을 자주 대하게 되는데——인도의 독특한 기후와 역사의 변천 속에서도 잔존하고 있는——그때마다 뱀 수호신들의 표상들이 풍요, 번영, 속세의 건강에 대한 여러 종류의 다른 후원자들과 관계를 갖고 자주 나타나는 것을 보게 된다. 이것들은 부처의 메시지가 깨뜨리고 힘을 잃게 하였던 생명 에너지——은혜로우나 맹목적인——를 다양한 측면에서 의인화한다. 그들은 이를 수 없는 어려운 길을 가리키는 부처의 성지를 열렬한 집념과 깊은 신앙 그리고 황홀경에 도취한 태도로 바라보고 있는데 고행과 해방의 스승에 대한 존경하는 마음 가운데는 땅에 얽매인 생명의 구체화된 힘들이 나타나 있다.

이것을 나타내는 모양들 가운데는 일반적으로 독특한 자태로 표상되는 육감적인 나무의 여신 혹은 숲의 요정들이 현저하게 눈에 띈다. 한 팔로는 나무 둥치를 감아쥐고 다른 한 팔로는 가지를 아래로 휘어내린 채 이 여신은 뿌리에 가까운 둥치를 부드럽게 걷어찬다.(그림 19) 이러한 기묘한 법식은 일종의 수태 의식으로부터 유래한다. 오랜 신앙에 따를 것 같으면 자연은 남자에 의해 자극받기를 요구한다. 출산력은 주술적인 수단에 의해 반 휴면 상태로부터 깨어나지 않으면 안 된다. 특히 인도에선 여자 아이나 젊은 여자가 만져 주거나 발로 걷어차지 않으면 결코 꽃을 피우지 못하는 어떤 나무(aśoka)가 있다. 소녀들이나 젊은 여자들은 자연의 모성적 에너지의 인간적인 화신들로 간주된다. 그들은 번식의 그릇들이자 활력있는 생명이요, 새로운 후손들의 잠재적 원천인 모든 생명의 위대한 어머니로서의 작은 대역물이다. 나무를 손으로 만지고 발로 걸어참으로써 그 속의 잠재력을 전도시켜 꽃피고 열매 맺게 한다. 그러므로 나무의 생명 에너지와 번식을 표상하는 여신은 이러한 다산의 주술적 자태 속에 아주 적절하게 자신을 가시화하고 있는 것이다.

그림 19의 수목 여신은 코끼리 위에 서 있는 것으로 표상된다. 그러한 동물 형상에 대한 신인동형적(anthropomorphic) 관계는 인도 초상화법의 공통적인 특징이다. 아래쪽에 자리를 차지한 동물 상징은 인간의 형상을 운반하는 것으로 해석되며 '수레(vāhana)'라고도 불린다. 그것은 신의 에너지와 특성에 대한 이중적 표상이다. 시바는 이와 비슷하게 황소 위에 있는 것으로 묘사되며 그의 배우자인 '여신'은 사자 위에 있는 것으로 묘사된다. 그들의 아들, 코끼리 머리 모양을 가진 신 가네샤(Ganesha) 즉 '시바의 수행원들의 우두머리이며 지배자'는 '장애물(Vighneśvara)의 주와 정복자'라고도 불리며 생쥐 위에 앉아 있다. (그림 53) 가네샤는 정글 숲을 헤쳐가는 코끼리로 장애물을 헤쳐나가지만 그러나 생쥐 역시 장애물의 극복자로서 신체적으로는 어울리지 않지만 코끼리 모양을 한 거대한 배불뚝이 수호신에게는 그런대로 어울리는 탈것이다. 코끼리는 광야를 지나 관목들의 숲을 짓밟으며 나무뿌리를 건드리거나 뽑아뜨리면서 강과 호수를 쉽게 건넌다. 반면에 생쥐는 빗장을 질러 둔 곡물 창고에 쉽게 접근할 수 있다. 코끼리와 생쥐는 길의 모든 장애물을 극복하는 이 신의 힘을 표상한다.

쿠베라(Kubera)는 모든 수호신들의 대군주로서 웅크리고 있는 남자 위에 서있는 모습으로 자주 표상된다. 그에 대한 일반적인 통칭은 '그의 탈것과 수레가 사람이신 분(He whose mount or vehicle is a man, nara-vāhana)'이다. 쿠베라와 그의 부하들은 땅과 산 그리고 지하에 묻힌 보물과 근본적으로 관련되어 있는 다산, 풍요, 번영의 수호신들이다. 그들은 아리아인 시대 이전의 원주민 전통에서부터 유래되며 힌두교와 초기 불교의 민속에서 상당히 중요한 역할을 하고 있는 인도 가정의 수호신들이다. 코브라의 두건이 초인간적인 나가를 표시해 주듯이 쿠베라의 발 아래 있는 인간 수레는 일체의 초인간적인 왕들과 공자들로부터 쿠베라를 구별한다. 원래 수레는 주어진 예술 작품 속에 표상된 인물이 누구인가를 정확하게 알려 주는 결정소이다.

그 착상은 인도에서 처음 시작된 것이 아니고 메소포타미아로부터 도입된 것이었다. 그림 10은 아시리아인의 신 아수르(Assur)가 용의 머리에 사자의 앞발, 독수리의 발톱과 같은 뒷발 그리고 전갈의 꼬리를 달고 있는 합성적인 맹수 위에 서 있거나 부유하고 있음을 보여 준다. 신은 태양과 달, 묘성과 금성과 같은 다양한 천상적인 존재의 상징들에 둘러싸여 있다. 이 작품 속에서 바로 그 합성적인 괴물은 인도 예술에서 바하나(Vāhana)의 위치를 차지하며 동일한 기능을 발휘하고 있다. 그것은 보다 열등한 수준에서 신인동형적인 신의 에너지를 표상하고 구체적으로 표현하며 또한 하나의 수레로서 이바지한다. 메소포타미아의 예술 작품에서 그 발상은 적어도 기원전 1500년경으로까지 거슬러 올라간다. 인도의 초기 유적(기원전 4000년 및 3000년의 인더스 계곡 문명 시대의 것들)[8] 속에서는 이러한 것이 보이지 않는다.

결정소적인 '운반 기구'의 기원은 고대 근동 지방의 회화 기법이나 불가사의한 회화식 필법 속에서 찾아야 할 것이다. 상형문자나 그림문자의 이집트와 메소포타미아의 비명에 보존된 것과 히브리어와 페니키아의 알파벳의 기초를 이루는 것으로서 공통적인 관례에 따르면 본래 사물을 표상한 문자는 소릿값을 표현하고자 쓰인 것이다. 그 후 모호함을 배제시키고자 '결정소'인 또 다른 상징이 추가되었으며 그것은 원래 기호의 관계를 설명하였다. 마찬가지로 신들에 대한 이들 이미지 속에

---

8) 본서 pp. 122~125 참고.

서 신인동형적인 인물의 단순한 왕자다운 형상이나 여자다운 형상의 표현은 다소 모호하며 그것의 관계는 그 밑에 추가한 결정소나 서로 같은 상징에 의해 설명되게 된다.

우리가 볼 수 있듯이 동물적인 탈것에 대한 발상은 인도인의 상징주의에 끼친 메소포타미아인의 영향을 보여 주는 유일한 실례는 결코 아니다. 초기에는 분명히 티그리스 강과 유프라테스 강의 어귀와 인도 서부 해안 사이에 해상 교통이 분명히 성행했을 것이다. 메소포타미아 문명의 원 중심지는 페르시아 만의 상부에 위치한 강들의 삼각주에 아주 가까운 곳에 위치하고 있었다. 즉 메소포타미아와 교류한다는 것은 인도인에게는 불과 며칠 걸리지 않는 수월한 문제였다. 우리는 또한 양방에서 서로에게 미친 영향력에 대한 증거를 가지고 있다. 초기 인도의 알파벳인 브라미 문자(Brāhmī Script)는 기원전 8세기경의 셈어계의 문체로부터 응용된 것이었으며 인도의 상인들이 멀리 바빌론까지 원정했던 것을 서술한 불교의 이야기도 있다. 그 이야기 속에서 바빌론은 '바베루(Baveru)'로 불린다. 그 이야기에서는 인도에서 간 사람들이 공작새를 보여 줌으로써 서방 도시에 사는 사람들의 놀라움을 고조시켰던 것으로 묘사되고 있다.

3. 뱀과 새

초기 메소포타미아의 예술에서 연원되어 오늘날까지 인도 전통 속에 면면히 이어져 내려오는 모티브들 가운데는 서로 뒤엉켜 있는 뱀쌍의 유형이 있다. 이 고래의 발상은 뱀 수호신을 위해 세워 놓은 봉헌단들 위에 공통적으로 나타나 있다. 나갈칼스(Nāgalkals)라고 불리는 그러한 석단은 뱀의 형상으로 다양하게 장식되어 있는데 자식을 원하는 부인

네들이 바친 치성물이다. 저들은 사원 뜨락이나 마을 입구, 연못 근처 또는 신성한 나무(그림 8) 아래에 세워진다. 연못은 나가들이 군집하여 사는 곳으로 통한다.

조각가가 그 석조각을 완성하면 물의 생명력이 스며들게 하기 위해서 6개월 정도 연못 속에 담가 놓는다. 또한 같은 이유로 해서 제의를 행하거나 주술적인 진언(Mantra)을 읊조리기도 한다. 그리고는 그 돌을 즐거이 보리수나 님바(Nimba) 나무 아래에 세워 놓는다. 이들 두 그루의 나무는 흔히 함께 서 있는데 결혼한 한 쌍으로 간주된다. 뱀들은 그 나무의 뿌리들 사이 습한 땅에 산다고 믿어진다.

그림 8의 나갈칼스는 남부 인도의 미소르 주에서 나온 것이다. 이러한 유형의 상은 몇 가지 종류로 구분된다. 어떤 것들은 뱀 꼬리와 인간의 신체를 그리고 넓은 코브라 두건 모양의 후광을 두른 인어 타입의 뱀여왕을 보여 준다. 그녀는 어깨로 기어오르는 두 명의 뱀 자식들을 떠받치려고 앞가슴 밑으로 팔짱을 끼고 있다. 어떤 것들은 수많은 머리와 넓은 두건을 지닌 다두의 한 마리 뱀을 나타내는 것도 있고 또 어떤 것은 얼굴을 마주 쳐다보며 선정적으로 부둥켜안은 채 뒤엉켜 있는 메소포타미아적인 뱀쌍의 모습을 보여 준다.

메소포타미아에서의 이러한 발상은 라가시의 구데아 왕의 제사용 술잔 위에 남아 있는 아주 초기의 도안에서 볼 수 있다.(그림 11) 기원전 2600년경의 수메르 시대의 이 작품 속에서 우리는 서로 마주 쳐다보며 몸이 뒤엉켜 있는 낯익은 한 쌍의 뱀을 찾아낼 수 있다. 이러한 모티브는 아마 아리안족이 도래하기 전 아주 먼 시대에 인도에 보급된 것이 아마 틀림없을 것이다. 다른 어떤 비베다적이고, 아리아인 시대 이전의 토착적인 특징들을 간직한 채 그것은 보수적인 지방의 전승들 속에, 특히 중남부 인도의 민속 가운데 오늘날까지 보존되고 있다. 아주 흥미로운 것은 고대 수메르인 시절의 이 황금 술잔 속에서는 물론 현재의 인도 전통 속에서도 전설적인 뱀의 전형적인 적수는 전설적인 새라는 점이다.

구데아 왕의 술잔은 사자의 앞발에 독수리 발톱을 세운 채 똑바로 서있는 호전적인 모습의 날개가 달린 새 같은 한 쌍의 괴물을 나타내 보여 준다. 그러한 새의 존재들은——뱀이 지수의 생명을 부여하고 비옥하게 하는 요소를 표상하는 것처럼——창공 즉 상부, 천상의 영묘한 영역을 표상한다. 그들은 영원히 뱀의 힘에 저항하는 입장에 서 있으며 따라서 각기 하늘과 땅의 패자로서 서로가 원형적인 한 쌍의 상징적인 적수를 이룬다.

독수리는 희랍 신화에 있어 천신 즉 제우스에 속한다. 한편 뱀은 대지인 제우스의 배우자 헤라 여신을 시종한다. 이 양자의 대립을 묘사하는 신화적인 일화는 무수히 많다. 예를 들면 제우스 신과 운명의 여인 알크메네 사이의 비련에서 생겨난 자식 헤라클레스가 아직 요람에 누워 있을 무렵 질투를 느낀 헤라는 그를 죽이려고 그녀의 뱀 시종들을 보냈다. 그러나 천신의 어린 아들은 그 뱀 시종들을 죽일 수 있었다. 또 호머의 일리아드(Iliad)에 따르면, 트로이를 포위하고 있던 어느 날 한 마리의 독수리가 모여 서 있는 영웅들 앞에 나타났다. 예언자인 칼카스는 그 같은 출현을 트로이에 대한 희랍의 승리를 암시하는 상서로운 징조로 풀이했다. 그에게 뱀을 공격하는 하늘의 새는 아시아와 트로이의 여성주의에 대하여 가부장적이고 남성적인 희랍인들의 성스러운 질서의 승리를 상징하였던 것이다. 전자는 사치스러운 아시아의 여신인 아프로디테에게서 표본을 찾을 수 있으며 특히 트로이 전쟁의 원인이 되었던 그녀의 비도덕적인 행위에서 예시되었다고 볼 수 있다. 그녀는 메넬라오스의 아내인 헬렌을 구워삶아 가부장적이며 남성적인 질서 아래 이루어진 그녀의 결혼 계약을 파기토록 하였고 자신이 직접 선택한 상대 파리스와 동침케 하였다.

독수리와 뱀의 이중적인 상징은 시대를 초월하는 생명력을 지니고 있다. 서양에서 그것은 니체의 〈차라투스트라는 이렇게 말했다(*Thus Spake Zarathustra*)〉라는 현대 문학 속에서 다시 나타나고 있는데 거기에서 독수리와 뱀은 그 철학자의 '고독한 현인'의 두 마리 동물 벗이었던 것이었다. 그는 저들을 동물 가운데 가장 오만하고 영악한 동물이라고 표현했다. 제일의 초인이 지녀야 할 주요 덕목의 구현으로서 저들은 새시대에의 길을 열기 위해 재결합된 힘들을 상징한다.

아마도 그 상징은 고대 수메르의 왕인 구데아의 성찬배보다 훨씬 더 오래된 것 같다. 그럼에도 불구하고 메소포타미아의 수메르는 바로 그 공식이 길을 다지고 나아가 서쪽으로 그리스와 현대 유럽에, 또 한편으로는 동쪽으로 고대 인도로 전진하고 나서, 다소 늦게나마 멀리 인도네시아로 파급되어 가는 요람이 되었음은 당연하다고 할 수 있다. 두 마리의 뱀은 메소포타미아에서는 치료의 신 닌기쉬지다(Ningishzida)의 상징물로서 간주된다. 그런 까닭으로 그리스에서는 저들이 약의 신 아스클레피오스(Asklepios)에 부속되었다. 오늘날 저들은 의술적인 직업에 대한 우리의 상징이 되었다.

강이 굽이쳐 흐르듯이 뱀은 땅 위를 기어다닌다. 그것은 지상에 살며 구멍에서 솟구치는 샘물처럼 앞으로 나아간다. 이것은 대지의 깊은 육체로부터 뿜어내는 생명수의 화신이다. 땅은 생명의 최초 어미인 것이다. 대지는 그녀의 물질로 모든 생물을 먹여 살리며 또한 다시 먹어 버린다. 그녀는 모든 생물의 공동묘지이다. 그녀는 자기가 싹트게 한 생명을 꼭 끌어안고 그 생명에 대해 천상의 속박 없는 자유에의 접근을 거부한다. 이와는 대조적으로 하늘의 무한성은 대지의 족쇄로부터 풀려나 새처럼 자유스럽게 돌아다니는 속박받지 않은 정신의 자유로운 힘을 암시한다. 독수리는 물질의 굴레에서 벗어나 투명한 에테르 속으로 솟아올라 그의 친족인 별들의 세계에 다다르며, 거기서 더 올라가 별들의 세계 위에 존재하는 지고하신 신의 세계에 이르는 이러한 보다 높은 정신적 원리를 뜻한다. 한편 뱀은 생물계에 존재하는 생명력이다. 뱀은 끈질긴 생명력을 지니고 있으며 스스로 허물을 벗음으로써 다시 젊어진다고 믿어진다.

서양의 전통에서는 새와 뱀의 정신적인 반목이 널리 알려져 있고 강조되고 있는 반면에 인도에서의 그 대립은 상징적으로 보여 주는 것처럼 철저히 자연적인 요소들의 대립이다. 태양력은 지구상에 있는 물의 액체 에너지와 대립된다는 것 같은 것이 바로 그것이다. 빛나는 태양의 열기로 타올라 대지의 습기를 태워 버리며 '아름다운 깃털(Suparṇa)'의 황금빛 날개를 단 그리핀을 닮은 하늘의 주인은 만물을 키우는 대지의 생명수의 수호신을 가차없이 격렬하게 끝없이 공격한다. 그 새는 '나가들 혹은 뱀들을 죽이는 자(nāgāntaka, bhujagāntaka)', '뱀들을 잡아먹는 자(pannagāśana, nāgāśana)'라고 불린다. 그의 본래 이름은 가루다(Garuda)인데 그 말은 '삼켜 버리다'라는 어근 gri에서 나왔다. 가차없이 뱀들을 섬멸하는 자로서 그는 독의 효능을 무력하게 하는 신비한 힘을 소유하고 있으며 이런 까닭으로 해서 민속 가운데 널리 알려져 있고 일상 예배의 대상으로 숭앙받는다. 인도의 오리사 지방의 푸리라는 곳에서는 뱀에 물려 고통을 받는 사람들을 큰 사원의 본전으로 데리고 가서 천상의 새로 가득 차 있는 가루다 기둥을 부둥켜안게 한다. 가루다는 대체로 새들의 날개들과 사람의 팔, 콘도르 독수리의 다리, 구부러진 새의 부리를 닮은 코로 표상된다. 두 가지 재미있는 실례가 샴으로부터 유래한 한 난간의 장식에 잘 나타나 있다.(그림 9) 머리를 곧추세운 거대한 한 쌍의 뱀 위에 작고 튼튼한 가루다들이 의기양양한 태도로 정복된 제물들을 발톱으로 움켜쥐고 있다.[9]

가루다는 지고의 신 비쉬누의 탈것 또는 바하나(Vāhana)이다. 가루다는 비쉬누를 어깨로 떠받치며 가고 있고 그 동안에 신은 번쩍 들어 올린 손 안에 '보기에 아름답다(sudarśana)'는 뜻을 지닌 예리한 테를 두른 전투용 원반을 휴대하고 있다가 수천 개의 살로 이루어진 부처는 태양 원반인 그 바퀴(cakra)를 적을 향해 내던진다. 캄보디아 건축에서는 비쉬누 혼자가 아니라 사원 전체가 가루다에 의해 떠받치지고 있다. 새는 그 수가 증가되어 구조물을 떠받치고 있는 여인상의 기둥들 속에 줄을 맞춰 늘어서 있다. 그 사원은 신의 천상 거주지인 바이쿤다(Vaikuntha)에 대한 지상의 모사물로서 간주된다.

이처럼 비쉬누는(니체의 차라투스트라와 마찬가지로) 영원한 적수들인 양자 모두와 연결되어 있다. 영원의 뱀 샛사(Shesha)는 우주적인 물의 상징으로서 모든 물의 근원이며 자기 동물족의 대표이다. 그러나 정복의 원리인 가루다 역시 자기 동물 종족의 대표로서 뱀의 적수인 것이다. 이것은 하나의 이유있는 역설이다. 왜냐하면 비쉬누는 절대자 즉 일체를 포함하고 있는 신성한 본질이기 때문이다. 그는 이분법을 포함하고 있다. 절대자는 양극화되어 현현할 때는 미세하게 분화되며 이러한 분화를 통해서 세상 과정의 생동감 넘치는 긴장이 있게 되고 유지되는 것이다.

---

9) 간다라(Gandhāra, 서북 인도, 기원전 1세기에서 서기 4세기까지)의 헬레니즘적 불교 예술에서는 젊은 게니메데(Ganymede)를 빼앗아 달아나는 독수리 제우스의 그레코로만적인 공식이 어린 나기니(nāginī)를 유괴하여 먹어치우는 태양새 가루다에 대한 인도인의 주제를 표상하는 데 사용되고 있다.〔게니메데(후에 무아경에 도취한 여성의 모습으로 대치되었다)와 나기니 모두가 정령에 의해 사로잡히고 동화된 사이키(Psyche)의 상징들이다. Coomaraswamy, 〈나기의 겁탈(*Boston Museum of Fine Arts Bulletin* Nos. 35, 36, 1937)〉——AKC 참조〕

4. 뱀의 정복자로서의 비쉬누

비쉬누를 우주적인 뱀의 신인동형적 대응자로서 이미 고찰했으므로 우리는 이제 비쉬누가 뱀의 힘의 정복자 역으로 나타나고 있는 일련의 중요한 신화적 에피소드들을 검토해야 할 것이다.

비쉬누의 화신(avatār)에 대한 주요 전설집과는 연결되지 않는 다소 동떨어진 신화가 하나 있는데 그것은 코끼리의 구출에 대한 신화이다.[10] 그 사건의 조각적 표현은 데오가르의 닷사 아바타르(Dasha-Avatār) 사원의 양각에 나타나 있다.(그림 13) 한 마리 거대한 코끼리가 연줄기와 뿌리의 음식을 찾아 모험을 하여 수중 영역 멀리 들어갔는데 깊은 곳에 있던 뱀들이 코끼리를 붙잡아 꼼짝도 못하게 했다. 그 큰 동물은 버둥거려 보았지만 별 수 없어서 높은 신께 도움을 탄원하게 되었다. 비쉬누가 바로 나타나서 가루다 위에 앉았다. 비쉬누는 아무 짓도 할 필요가 없었으며 단지 그가 모습을 나타내는 것만으로도 충분하였다. 막강한 뱀 왕이 그의 왕비와 함께 경의를 표한다. 뱀들은 우주의 지배자 앞에 합장하여 절하고 저들의 산 제물을 그 앞에 넘겨 드린다. 코끼리의 발은 여전히 강한 사리에 의해 묶여 있다. 고전 굽타 시대(서기 4~6세기)의 유적 속에서 가루다 새는 천사 모습의 어떤 것을 가지고 있다. 비쉬누는 왕관을 쓰고 있고 4개의 팔을 가지고 있다.

보다 상세하게 발전된 신화는 세 번째의 화신 혹은 아바타르 즉 멧돼지 형상으로 나타난 비쉬누의 출현에[11] 대한 신화이다. 이러한

---

10) *Bhāgavata Purāṇa*, Ⅷ. 2~3.
11) *Viṣṇu Purāṇa* Ⅰ. 4.

경우에 뱀의 힘에 대한 정복의 이야기는 우주적인 진화의 대순환과 통합된다. 그 사건은 현재의 칼파(劫)의 여명에 발생되었다고 생각되며 맷돼지에 의한 창조로 지칭된다.

대지는 금방 생겨났으며 세계 무대는 진화의 놀라운 드라마를 위한 준비를 마쳤다. 단단한 지표 위에는 따뜻한 피가 흐르는 피조물이 나타날 것이며 그리고 이러한 것들로부터 인류의 역사가 전개될 것이다. 잔잔한 호수 표면 위에 떠 있는 연꽃처럼 무의식의 암흑 위에 자리잡은 인간의 의식처럼 대지는 우주적인 심연의 바다 위에 싱그럽고 아름답게 기초를 잡았다.

그러나 진화의 과정은 방해를 받았다. 인도인의 견해에 따르면 최고신의 개입을 요구하는, 주기적으로 반복되는 위기들에 의해 진화의 과정은 중단된다. 진화의 흐름에 대립적인, 끊임없이 위협하는 역 흐름이 있어서 이미 형상이 부여된 것을 주기적으로 멈추고 휘말아들이며 철회시킨다. 이러한 힘은 고전 힌두교의 신화에선 세계 심연의 거대한 뱀의 힘으로 가장되어 표현된다. 따라서 그것은 오늘날의 시간의 여명에 발생하였으며 새롭게 피어난 대지는 갑자기 우주적인 바다의 수면으로부터 가장 깊은 곳으로 쫓겨났다.

비쉬누가 거대한 맷돼지의 형상을 취한 것도 바로 이 시점이었다. 맷돼지는 땅 표면에 속해 사는, 더운 피가 흐르는 동물이지만 늪지에서 놀기를 좋아하며 물의 성분과도 친근하다. 이러한 형상을 하고서 비쉬누는 우주적인 바다로 뛰어들었다. 그는 커다란 뱀 왕을 정복하고——깍지 낀 손으로 자비를 간절히 애원하는——그를 발로 밟아 뭉갰다. 높은 신은 동물의 형태로 화하여 여전히 발랄한 어미 대지의 사랑스런 육체를 팔에 끌어안고 그녀가 맷돼지로 화한 그의 앞니에 매달려 의지하고 버티는 동안 대지를 다시 바다의 수면 위로 끌어올려 놓았다.

구체적으로 형체를 띤 절대자로서 비쉬누는 물의 뱀 원리와 본질적으로 불화를 일으키는 것은 아니다. 그럼에도 불구하고 이러한 것과 같은 상징적인 일화들 속에서 신은 뱀의 행동을 간섭하지 않으면 안 된다. 뱀은 우주의 진화를 위태롭게 하기 때문에 그의 활동은 저지되어야 하는 것이다. 그것은 참으로 일체를 포괄하는 비쉬누의 본체를 표상하지만 원시적인 미분화의 수준에서 표상하는 것이다. 뱀은 우주적인 순환의 나중 단계에서 자기의 관계를 넘어 영향력을 발휘하면서 세계를 무형적, 무의식적인 태초의 상태로 다시 몰아넣으려 위협한다. 그 당시에는 우주란 존재하지 않았으며 오직 어두운 밤과 무한한 바다의 끝없는 수면만이 있었다. 비쉬누는 세계의 창조자와 유지자──현 단계에서 따뜻한 피가 흐르는 멧돼지의 동물 형상을 취함으로써──의 형상을 취하고 역할을 함으로써 자기 자신의 실체의 퇴행적인 경향에 반작용한다.

그 사건은 서기 440년에 조성된 그왈리오르(Gwalior)의 우다야기리(Udayagiri)의 부조상(그림 12)에 찬란하게 묘사되어 있다. 영웅적인 멧돼지의 공적을 바라보는 천상의 존재들이 고대 메소포타미아인의 유형을 따라──상형문자나 설형문자의 상징처럼──질서있게 정렬한다. 이것은 하나의 놀라운 상황이며 아직까지 설명되지 못한다. 사실 고전 힌두교 스타일의 전혀 다른 형식들 가운데서 분명하고 강력하게 고대 근동 상형문자의 영향을 받은, 이 정밀한 장식적 구성의 매우 이질적인 출현에 대해 이제껏 아무도 놀라움의 표현조차 못했다.

뱀 원리의 대항자와 정복자로서의 비쉬누에 대한 세 번째 실례는 그의 가장 유명한 화신인 크리쉬나의 생애 이야기와 연관하여 자세하게 설명된다. 그 이야기는 비쉬누 푸라나에서 나타나며[12]지극히 중요한

---

12) *Viṣṇu Purāṇa*, V. 7.

신화의 테마들로 가득 차 있기 때문에 충분히 검토할 가치가 있다.

그 이야기는 크리쉬나가 세상에 들어온 사실을 회고하는 것으로부터 시작된다.[13] 언제나 그렇듯이 거인들과 악마들이 신들에 대해 승리를 거두기 때문에 구원의 화신이 탄생하여 힘의 균형을 회복하지 않으면 안된다. 회귀적인 위기의 이 특별한 실례는 우리의 시대에 앞서는 유가 즉 기원전 3102년에 끝났던 드바파라 유가(Dvāpara yuga)의 말기에 발생했던 것으로 간주된다.[14] 한 악마의 종족이 갑자기 대지의 전 표면에 나타나서 신들을 축출하고 공포와 불의와 무질서의 통치를 시작했다. 질서를 이루고 있는 우주 자체의 생활 과정이 위태롭게 되었다. 가공스런 고통에 짓눌린 여신 대지는 더 이상 모진 고통을 감당할 수 없었다. 그녀는 우주의 중앙에 있으며 우주의 축인 메루 산 정상에 올라가 제신들 총회의 청원자로서 등단할 기회를 얻었다.

브라마와 천인(天人)들 앞에서 여신 대지는 꿇어 엎드렸다.

"불의 신은 황금에 대하여 아버지와 같은 보호자이시며, 태양신은 소들의 보호자이십니다. 나를 아버지처럼 보호하시는 이는 비쉬누이시며, 그는 온 누리에 의해 존경을 받으십니다.

나의 주님들이시여, 생명체들의 왕국에 일군의 악마들이 들끓고 있습니다. 밤낮으로 도시들은 울부짖으며 땅은 불타오르고 있습니다. 고약한 인물들이 수없이 많아 일일이 이름을 대기조차 어려우며, 유가들을 통해 저들의 사악함으로 이름난 악마들이 막강한 권세를 쥔 왕족들의 가문에 다시 태어나 참을 수 없는 행위를 거침없이 자행하고 있습니다. 비쉬누에 의해 옛날에 살해된 파렴치한 악마 칼라네미조차 되돌아왔습니다. 그는 지금 우그라세나 왕의 아들 캄사입니다. 제 몸은

---

13) *Ib*, V. 1~4.
14) 본서 pp. 27~28 참고.

불의한 행위에 짓눌려서 더 이상 저들을 견딜 수가 없습니다. 저들은 나의 힘줄들을 갈가리 찢어 헤치고 있습니다. 오, 능하신 이시여, 저를 구해 주소서. 부디, 굽어살피시사 심연의 바닥으로 가라앉지 않도록 하시기 바랍니다."

브라마는 듣고 있었다. 제신들은 여신을 구조해 줄 것을 촉구하였다. 드디어 브라마가 입을 열어 말했다.

"오 너희 여러 신들아! 나 자신과 시바 그리고 너희들은——일체의 존재들은——비쉬누의 한 부분에 지나지 않는다. 우리는 비쉬누의 무한한 본질의 현현도 항상 형세 여하에 따라 변하고 있다는 것을 안다. 폭력과 허약함이 질서와 위력과 교체된다. 그의 인자함이 끊임없이 증감한다. 그러므로 비쉬누가 거처하시는 젖의 대양 해변으로 가서 최상의 존재이신 그에게 대지의 불평과 탄원하는 이 말을 조심스럽게 전해 보자. 왜냐하면 우리가 자주 보아 온 것처럼 비쉬누는 언제나 기꺼이 자기 본질의 미세한 분자를 이 세상에 내려보내려 하며—— 세상이란 그의 쾌락의 현현에 지나지 않는 것이기 때문—— 이같이 하여 그는 그 시대의 질서정연한 과정을 반복적으로 재확립하기 때문이다."

브라마는 대지와 모든 신들과 함께 비쉬누를 찾아가 호소하였다. 가루다 즉 태양새로 상징되는 그 앞에 절을 하고 브라마는 마음을 가라앉히려고 명상하며 높은 존재에게 찬미를 드렸다.

"무수한 형상과 팔들, 수많은 얼굴과 발을 가지신 비쉬누를 찬양합니다. 무한한 자이신 동시에 우주의 현현이시며 보존자이시고 해체자이신 이를 찬양합니다! 당신은 감각으로 발견할 수 있는 일체를 초월하신 미묘하신 분이십니다. 당신은 본질에 있어 불가사의한 분이십니다. 당신은 만물의 뿌리이십니다. 언사들이 일어나고 감각들이 일어나는 근원적 실체인 정신을 당신은 가져다 주십니다. 만물 가운데서 가장 높으신 이시여, 자비를 베푸소서! 여기 당신에게서 피난처를 구하고자 대지가 옵니다. 당신은 끝이 없이 끝을 내시고, 시작 없이 시작을 하시며, 모든 존재의 마지막 피난처이시온데 여신은 자신에게 지워진 고통의 짐을 덜어 주시길 당신께 간청합니다. 이승의 악마들이 그녀의 단단한 근육을 해치려 합니다. 인드라와 저 그리고 모든 신들은 당신의 권고를 청합니다. 오, 주여 말씀해 주소서. 불멸의 실체이시여, 우리가 어찌 해야 할지를 말씀해 주소서."

비쉬누는 그의 머리에서 금빛 머리카락 하나와 검은 머리카락 하나를 뽑은 다음 해변가에 모인 자들에게 말을 했다.

"이제 내가 이들 두 개의 머리카락을 대지로 내려보내 그녀의 고통스런 짐을 덜어 줄 것이다. 모든 신들 역시 각자 자신의 천부적인 재능을 가지고 그녀에게 내려가서 악마들을 정복함으로써 대지를 구할지니라. 지상에 데바키라고 하는 한 왕비가 있는데 그녀는 바수데바의 아내이며 모든 사람들은 그녀를 여신같이 떠받든다. 나의 이 검은 머리카락은 그녀 음부의 여덟 번째 열매가 될 것이다. 나는 그녀에게 내려가서 그녀에게서 태어나 현재 캄사로 화신하여 존재하는 악마 칼라네미를 다시 죽일 것이다."

비쉬누는 사라졌으며 제신들은 무릎을 꿇고 신께 경의를 표했다. 그리고는 모두들 메루 산 정상을 내려왔다.

그 머리칼들은 이내 영웅적 구원자의 한 형제가 되었다. 검은 머리카락은 크리쉬나가 되었으며, 금빛 머리카락은 크리쉬나의 활달한 이복형으로 태어나 발라라마(Balarāma)라고 하였는데 그의 어머니는 로히니라고 하는 바수데바의 또 다른 부인이었다. 캄사는 그 둘을 죽이려고 시도했으나 그들은 기적적인 조치에 의해 구조되었다. 그들은 적으로부터 피해 소 치는 목자들 틈에 숨어서 유년 시절을 보냈다. 선량하고 수수한 사람들의 어린이들 틈에서 양떼를 보살피고 숲과

들판에서 놀며 힌두인의 신화와 명상의 빈번한 주제가 되었던 목가적인 세월을 보낸다. 이 시기, 그들의 소년 시절의 행위에 대한 전설은 세계 신화들 가운데서 가장 매혹적인 구절의 하나이다. 작은 구원자는, 어린아이의 외모와는 전혀 딴판으로 경이로운 행동을 계속함으로써 소 치는 사람들을 놀라고 당황하게 만들었으나 결코 저들에게 자신의 신성을 드러내지는 않았다. 마침내 그 현상을 불길한 지진이나 재앙으로 잘못 판단하고서 마을 전체가 안전을 위해——가축 떼와 달구지 및 그 밖의 모든 것들을 끌고——캄사의 수도 마투라(Mathurā)[15] 바로 건너편의 성스러운 야문나의 제방을 끼고 있는 브린다바나의 거대한 숲속으로 옮겨 갔다. 거기서 그들은 초승달 모양의 달구지로 만든 캠프와 울타리를 세웠으며 소떼들을 풀어 풀을 뜯게 하고 어린이들을 놀게 하며 오랜 전통의 생활 방식을 다시 회복하였다. 종교를 책임지고 있는 크리쉬나는 즐거움으로 주위를 대하였으며 다정스럽게 산림을 축복하고 소들을 번창케 하였다. 곧 여름의 혹독한 열기가 최고도에 달했으나 그 초원만은 마치 우기에 접어든 것처럼 싱싱한 풀이 자랐다.

 초인적인 구세주가 대지의 어머니에게 태어난 이상 그가 거주하기로 선택한 환경에 순응한다는 것은 당연하다. 아무리 보아도 그도 역시 다른 사람들과 마찬가지로 마야의 그물코에 얽힌다. 그러나 한편으로는 초인간적인 행위와 거동은 그의 초자연적 본질을 드러내고 만다. 브린다 숲속의 크리쉬나가 그러했다. 그 일은 이런 식으로 발생했다. 그가 나이 어린 소년이었을 적에 그는 그의 집에서 가까운 강물에 살았던 칼리야라고 하는 어떤 뱀 왕을 만나 무찔러 이겼다.

 크리쉬나와 그의 형제 발라라마는 소의 울타리 가운데서 뛰놀며

---

15) 이곳은 현대의 줌나를 끼고 있으며, Muttra 건너편에 있는 Brindaban이다. 이곳은 비쉬누 크리쉬나 예배의 대중심지이다.

송아지들을 돌보았다. 풀과 잎사귀로 화관을 만들고 야생화로 화환을 짜면서 황야에서 뛰놀았다. 나무 잎사귀들로 장구를 만들었으며 크리쉬나는 피리를 불었다. 웃고 장난치면서 저들은 큰 나무들 사이를 뛰어다녔는데, 때로는 혼자서 어떤 때는 둘이서 또 어떤 때는 수많은 다른 소년들과 장난치며 놀았다.

크리쉬나는 조그마한 탐험길에 올라 이곳 저곳을 혼자 배회하다가 물이 소용돌이치고 흰 거품이 이는 강을 따라 한 곳에 이르렀다. 이 지역은 거대한 뱀 왕 칼리야가 도사리고 있는 물 아래 소굴로 그의 독기 서린 이글거리는 콧김이 번져 냇가에서 자라는 나무들을 모두 불태워 버렸다. 으스스한 거처 위를 나는 새들조차 그을려 떨어져 죽었다.

일곱 살짜리 모험 소년 크리쉬나는 이 위험천만한 곳에 당도하여 물 속 깊은 곳을 주의깊게 들여다보았다. '여기가 바로 사악한 칼리야가 사는 곳이구나.' 그는 조용히 생각했다. '그 놈의 무기는 독이다. 이미 그 놈은 내 손아귀에 잡혀 있다.[16] 내가 이 놈을 놓아 준다면 광대한 바닷속으로 사라질 것이다. 이 칼리야 때문에 여기서부터 바다에 이르는 아무나 강 전체가 불결하게 되었다. 사람들이나 가축들이 이 물로 갈증을 풀지 못할 것이다. 기필코 나는 이 뱀들의 왕을 무찔러 이 나라 거주자들을 끊임없는 공포로부터 해방시킬 것이다. 이것이 바로 저들을 행복하고 자유롭게 만드는 길이며 악의 길을 걷는 사악한 자를 징벌하는 방법이다. 그러기 위해 내가 이 땅에 오지 않았는가? 됐다, 물 위에 드리워진 저편의 넓은 가지 위로 올라가서 뛰어내려야겠다.'

소년은 허리띠를 졸라매고 나무 위로 올라가 물 속 깊은 곳으로

---

16) 미래의 전투를 참고할 것.

껑충 뛰어들어갔다. 그 바람에 심해까지 뒤흔들렸다. 불을 뿜는 물이 둑을 따라 자라는 나무 위까지 튀어올라 그것들을 불살랐다. 하늘이 번쩍거리며 불타올랐다. 크리쉬나가 손바닥으로 물을 세차게 내리치자 느닷없는 소음에 의해 도전을 받은 뱀 왕이 앞으로 뛰어나왔는데 눈은 분노로 충혈되었고 두건에선 불붙는 독을 뿜어 내고 있었다. 칼리야는 뱀 전사들 무리에 의해 둘러싸였다. 뱀 왕비들과 뱀 시녀들이 수백 명이나 그를 시종하였다. 꿈틀거리는 몸들을 반짝거리는 진주 목걸이로 장식하였으며 수없이 많은 머리를 쳐들고 굽이치는 사리를 틀며 일어설 때엔 섬광이 번뜩였다. 뱀들은 저들이 가진 독을 크리쉬나에게 뿜어 댔다. 저들은 독이 흐르는 입으로 그를 물었다. 그리고는 똬리를 들어 그의 손발을 감아 꼼짝 못하게 했다.

가까이서 공포에 가득 차 쳐다보던 몇몇 목동들이 크리쉬나가 뱀의 무리에 의해 꼼짝달싹 못하고 무기력하게 의식을 잃고 가라앉는 것을 보았다. 그들은 새파랗게 질려 서둘러 집으로 돌아갔다. "크리쉬나가 발작을 일으켜 칼리야의 물 속 소굴로 뛰어들었다. 뱀 왕이 그를 잡아 삼키려 한다. 빨리 서둘러서 그를 구해야 한다." 저들은 소리질렀다. 소리치는 사람들이 강쪽으로 치닫자 그들의 아내와 어린이들이 뒤쫓았다. "저런, 저런, 애야 어디에 있느냐?" 부인들은 나무 사이를 비틀비틀 쓰러질 듯 달려가면서 울부짖었다.

발라라마가 앞장서 달려갔다. 그는 사람들에게 사리에 묶인 채 바다에 힘없이 누워 있는 크리쉬나를 가리켰다. 소년의 양부모 난다와 야쇼다는 아이의 얼굴을 바라보자 대경실색하였다. 다른 부인네들도 이를 바라보면서 울고 불고 난리치다 절망하여 중얼거렸다. "칼리야의 심해에서 우리 모두 같이 만나자." 그들은 울부짖었다.

"어여쁜 아이야, 우리는 너를 두고 목장으로 돌아갈 수 없다. 해도 뜨지 않은 낮이 무슨 소용이고 달 없는 밤이나 우유를 내지 못하는 소들을 무엇에 쓰겠느냐? 그리고 크리쉬나가 없는 우리들의 집이란 게 도대체 무슨 의미겠느냐?"

발라라마는 가사 지경에 있는 그의 양어머니 야쇼다와 비탄에 잠겨 흐르는 물을 응시하는 난다를 보았다. 그러자 크리쉬나의 신성한 본질에 대해서 남모르게 알고 있는 터라 발라라마는 날카로운 눈으로 그를 내려다보면서 그에게 말했다. "제신의 신성한 주이시여, 어찌하여 인간과 같은 나약함을 보이십니까? 당신의 신적인 본질을 알고 계시지 못하다는 말씀입니까? 당신은 우주의 중심이시며 신들의 지주이시며 창조자이시요, 파괴자이며 세계의 보호자이십니다. 우주는 당신의 몸체입니다. 우리가 인간에게 강림함으로써 당신의 권속이 된 이들 목동과 저들의 처들은 공포에 질려 있습니다. 저들에게 자비를 베푸소서! 당신은 갓난아기와 소년의 역할을 하셨습니다. 당신은 인간의 나약함을 연출하셨습니다. 이제 당신의 무한한 힘을 보이소서. 일어나셔서 힘센 마왕을 정복하소서!"

그 말들이 크리쉬나의 귓전에 울렸다. 그 말들은 그로 하여금 자신의 참된 본질을 깨닫게 하였다. 그의 얼굴엔 미소가 떠올랐고 눈이 서서히 열렸다. 그의 팔이 움직였다. 그를 휘어감고 있던 사리들을 손으로 두들겨 대기 시작했다. 굉음과 함께 그의 손과 발은 뱀의 사리로부터 해방되었고 자유스럽게 뛰면서 발을 뱀 왕 위에 올려 놓았다. 또 무릎을 들고 억센 머리통을 밟고 춤을 추기 시작했다. 괴물이 목을 들려고 할 때마다 성스런 소년은 그것을 밟아 눌렀으며 뱀이 점점 힘이 빠져 기진하게 될 때까지 반복하였다. 크리쉬나는 뱀이 입에서 피를 토하고 그의 몸이 막대기처럼 뻣뻣해질 때까지 춤을 계속했다.

마구 두들겨 맞고 피를 흘리는 뱀 왕의 머리를 바라보던 그의 왕비는 겁에 질려 다음과 같은 말로 크리쉬나에게 탄원했다. "제신의 신성한 주이시여! 우주의 최상의 지배자이시여! 우리는 이제야 당신이 누구신 줄 알았습니다. 뉘라서 당신의 세상을 초월하는 위대하심을 찬양할 자격이나 있겠습니까? 자비를 베푸사 우리 왕의 목숨을 살려 주소서!"(그림 14)

기진맥진한 칼리야는 이 기도에 다소 회복되어 승자에게 더듬더듬 떨리는 목소리로 탄원하였다. "저는 제 천성에 따라서 행동했을 따름이옵니다. 당신께서 저를 힘이 세게 창조하셨고 또 저에게 독을 주셨으므로 그렇게 처신했던 것입니다. 제가 달리 처신했더라면 저는 당신께서 제게 정해 주신 법칙을 범하게 되었을 것입니다. 왜냐하면 모든 생물은 그 종류에 따라 알맞는 속성을 가지는 것이기 때문입니다. 다시 말씀드려서 저는 우주의 질서에 도전하게 되며 따라서 벌을 면치 못했을 것이옵니다. 그러나 이제 저를 때려 주시기는 하셨으나 당신의 손을 접하게 되는 가장 높은 은혜를 제게 입혀 주셨습니다. 저의 힘은 꺾였고 독은 다 없어졌습니다. 원컨대 제 목숨을 살려 주시고 제가 어찌하여야 할지 말씀해 주시옵소서."

크리쉬나는 자비스럽게 대답했다. "이후로 너는 야문나의 물 속에서 살지 말고 거대한 바닷속에서 살지니라. 떠나라! 네게 선포하노니, 황금의 태양새 즉 모든 뱀들의 으뜸가는 적이며 공간을 두루 달리는 나의 탈것인 가루다가, 내가 손을 댔던 너의 목숨을 영원히 살려 줄 것이니라."

뱀 왕은 절을 하고 그의 동족들과 함께 대양으로 물러갔다. 목동들은 기적적으로 회생된 사람에게 하듯 크리쉬나를 끌어안았다. 그의 머리 위에 눈물을 뿌리면서 강물의 자애스런 자질을 회복해 준 그의 행위를 기뻐하였다. 기쁨에 들떠 칭찬하는 목동들과 부인들 그리고 소녀들에 둘러싸여, 무한히 높으신 분의 화신인 소년 영웅은 캠프 사회와 소들에게로 돌아갔다.

이처럼 통속적이고 자주 반복되는 이야기는 많은 의미를 가지고 있으며 여러 관점으로부터 해석될 수 있다. 종교사의 용어로는 그것은 한 지방의 자연신이, 야문나 강에 거주하는 한 악마 즉 물의 정령, 달래기 아주 곤란한 한 분노의 힘이 정복되고 제거되었음을 의미한다. 하나의 원시적인 뱀을 숭배하는 종파가 신인동형의 구세주에 대한 숭배로 대치되었다. 중개자 크리쉬나를 통하여 한 지방 잡신의 특수 종파가 최상의 존재인 비쉬누의, 널리 보급된 일반적인 종파에 병합되었으며 일반적 타당성의 개념과 직관을 표상하는 보다 우월한 상징적 의미의 상황(context)과 연결되었다.

희랍의 신화와 종교사에 있어서도 델포이(Delphi)의 세속적인 뱀에 대한 아폴로의 정복에서 유사한 상황이 나타난다. 이 비단뱀(Python)은 바위의 갈라진 틈을 통해서 계시를 보내곤 했다. 무녀 피티아는 강한 독기를 들이마시면서 영감에 젖어 신비한 발성 즉 델포이 신탁의 예언들을 입 밖에 소리냈을 것이다. 그러나 그때 위대한 신 아폴로가 용의 악마에게 도전하여 그것을 정복하고 그놈을 죽임과 동시에 그 자리를 차지하였다. 그때 이후로 델포이는 태양의 힘과 관련되고 계몽, 지혜, 절제와 균형을 상징하고 있는 신인동형적 올림포스의 한 신의 신전이 되었다. 보다 높은 천상의 원리가 지상의 요괴를 대체하였지만 그러나 그것을 완전히 말살한 것은 아니었다. 무녀는 여전히 옛날의 자기 역할을 하고 있었으며, 대지의 자애스러운 힘은 여전히 사람에게 말을 걸어 왔다. 델포이의 신탁은 계속 효력을 발휘하고 있었다. 이제 비로소 신전의 수호자와 소유자는 더 이상 원시적인 지상의 악마가 아니라, 뱀 신과 대립되는 올림피아의 아폴로 신이었다.

이처럼 칼리야는 크리쉬나에 의해 쫓겨났다. 이때 악마 칼리야는 목숨을 건지긴 했으나 그의 권력에서 물러나 먼 바다로 쫓겨가지 않으면 안 되었다. 그 결과 목동들로 표상된 인류의 전원적인 생활은 악마의 독이 뿜는 불꽃에 의해 해를 입지 않았다. 크리쉬나는 절멸시키는 자라기보다 중개자의 역할을 했다. 그는 인류를 공포와 위험으로부터 구해 냈으며 생명을 귀히 여기어 뱀을 죽이지 않음으로써 파괴적인 힘도 인정을 하였는데, 이는 사악한 뱀도 경건한 소 치는 사람들과 마찬가지로 지고한 존재의 현현이기 때문이었다. 그것은 신의 본질의 어두운 측면들 중 하나가 현현된 것이긴 하나 모든 것을 생산하는 근원적인 신의 실체로부터 나타난 것이다. 인간에게 전적으로 부정적인 것일지라도 영원히 그 존재를 제거할 수는 없었던 것이다. 크리쉬나는 일종의 경계 설정, 이를테면 악마들과 인간들 사이의 균형을 이룬 심판에 영향을 미쳤을 뿐이다. 인간의 왕국을 위하여 칼리야는 먼 지역을 배정받았으나 본질이나 세력에는 여전히 변화가 없었다. 만일 그가 변형되거나 결점이 보완되었거나 혹은 완전히 제거되었더라면 인간과 악마 또는 생산적인 힘과 파괴적인 힘 사이의 반작용은 중단되었을 것이며 그러한 우발적인 사태는 가장 높은 존재의 의도와는 거리가 먼 것이 아닐 수 없다.

세계의 유지자로서 비쉬누의 역할은 우주의 생명 과정에서 적대되는 힘 사이의 중재자나 조정자의 기능을 포함한다. 그는 파괴적이며 파멸적인 힘에 대해 억압을 가하는 충격을 가급적 삼가한다. 그는 이런 저런 모습의 화신으로 우주에 내려옴으로써 혹은 파괴로 몰고 가는 무서운 힘을 정복하고 억제함으로써 또는 반대되는 것들의 균형을 회복시킴으로써 중재자나 조정자의 역할을 한다. 그러나 모든 것을 포함하는 최상의 존재로서 그는 물의 영역에 존재하는 악마들과 근본적으로 차이가 있을 수 없다. 실제로 그가 즐겨 나타내는 그의 중요한 현현들 가운데 하나는 우주적인 뱀 샛사이다. 그러므로 비쉬누의 인간적 화신인 크리쉬나와 칼리야의 정복자는 전형적인 뱀 수호신의 속성들로 표상할 수도 있다는 데 대해 놀라선 안될 것이다.

그림 6은 크리쉬나가 나가(Nāga) 상징과 연결되어 있음을 보여

준다. 이것은 벵골에서 나온 청동상이며 서기 9세기 초 팔라(Pāla) 양식의 실례이다. 신은 네 개의 팔의 가지고 있고 법륜(Cakra, Sudarśana)과 철봉(Kaumodakī)을 쥐고 있다. 비쉬누의 두 여왕이 양손에 있는데 스리 락쉬미는 지상 번영의 여신이고, 상대편의 사라스바티(Sarasvatī)는 언사, 노래, 지혜의 수호자이다.[17] 그들은 한 남자가 두 여자를 거느리게 될 때 언제나 그런 것처럼 연적 관계이다. 둘 중의 하나가 한 남자에게 사랑을 베풀 때 다른 여인은 멀리 머문다고들 한다. 마치 현자가 부유하지 못하고 부자가 현명하지 못함과 같다. 그러나 비쉬누의 발 아래에서 두 여인은 적대적인 감정을 누르고 협조를 한다. 여기서 젊은 화신(god-incarnate)의 매력은 우주적인 존재의 위엄과 잘 조화가 된다. 그의 인간적인 측면은――크리쉬나가 처음 소떼들 사이에서 목가적으로 보냈던 소년 시절에, 그리고 나중에 왕족들의 궁전에 있었을 때,――그를 향한 모든 여인들과 처녀들의 마음이 사랑으로 감동되었다는 사실에 잘 나타나 있다. 한편 배경을 형성하는 나가 상징(Naga Symbol)은 영웅적 구세주가 자기의 존재를 보여 줌으로써 즐거워하게 만들어 주었고 또 자기의 행위 때문에 놀랐던 자들에게 굳이 감추었던 신의 본질을 표상한다. 이것이 바로 그의 참된 성격의 징표이며 그가 썼던 인간적인 탈이 풍겨 주었던 정신이다. 왜냐하면 인간으로의 화신이란 정반대되는 이질적인 것들의 혼합을 뜻하기 때문이다. 우리 자신도 또한 그러한 혼합이지만 우리는 우리의 이중적인 본성을 잘 알지 못하고 있다. 우리는 제한받지 않고 조건에 구애받지

---

17) 사라스바티(사라스와티 강)는 또한 지혜와 계시의 화신인 브라마와 관련되어 있다. 그렇지만 브라마의 배우자는 오히려 비법을 전해 주는 리그베다로부터 나온 어떤 성스러운 기도문의 신인동형적 구현인 사비트리(Sāvitrī)이다. 이 기도문은 신성한 에너지를 불러내어 그것으로 하여금 영혼에 들어가고 영혼을 점유하도록 명한다.

않는 신적인 자아(Divine Self)인 동시에 개인의 경험과 개아 의식 때문에 장막에 가려져 있다.

크리쉬나의 이복 형제 발라라마의 경우에 나가의 성격은 진하게 강조된다. 그는 하나의 인간적인 화신인 동시에 샛사 자신의 부분적 화신이며 이러한 성격은 특히 그의 마지막 이야기에서 보여진다. 그 이야기는 그가 대양의 바닷가 한 그루의 나무 아래 앉아 생각에 골똘해 있을 때 그의 입에서 한 마리 커다란 뱀이 기어나오면서 영웅 구세주의 인간적 육신은 활기를 잃고 무력하게 되었다고 서술한다. 이것이 바로 그의 샛사 본질 즉 물속 깊은 곳으로 돌아가게 되는 그의 신비한 생명의 본질이다. 그것이 꾸불꾸불 크게 파동치듯이 자기의 길을 갈 때 뱀들은 찬양의 노래를 부른다. 대양은 위대한 손님, 자기 자신의 보다 높은 자아, 즉 우주적인 바다의 뱀을 맞이하기 위해 막강한 뱀 왕의 형상으로 굽이친다. 신성한 영웅이 가지고 있는 뱀의 본질은 한 인간화 신에 대한 동료이자 후원자로서의 일시적인 역할을 완수한 뒤 다시 자신으로 돌아가듯 무형의 심연으로 돌아간다.

서양의 신화들에서도 유사한 주제들이 발견되지만 여기서 적대 감정은 해소되지 않고 있다. 제우스 신의 아들이며 따라서 천상적인 에너지의 일부분인 반신적인 영웅 헤라클레스는 지상의 뱀들과는 불구대천의 적이다. 유아 시절에 벌써 그는 늙은 대지의 여신 헤라가 그의 요람으로 보낸 뱀들을 목을 졸라 죽인다. 나중에 그는 거의 정복할 수 없는 파괴적인 괴물 히드라――한 개의 몽둥이에서 일곱 개의 머리가 갈라져 나와 자라는 맹목적인 생명의 힘――를 정복한다. 그리스도 역시 그놈의 이빨에 물려 희생이 되지만 뱀의 머리를 밟아 부순다.

서양에선 지상에 새로운 시대를 열기 위하여 하늘에서 내려오는 영웅 구세주들을 뱀 세력의 맹목적·동물적 생명의 힘보다 우월한 정신적·도덕적 원리의 구현들로서 간주한다. 한편 인도에선 뱀과 구세주는 한 분, 모든 것을 포함하는 신성한 실체의 두 가지 기본적인 현현들이다. 그리고 이 실체는 그것을 양극화한 상호 적대적인 측면들의 어느 하나와 모순될 수가 없다. 그 속에서 그들은 화해하고 포섭된다.

5. 연화

신성한 생명의 실체가 우주로 뻗어 나오려 할 때 우주적인 바다는 마치 태양과 같이 빛나는 수많은 순금의 연꽃 잎을 자라게 한다. 이것이 바로 우주 자궁의 문 또는 관문, 열린 곳 혹은 입구이다. 창조적인 원리의 최초 소산은 청정한 자연의 표징인 금이다. 그것은 조물주인 브라마에게 처음으로 생명을 내려 주며 연(蓮)의 과피로부터 피조된 세계의 무리들이 태어난다. 힌두인의 생각에 따르면 물은 여성 즉 모성적이며 절대자의 생식적인 측면이다. 그리고 우주적인 연꽃(Lotus)은 저들의 생식 기관이다. 이런 우주적인 연꽃은 '대지의 가장 고귀한 형식 또는 측면' 혹은 '습기의 여신(The Goddess Moisture)', '대지의 여신' 등으로 불린다. 그것은 대지의 여신으로서 의인화되며 대지의 여신을 통해 절대자는 창조를 향해 움직인다.

이 여신은 초기 고전 베다의 전승[18] 가운데서는 찾아볼 수 없다. 연꽃 자체가 그런 것처럼 그녀도 인도 본토에서 자라는 초목의 산물이기 때문에 북방의 지역에서 유입되어 온 아리안족의 침략자들에게는

---

18) 〔말하자면 특별히 한 여신으로서가 아니다. 그러나 바시스타(Vasishtha) 즉 아그니는 우르바쉬(Urvashī)에 대한 지상의 상대역인 연꽃에서 태어나며 여기서 '연화생(lotus-born)'이라는 아그니의 통칭이 유래되었으며(리그베다 Ⅶ. 16. 13과 Ⅶ. 33. 11 참조할 것), 이 연꽃이 바로 후대의 여신 파드마(Padmā)이다.──AKC〕

낯선 것이었다. 리그베다(Rig Veda)의 1,068개의 송가 중 어떤 것에서 도——아리안족이 남긴 최고의 문학적 기념비 즉 브라만교의 전승 ——연화의 여신을 말하고 있지 않으며 언급조차 하지 않고 있다. 더욱이 베다의 만신전에서 섬기는 신들 가운데서도 보이지 않는다.

그녀의 존재에 대한 증거를 포함하는 최초의 문학작품은 비교적 최근의 송가 이른바 킬라들(Khilas) 중의 하나 혹은 리그 베다의 고대 자료에 부가될 '부록' 가운데 처음 나타난다.[19] 여기 29연에서 비로소 여신을 기리며 기술하고 있다. 한참 지나 힌두 신화와 예술의 고전 시대에 그녀에 대해서 특징지워 줄 모든 특성들이 이미 초기의 송가에 서 아주 의미심장하게 공표되고 있다. 경우에 따라서 그녀는 침략자들 의 사제들이 그녀를 인정키로 계획하기 훨씬 이전에 민간에 존재했을 지도 모른다. 그녀는 인도 자체의 기본적인 문화 유형들로서 영원히, 말하자면 근본적인 변화없이 영원무궁토록 전래되고 있다.

리그베다에 부가된 외전 송가에서 연화의 여신은 이미 스리(Shri) 와 락쉬미(Lakshmi)라는 두 가지 고전적인 이름으로 불리며 모든 가능한 방법으로 연화의 상징과 연관되어 있다. 그녀는 '연화의 탄생(Padmasaṁbhavā)', '연화 위에 서 계신 이(Padmeṣṭhitā)', '연화의 색조를 띤(Padmavarṇa)', '연화의 허벅지를 가지신 이(Padma-ūrū)', '연화의 눈을 가지신 이(Padmākṣī)', '연화들 속에서 풍성하신 이(Padminī, Puṣkarṇinī)', '연화의 화환으로 장식하신 이(Padmamāliṇī)'로 찬미된다. 또한 인도 본토의 쌀농사의 수호신으로서 그녀는 '거름을 소유하신 이(karṣīnī)'로 불리기도 한다. 그녀의 두 아들은 진흙(kardama)과 습기 (ciklīta)로 비옥한 흙의 성분들을 의인화한 것이다. 그녀는 '꿀과 같으

---

19) Khila, no. 8. I. Scheftelowitz, *Zeitschrift der Deutsch-Morgenländischen Gesellschaft*(Bd. 75, 1921)〉, pp. 37ff.를 참조할 것. 거기에 그 찬송이 번역되고 분석되어 있다.

며(mādhavī)', '황금, 암소, 말들과 노예들을 하사하신다'고도 한다. 그녀는 '금과 은의 화환'을 걸친다. 그녀는 건강, 장수, 번영, 자손과 명예를 내려 주신다. 의인화된 명예는 또 다른 그녀의 아들이다.[20] 그녀는 '금으로 만들어진(hiraṇyamayī)', '금으로 칠을 한(hiraṇyavarṇā)', 금 같이 영속적이고 아름다우며 가치가 있다. 그녀는 하리발라바(harivallabhā)와 비쉬누파트니(viṣṇupatnī) 즉 '비쉬누의 사랑받는 배우자'로 불린다.

다른 신들이 자기들의 동물 상징들 위에 인간적인 형상으로 표상되는 것처럼 이 여신 파드마(Padmā), 혹은 연화(Lotus)도 한 연화의 위에 서 있거나 앉아 있다. 그녀는 그녀의 남편 비쉬누가 우유의 대양과 관련되어 있듯이 그녀 또한 항상 연꽃과 관련이 되어 있다. '연화가 소중하기만 한(Padmapriyā)' 그 여신은 초기 불교의 탑――산치와 바르후트의 탑들(기원전 1~2세기)――의 화려하게 장식된 문들이나 난간들에 조각된 중요 인물들 중에 나타나 있다. 바르후트(Bhārhut)로부터 나온 그림 15에서 그녀는 그녀가 취하는 고전적인 자세 중 하나를 보여 주고 있다. 물이 가득 채워진 한 개의 단지 즉 풍성한 항아리에는 다섯의 연꽃송이가 피어 있고 코끼리 한 쌍이 양 측면에서 떠받치고 있다. 위를 향해 치켜 올린 코끼리의 코에서는 빙긋이 웃음짓고 오른손으로 모성의 자애스런 표정을 지으며 터질 듯이 부푼 젖가슴을 떠받치고 있는 평퍼짐하게 넓은 엉덩이를 가진 풍요의 여 수호신――가자 락쉬미(Gajā-Lakshmī), '코끼리들의 락쉬미'――머리 위에 부드럽게 물을 흘려 보내고 있다.

---

20) 힌두 왕들은 자기들의 수왕비나 다른 처자들과 결혼하게 되는 것 이외에도 저들의 제왕다운 운과 행운의 화신인 스리 락쉬미(Shrī-Lakshmī)와 결혼하게 된다고 한다. 이 '제왕에 어울리는 행운의 신(rāja-lakshmī)'가 저들을 저버릴 때, 운명의 법령에 따라 그 왕은 자기의 왕국을 잃게 되는 운명에 놓이게 된다.

리그베다에 딸린 송가는 그녀에 대해서 'Prajānām bhavasi mātā' 즉 '그대는 피조된 존재들의 어머니이시라'고 말한다. 또는 어머니로서 그녀는 크사마(Kṣamā) 즉 '대지'라고 불린다. 이런 까닭으로 해서 그녀는 그 옛날 어머니 대지의 특수한 측면에 의해 또는 지방 양식에 의해 발전된 모습이다. 황동 석기시대(Chalcolithic Period)의 위대한 모신은 세계 여러 광범위한 지역에서 숭상받았고, 고대 근동 지방과 지중해, 흑해, 다뉴브 강 계곡의 여러 땅에서 그녀의 수많은 상들이 발견된다. 그녀는 초기 수메르 셈족의 메소포타미아 지방에 잘 알려진 여신의 자매 혹은 그와 흡사한 것이다. 그러므로 그녀는 신화와 상징에 대한 인도와 우리 서양의 전승 사이에 아리안족 이전의 문화적 연결 관계를 풀어 주는 좋은 단서를 제공한다.

여신 로투스의 고풍스런 상이 기원전 3세기경으로 추정되는 바사르(Basārh)로부터 출토된 점토판에 나타난다.(그림 16) 그녀는 연화 받침대 위에 서 있고 양 옆에는 두 개의 연꽃과 두 개의 꽃봉오리가 있다. 팔 위쪽에는 상박 가락지를 차고 팔목에는 화려한 진주를 두른 팔찌를 끼었다.——그와 같은 힌두인의 장신구들은 그 시대에 다른 유적들에서 흔히 볼 수 있는 것들이다. 그러나 그녀의 특유한 동물 벗, 코끼리들이 빠져 있으며 그 대신 그녀는——인도인에게는 드물고 놀라운 일이지만——날개를 가지고 있다.

날개란 서양의 전통에 있어선 흔히 볼 수 있는 것이지만 새처럼 생긴 비쉬누의 운반 기구인 가루다를 제외하곤 인도의 신들이나 초인적인 존재들의 부속물 중에서 이러한 날개를 보기는 쉽지 않다. 대체로 인도의 천상적 존재들은 눈에 보이는 어떤 것을 의지하지 않고서 공간을 오락가락 하거나 자기들의 운반 기구를 타고 다닌다. 한편 고대 메소포타미아의 예술에 있었던 날개를 단 신들과 수호신들은 흔히 볼 수 있는 모습이다. 이러한 인도인의 표현 방식은 고대 메소포타미아의 전통과의 관계를 정면으로 부정한다. 고대 메소포타미아의 전통은 우리 서양의 신들, 기독교의 천사들은 물론이고 희랍 승리의 여신이 달고 있는 날개의 유래를 찾을 수 있는 본령이다.

우리는 이미 아득한 옛날 번영을 누렸음에 틀림없는 인도와 티그리스 유프라테스 지방 사이에 있었던 교역에 대해서 간략하게 설명했다.[21] 금세기 20년대에 인더스 강을 따라 행해진 일련의 발굴 작업은 고대 인도 역사의 잠재된 부분을 밝혀 주었으며 그러한 문제에 극적인 빛을 비추어 주었다. 그때까지만 해도 티그리스 유프라테스 강과 나일 강만이 문명의 발상지로 알려져 있었다. 이제 뜻밖에도 인더스가 자기의 주장을 자랑하게 되었다. 고도로 발달된 고대 도시들이 발견되었고 기원전 2500년경에 그 문명의 절정에 이른 진보된 문명에 대한 풍부한 증거를 전해 주고 있다. 인더스 문명 범위는 이집트나 수메르의 것보다 훨씬 더 광범위하다. 모헨조다로(Mohenjo-Daro), 하라파(Harappa), 찬후다로(Chanhu-Daro)가 발굴 조사되었으며, 이 세 개의 유적지 가운데 모헨조다로와 하라파는 존 마샬 경(Sir John Marshall)의 지휘 아래 인도의 고고학 조사대(India Archaeological Survey)에 의해 탐사되었고, 찬후다로는 미국의 고고학자인 어니스트 멕케이 박사(Dr. Ernest Mackay)에 의해 탐사되었다. 그들의 이 엄청난 발견으로 동양 고고학의 신기원이 수립되었으며 문명사에 그것이 제기하는 제문제와 생생한 실마리의 마련에 부심하는 시초의 부분을 추가하게 되었다.[22]

인더스 문명의 초기 연대는 어떤 독특하고 명백한 동물의 표상을 지닌 인장들과 아직까지 해독되지 못한 상형문자로 된 전설을 분류함

---

21) pp. 95~96 참고.
22) Sir John Marshall, *Mohenjo-Daro and the Indus Civilisation*(London, 1931)—세 권은 기념비적이다. *Ernest Mackay, The Indus Civilisation*(London, 1935)—매우 간략한 설명임.

으로써 입증하게 되었다. 이것들은 폐허 속에서 상당히 많이 나타나며 인도인의 작품임에 틀림없다.(그림 21~23) 그러나 고대 엘람(Elam)의 수도인 수사(Susa)와 메소포타미아의 몇몇 유적지, 사르곤 1세(Sargon, 기원전 2500년경) 이전 시기로 추정될 수 있는 성층에서 독립된 표본들이 발견된다. 에쉬눈나(Eshnunna, 바그다드 동북쪽 50마일에 있는 Tell Asmar)의 고대 메소포타미아 유적지, 소위 초기 왕조 시대로 추정되는 성층에서는 하라파와 모헨조다로의 인장에서만 발견되고 다른 곳에선 발견되지 않는 코끼리와 코뿔소의 장식띠를 두른 인장 원통이 발견되었다.[23] 토기 장식과 문양 속의 기록들, 이집트에서 유래된 것이 분명한 구슬들이 인도인의 유물들 속에서 발견됐다는 사실과, 다른 몇몇의 매우 암시적인 단편적 증거들은 기원전 3000년대의 오랜 세기를 지나는 동안 어떤 종류의 교역——그 규모는 아직 추정하기 불가능하나——이 있었음을 알려 준다.

우물, 하수도, 수로——견고하고 정교하며, 복잡하게 거미줄처럼 짜여져 있는 현대식 위생시설——들은 고도 모헨조다로의 유물 가운데 가장 두드러진 것이다. 정교한 체계를 갖춘 하수 시설은 그때의 생활이 상당히 사치스러웠음을 암시한다. 대부분의 건물들은 잘 구운 벽돌로 축조되었으며 건물들은 대개가 주택이나 상점들이었던 것 같다. 집은 적당한 크기의 방들로 나뉘어 있는데 집집마다 우물과 목욕탕이 갖추어져 있고 여기서 나간 배수구는 길 양편의 커다란 하수도와 연결된다. 모헨조다로의 주택 축조법과 토목 기술은 동시대의 이집트나 메소포타미아보다 훨씬 고도로 발달하였다.

이와 함께 모헨조다로에서 발굴된 수많은 주택들의 기초와 약도들

---

23) H. Frankfort, *Tell Asmar, Khafaje, and Khorsabad*(Oriental Institute Communications, No. 4, Chicago, 1932)

가운데 사원이나 공공 신전의 유적지로 여길 만한 규모를 가진 것이 전혀 발견되지 않는다는 것을 살펴보게 됨은 매우 흥미롭다. 한편 메소포타미아인의 유적에서는 사원 유적지가 굉장히 크다. 그럼에도 불구하고 모헨조다로 시의 중심지에서는 대형 목욕탕이 있던 우람한 건물의 기초가 발견되었다. 이 대형 수조는 평지에서 깊이가 8피트, 길이가 39피트, 너비가 23피트나 되고 외벽의 두께는 8피트가 조금 넘으며 방들이 동쪽으로 길게 배치되어 있다. 아마 이 시설물은 세속적인 목적에서 세워진 것 같지 않고, 어쩌면 오늘날에도 사원 단지 중앙이나 성스러운 강을 따라가면서 볼 수 있는, 그러한 후기 인도 대중 종교의 수많은 성스러운 목욕 장소들을 강력하게 암시하는 것 같다. 이것들은 온갖 종류의 죄와 죄악과 고통을 씻어 버리기 위한 순례의 장소들이다. 분명히 여기서 우리는 모헨조다로의 목욕지로부터 오늘날의 강변 사원들에 이르는 연속적인 전통에 대한 증거를 얻게 된다.

수천 년에 걸친 연속성에 대한 또 다른 증거들 가운데는 코끼리의 사육기술뿐 아니라 소달구지와 연장들의 형식들이 포함된다. 모헨조다로의 인장들은 초기에 알려진 코끼리의 표상들을 마련해 준다. 인장들은 후기 고전적인 인도의 전통에 나타나는 상황과 일치하는 가축으로서의 역할과 설화적인 역할을 하는 동물로서의 코끼리를 보여 준다. 코끼리가 한 여물통 앞에 서 있는 것으로 묘사되는 점에 비추어 그것은 이미 인간의 가사에서 한몫을 단단히 하였음이 틀림없다.

인더스 강 계곡의 종교적 상징들 가운데 두드러진 것은 음경(phallus)이다. 이것은 오늘날까지도 힌두교의 사원에서 가장 공통적인 숭배의 대상이며 힌두 사원에서 그것은 우주의 생식적인 남성 에너지를 표상하고 위대한 신 시바의 상징이기도 하다.(그림 25)[24] 더 나아가

---

24) 그림 29~30을 비교하고 다음의 pp. 160~165 참고.

현대 인도에서뿐 아니라 모헨조다로에 있어서 그 남성의 상징을 보완해 주는 것은 머리에 연꽃을 꽂고 있는 여신이다.(그림 24) 그녀는 낯익은 모성적 자태를 지닌 그녀의 젖가슴을 보여 주고 있다. 그 젖가슴은 우주와 우주의 존재들에게 생명을 주는 풍성한 젖의 원천이다.

그래서 이제 여신 로투스 스리 락쉬미(Lotus Shrī Lakshimī)의 실존에 대한 초기의 문헌적 증거가 되는 것은 리그베다의 아리아인 전집에 부속된 후기의 위경 찬가이긴 하지만, 이 세계의 어머니는 북방의 정복자들이 도래하기 훨씬 이전에 인도에서 사실상 지고의 위치를 누렸던 사실이 나타난다. 인더스 문명과 그 문명의 여신인 여왕의 패위는 철저하게 가부장적 제도를 지닌 전투적인 유목민들의 침입과 그들의 가부장적 신들의 취임으로부터 기인된 것이다. 그녀는 그녀의 연꽃으로부터 제거되었고 대신 브라마가 그녀의 자리를 차지하였으며 그녀 자신은——비쉬누 아난타샤인(Visnu Anāntashayin, 그림 3)의 신전에서 볼 수 있는 것처럼——브라만의 아내라는 노예의 신세로 좌천되었다. 그럼에도 불구하고 원주민들의 가슴 속에서 그녀는 언제나 최고의 주권을 가진 자로 기억되고 있었으며 수세기에 걸쳐 베다의 전통과 베다 이전의 전통이 점차적으로 융합하는 동안에 그녀의 영예로운 위치를 되찾게 되었다. 그녀는 초기 불교의 유적들 어디에서나 볼 수 있었으며 고전 시대의 작품들 속에서는 어디서나 당당한 모습으로 서있다. 오늘날 동양에서 그녀는 가장 영향력이 강한 신이다.

도처에 편재해 있는 연화는 비록 여신이 인간의 모습으로 나타나 있지 않다 하더라도 그녀의 현존을 의미하는 징표인 것이다. 남성신들조차 그녀의 전통적인 자태를 모방하는 예가 드물지 않았다. '손에 쥔 연꽃(Padmahastā, Padmapānī)'으로서 알려진 여신의 특유한 자태는 대승불교의 인물 표현에 있어서 보살들 혹은 부처에 대한 불멸의 조력자들 중에 가장 위대한 자인 우주적인 구세주 파드마파니(Padmapānī,

'손에 쥔 연꽃')에게 인계된다. 이 자비로운 의인화에 대한 사랑스럽고 작은 청동상은 서기 9~10세기경 네팔 고전예술의 우아하고 세련된 양식을 보여 준다. 오른손은 '선물을 하사하는 듯한 동작(varadāmudrā)'으로 아래로 내리고 있는 반면에 왼손은 연화의 상징을 들고 있다. (그림 18) 그리고 손가락 사이로 빠져나온 연꽃 줄기가 팔목 부근에서 끊겨져 있다. 그러나 아름다움은 손상되지 않고 원형을 유지하고 있다. 윤곽미와 균형미의 달콤한 음향과 아름다운 자태의 정교한 음악성 속에 보살의 덕이 잘 표현되어 있다. 그의 한없는 자비와 사랑하는 연민, 그의 초자연적인 영성과 천사와 같은 매력이 여기에 잘 구현되어 있다.

인도의 불교 전통에서 파드마파니 혹은 관세음보살(Avalokiteshvara)은 이중적인 또는 복합적인 성격을 지니고 있다. 그는 비쉬누와 마찬가지로 마야의 지배자이며 마음먹은 대로 형상을 취할 수 있는 신적인 힘을 소유하고 있다. 상황의 여하에 따라서 그는 남자 또는 여자로서 혹은 동물로서 나타날 수도 있다. 그는 '구름(valāhaka)'이라는 이름을 가진 설화 속에 날개 달린 말이나 곤충으로서 나타날 수도 있다. 그의 현현 방식은 깨달음을 통하여 구원의 길에 들어서도록 그가 돕고자 하는 특정 집단의 살아 있는 존재들에 달려 있다. 파드마파니는 중국 불교의 여신 '관음(觀音)'과 일본의 '관농'에 대한 힌두교적인 원형이다. 보살에 대한 이같은 극동적 변형에 있어선 여성적인 성격이 지배적이다.——그것은 마치 그 조상이 자기의 원형적인 본성을 되찾은 것 같다고 하겠다.

'손에 쥔 연꽃' 뿐만 아니라 연꽃 받침대도 연꽃의 여신으로부터 분리되어 다른 신들에게 위임되었다. 식물의 영역으로부터 응용되었고 상형문자를 결정한 자와 같은 방식을 좇아 스리 락쉬미의 신인동형적인 조상 밑에 '썩어진' 그림 문자의 무늬는 수천 년이 흐르는 동안 원래 그 무늬가 가리키고 있는 유일한 여신으로부터 힌두교와 불교의 만신전의 다른 신적 또는 초자연적인 인물들에게로 옮겨진다. 아마도 그러한 것을 새로 양도받은 자들 가운데 가장 놀라운 예는 대승불교에서 가장 높은 여성적 의인화인 프라냐 파라미타(prajñā-Pāramitā, 般若波羅蜜多)의 예일 것이다.

열반으로 인도하는 지혜(prajña)는[25] 최고의 덕(pāramitā)이다. 그것은 바로 부처들 즉 온전히 깨달은 자들의 본질이며 수업 중에 있는 부처 즉 보살은 그것을 완벽하게 얻어야 한다. 13세기 자바로부터 나온 훌륭한 조상에서 우리는 그것의 신인동형적 상징 속에 표현된 신적인 자질을 보게 된다.(그림 20) 로투스 여신의 고대적 유형――그녀의 밑에 그리고 그녀의 오른손에 쥐어진 연꽃과 더불어――은 근본적인 의미의 변화를 겪게 된다. 성숙한 불교의 개념과 후기 힌두교 개념의 영향 아래 지상의 재화와 행복, 번식력과 세속적 삶에 대한 모성적 여신 즉 우주적 수면자――우주적 꿈을 꾸는 비쉬누――의 배우자이며 그의 구체화된 에너지는 여기서 세계를 초월하는 각성에 대한 최고의 전형 즉 동양의 모든 인물상들 가운데서 가장 신성한 여성적 상징이 되었다.

반야 바라밀다는 깨닫게 하는 초월적인 지혜(프라냐)에[26] 대한 덕의 완성(파라미타)이다. 혹은 성스런 주석들에 의해 재가된 다른 어원학적 설명에 따르면 그것은 '피안(pāra)으로 건너가 그 곳에 거하는(itā), 깨닫게 하는 지혜(Prajñā)'이다. 피안 또는 대안은 깨닫지 못한 존재들의 영역인 차안의 세계――우리가 그 위에 서서 움직이고 말하고

---

25) pra-gyaa('give'에서의 g처럼)로 발음된다.
26) prajñā는 어원학상으로 희랍어의 prognsis(예지)와 관련되어 있다.〔그것은 사물의 지식을 의미하지만 사물 자체로부터 나온 것은 아니다. 그것은 관찰에 의한 경험적인 지식을 의미하는 samjñā와 구별되는 것으로서 선험적인 지식이다.――AKC〕

있는 차안의 세계는 욕망에 매어 있고 고통에 약하며 무지에 빠져 있다——와는 대조 차별되는 궁극적인 진리와 초월적인 실재의 영역이다. 이렇게 하여 이제 반야 바라밀다 측면으로 모습을 바꾼 영원한 대지의 어머니 즉 물리적 측면에서의 생식적인 에너지와 번영인 먼 옛날의 위대한 어머니, 우리의 여신 로투스는 생물학적, 인간적 및 신적 존재의 개체화된 의식과 우주적 다양성의 소멸(열반)을 나타내는 깨달음(각)을 통해 이룩된 정신적인 왕국의 여왕이 되었다. 반야 바라밀다는 세계에 대한 연민 때문에 환생의 순환으로부터 무수한 존재들을 구하기 위하여 저들 자신의 소멸을 미루고 있는 부처들과 '대보살들(Mahābodhisattva)'의 참된 본질이다. 한편으로 그녀는 이승의 존재와 혹은 심지어 천상적인 존재에서 즐거움의 종료 즉 개체적 지속에 대한 모든 갈망의 소멸을 나타내고 있으며 또 다른 한편(그러나 이것은 달리 묘사되었을지라도 결국 동일한 자각이라 하겠는데) 그녀는 그 자체 모든 한정하고 분화하는 특성을 결한 일체 중생의 금강석같이 파괴할 수 없는 비밀스러운 본질이다.

그런데 중세 탄트라 시대——불교와 힌두교의 개념들이 한데 어우러져 멋진 조화를 이루었던 시대——의 불교 사상을 따르면 구세주로서 이승에 내려와 거닐고 고통당하는 사람들을 구하기 위하여 연옥에까지 내려가는가 하면 낙원들을 관장하고 영원한 구세주로서 가르치고 기적을 행하면서 깨달음을 통한 해방의 복음을 도처에 퍼뜨리는 위대한 보살들과 역사적 부처들(역사적 고타마 왕자는 수많은 부처의 현현들 중의 하나로서 간주되고 있다)은 '태초의 부처(ādi-buddha)' 또는 '우주의 주(lokeśa)'라 불리는 하나의 초월적인 불변하는 본질의 방사체일 뿐이다. 불교의 만신전에서 이러한 원초적인 부처는 힌두교에서의 지고한 존재와 똑같은 위치를 차지한다. 그는 일체 덧없는 현상들의 유일한 원천 즉 유일의 참된 실재이다. 부처들과 보살들은 마치 화신들

(avatārs)이 비쉬누로부터 나아 오는 것과 같이, 원초적 부처로부터 우주의 현상적인 신기루를 향해 나아간다. 락쉬미가 힌두 신의 배우자인 것처럼 반야 바라밀다는 우주적인 부처의 여성적인 측면이다. 지표가 되고 깨닫게 하는 지고한 지혜의 능동적 에너지(Śakti)로서 그녀는 원초적 부처의 배우자일 뿐 아니라 모든 구원자들의 활성적인 미덕인 것이다. 부처들과 보살들은 그녀의 활동이라 할 현상적인 존재에 대한 거울 영역들에 비친 투사들과 반영들에 지나지 않는다. 그녀는 불교의 법(Buddhist Law)의[27] 의미이며 참된 진리이다.

반야 바라밀다의 조상 옆의 연꽃 위에는 하나의 책자가 나타나 있다. 네 개의 머리를 지닌 정신적 조물주 브라마는 그의 손에 베다 경전의 사본을 들고 있는 것으로 자주 표현된다. 이른바 반야 바라밀다경들은 부처의 초월적 지혜에 대한 유사한 문학적 현현인 것이다. 현재의 조상들에서 이것들은 브라마 자신을 대신하고 있다. 이렇게 해서 자발적인 생식 에너지를 떠받드는 고대의 연꽃 받침은 이제 생식 에너지를 초월하는 지혜에 대한 상징 즉 마야의 주문이 미치지 못하는 곳으로 인도하는 지혜를 떠받치도록 되었다. 세계의 연꽃들은 모든 살아 있는 존재들의 타고난 우직한 무지의 암흑을 거두어 주는 깨달음의 상징을 떠받쳐 준다. 원래 끊임없이 이어져 가는 생물들과 존재들을 낳았던 연꽃의 상징은 이제 열반의 막강한 지혜를 떠받친다. 열반이란 말은 천상에 존재하든 이승에 존재하든 일체의 개체화된 존재에 종말을 가져오는 것을 의미한다.

요약해서 말하면 마음과 같다. 즉 여신 로투스는 자기 아래에 있는

---

27) 반야 바라밀다에게 헌정된 경전들은 서기 1~2세기까지 거슬러 올라간다. 초월적 유심론(Transcendental idealism)의 불교 철학 즉 나가르주나(龍樹)와 그 밖의 사람들의 가르침은 반야 바라밀다의 개념에 입각하고 있으며 오늘날 티베트와 중국 및 일본의 불교도 역시 그 개념에 기초하고 있다.

식물의 상징에 의해 특징지워지고 왼손에 연꽃을 지니고 있는 것처럼 반야 바라밀다 역시 연화 옥좌에 의해 항상 특징지워지며, 왼편의 연꽃은 경전의 사본을 떠받치고 있다. 락쉬미가 비쉬누의 창조적인 에너지를 나타내는 그의 아내인 것처럼 반야 바라밀다 또한 초월적인 우주적 부처의 여성적 배우자이며 그의 본성 즉 한계와 개체화가 소멸되는 깨달음 속에서 영원하고 행복스러운 평온의 본질을 나타낸다. 락쉬미는 그녀의 자비롭고, 생명을 부여하며 생명을 키워주는 측면으로써 생명의 우주적인 어머니이다. 마찬가지로 반야 바라밀다는 지독히 무자비한 환생의 순환으로부터 해방시켜 주는 깨달음의 지혜의 빛을 방출한다. 그녀는 초월적 생명과 실재를 나타내고 있는데 이는 그녀가 초월적 생명과 실재의 구현인 동시에 원천이기 때문이다. 인도 계통의 대부분의 조상들처럼 자바의 조상들은 실물 크기보다 약간 작다. 그러면서도 신기하게 그것은 기념비적인 작품에 어울리게 아름답다. 홍예를 살짝 튼 방패 모양의 배경은 잔잔한 불꽃의 테를 지녔으며 여기서 깨달음의 정신적 에너지가 방사되고 있다. 타원형의 머리는 거대하고 화려한 왕관이 씌워져 한층 더 길고 당당하게 보인다. 순수한 타원형의 후광은 무언가 초월적인 본질의 지고한 공허를 표현하고 있다. 용모는 완전히 대칭적이어서 여성적인 아름다움의 본보기가 된다. 손가락들은 인과 관계의 순환 즉 삶과 고통과 죽음의 순환에 관한 명상을 할 때처럼 서로 맞대고 있다. 반야 바라밀다는 지혜(Sophia) 즉 깨닫게 하는 지식의 어머니와 근원에 대한 불교적 표현이다.

가장 고상한 추상 개념에 대한 이러한 표상이 동시에 하나의 인물상일지도 모른다는 것을 살펴보는 것도 흥미있는 일이다. 힌두교와 불교의 통치자들과 자바와 캄보디아의 왕족들 사이에서는 사후나 생존시에 '봉안상(consecration figures)'을 세우는 관습이 널리 퍼져 있었다. '봉안상'에서 왕후의 인물은 힌두교의 신이나 부처와 같은 신적인 존재의 자태와 복장, 장식품 및 상징들을 착용하고 있는 것으로 묘사된다. 묘사된 인물이 사후에 신성한 초현세적 실체가 된다는 가설을 표현하기 위해 또는 살아 있는 왕후는 가장 높은 실체의 발산, 화신, 반영, 혹은 권화(avatār)라는 사실을 가리키기 위해 그는 초인간적인 존재와 동일시된다. 그 사상은 왕후와 그리고 근본적으로 모든 존재들, 우리들 모두는 신성한 창조적 본질로부터 나왔으며 실제로 지고한 존재의 부분들이라는 것이다. 이것이 바로 후기의 힌두교와 불교에서 주장된 개념이며 그것은 초기의 기본적인 개념들의 논리적인 귀결에 지나지 않는다. 그것은 우파니샤드의 철학에서 발전되고 고전 힌두 신화의 화집을 통해 도해로 설명된 일원론적 사상——즉 유일의 우주적인 자아(brahman, 梵我)와 동일한 것으로서 인간의 내적 자아(ātman, 眞我)에 대한 사상——속에 내포되어 있다.

반야 바라밀다의 이 조상은 어느 자바인 여왕이 신이 된 것을 기리기 위해 만든 '봉안화'이다. 아마 그녀는 싱고사리 왕조의 여왕 데데스(Dedes)일 것이다. 1220년 모험가 캔 아록(Ken Arok)은 왕을 폐위시키고 데데스 여왕과 결혼하여 라자사 아누르바 부미(Rajasa Anurvabhumi)라는 칭호로 왕위에 올랐다. 1227년 그가 죽을 때까지 그는 정복지를 넓혀 나갔다. 그렇다면 이 조상은 연꽃 받침과 손에 쥔 연꽃에 대한 엄청난 대중화가 이루어졌음을 보여 주고 있는 것이다. 예전에는 비옥한 자연인, 위대한 어머니 대지에게만 부여되었던 속성들이 이제는 모든 왕후와 여왕들에게까지 소용되고 있다.

이곳에서 연꽃은 결국 우리들 모두는 사실상 부처들이며 초월적인 불후의 영역의 방사들이며 반영들이라는 사상을 표현한다. 깨닫지 못한 자는 오직 망상적인 형상들과 어처구니 없는 생각들의 분화된 영역인 마야만을 보게 되지만 깨달은 자들에게 모든 것은 분화를 초월한 공허로서 경험된다. 인간의 타고난 초월적 성격이 인간 통치자를 이 연꽃 받침대 위에 앉힘으로써 강조되고 있다. 인간의 본질적으로 신성한 존재의 비밀이 사람들로 하여금 그다지도 깨닫기 어려운 진리 즉 자신에 관한 궁극적인 진리를 고수하도록 용기를 북돋워 주기 위해 아주 대담하게 계시되고 있다.

6. 코끼리

신적인 힘의 의인적인 상징들 아래 위치하는 하나의 '속성(determinant)'으로서 코끼리는 바르후트의 초기 불교 부조상들에서 공통적인 특징이다. 대부분의 신들은 명칭도 붙여지지 않으며 확인도 할 수 없다. 다른 신들은 약사들(Yakshas)과 약시니들(Yakshinis)——다산과 부의 수호자들인 남성적 및 여성적인 땅의 수호신——이라는 이름들을 지닌다. 여신 로투스의 조상과 한 쌍의 코끼리와의 관련은 또한 기원전 2~1세기 불교 예술의 한 특징이기도 하다(바르후트와 산치, 그림 15). 거기서부터 힌두교와 불교 인물화의 전체적인 광범위한 진로를 통해 남부의 후기 힌두교 사원들에 이르기까지 그것을 더듬어 갈 수 있다. 힌두교의 세밀화와 오늘날 대중적인 그림들에 있어서 그것은 항상 되풀이되는 주제이다. 게다가 모헨조다로의 바로 초기 인장들——인도뿐 아니라 인간 문명 최초의 예술 작품들 중에서——에는 코끼리가 묘사되어 있고, 때때로 구유통 앞에 서 있는 것이 묘사되고 있지만 그 동물의 상징적 의미에 대해서는 아무런 단서도 제공되지 않고 있다. 우리는 당연히 다음과 같이 물을 수도 있을 것이다. 이 당당한 형상의 기능과 그것이 함축하고 있는 의미는 무엇인가?

종교 유적들에 의해서는 별로 도움이 될 만한 것이 마련되지 못했지만 코끼리를 길들이고 돌보는 법에 몰두하였던 전통적 의학 백과사전의 한 연구로부터 많은 것을 배울 수 있다. 코끼리를 소유하는 것은 왕들의 특권이었던 것 같다. 광야에서 코끼리를 사냥하고 생포한 다음 전투를 위한 목적으로 산림의 보호 지역이나 요새에서 맡아 두었다. ──코끼리들은 중기병과 고도의 기동부대로서, 일종의 발 달린 기갑부대로서 도움이 되었다. 혹은 그 코끼리들은 왕실 축사에 맡겨져 의전용 탈것들로서 그리고 마술에 동원할 목적으로 취급되었다.[28]

그 주제에 관한 표준 백과사전은 하스티야유르 베다(Hastyāyur-Veda)로 이는 '코끼리들(hasti)의 장수(āyus)에 대한 신성한 지혜(veda)'라는 뜻이다. 그것은 산문으로 된 몇 장에 더하여 7,600 이상의 2행 연시로 된 요람이다. 거기에는 또한 몇 개의 괄목할 신화적인 상세한 일들을 담고 있는 "코끼리들에 관한 유쾌한 논문(mātangalīlā)"이라는 짤막한 글이 있다.

예를 들어 우리는 후자의 작품으로부터[29] 아름다운 깃털을 가진 자(suparṇa), 황금 날개를 가진 태양새, 가루다가 시간이 시작할 때 존재하게 되었고, 코끼리 또한 그때 태어났음을 알 수 있다. 천상의 새가 그의 알에서 깨어난 순간 조물주(창조자 브라만은)는 쪼개진 알껍질을 손에 집어들고 일곱 가지의 신성한 멜로디(Sāman)로 그들을 찬양하여 노래 불렀다. 이러한 현현들의 힘을 통하여 아이라바타(Airāvata)가 나타났으며, 신성한 코끼리는 인드라의 탈것이 되었다.

아직 발견되지 않은 몇 가지 전승에 의하면, 그 코끼리는 이라바티

---

28) [베다경에서 코끼리는 왕실의 광채에 대한 하나의 상징이며 인드라도 "말하자면 하나의 코끼리이다." 그 상징은 가네샤에 남아 있으며 부처도 여러 차례 한 코끼리로 불린다.──AKC]
29) Mātaṅgalīlā, I. T. Ganapati, Shāstri 편 Trivandrum, Sanskrit Series, No. X, 1910(H. Zimmer의 독어 역 *Spiel um den Elefanten*, Munich and Berlin, 1929). Shivadattasharman 의 Hastyāyurveda의 인쇄본이 Ānandāshrama Sanskrit Series, No. 26, Poona, 1894에 나타난다.

(Irāvatī)라고 불린 한 마리 암코끼리의 새끼였던 것 같은데, 그래서 그런지 아이라바타라는 이름은 모계의 이름을 딴 명칭처럼 들린다. 우리가 알고 있는 이라와디 강은 미얀마(버마)의 중요한 강의 이름이며, 미얀마의 삶의 대동맥이다. 또한 그것은 펀잡 지방의 라비(Rāvī)라는 큰 강을 대신하는 이름이다. 게다가 이라(Irā)는 우주적인 젖의 대양에 함유된 물, 어떤 마실 수 있는 유체, 우유, 청량제 즉 액체를 의미한다. 그러면 이라바티는 '액체(irā)를 소유한 그녀'일 것이다. 여기서 '그녀'는 강 자체일 텐데 이는 강과 물이 여성적, 모성적인, 양육의 신들이며, 물은 여성의 한 요소이기 때문이다.

그 계보를 한 걸음 더 캐보면, 이라('액체')는 닥샤(Daksha)라는 이름을 가진 고대의 조물주, 혹은 창조신의 딸들 중 하나이다. 닥샤는 '영리한 자'란 뜻으로 존재들의 주 창조자(prajā-pati)인 브라마와 맞먹고, 기능에 있어선 부분적으로 동일한 인물이다. 또 다른 문맥에서, 이라(Irā)는 또 다른 옛 창조신의 왕비로서, 그리고 피조물의 아버지 즉 옛 거북 인간인 카샤파(Kashyapa)로 알려져 있으며, 그것으로서 이라는 일체 식물 생명의 어머니이다.

이런고로 아이라바타는 자기의 어머니를 통해 우주의 생명-액체와 여러 가지 점에서 관련되어 있다. 아이라바타라는 이름이 무지개――인드라의 무기로 간주된――와 어떤 유형의 번개, 그 둘을 모두 지적하기 위해 사용된다는 사실에 의해 이 관계는 보다 분명해진다. 무지개와 번개는 천둥과 비에 대한 가장 눈에 잘 띄는 빛나는 현현들이다.

아이라바타는 브라마의 오른손의 알 껍질로부터 나온 최초의 신성한 코끼리였다. 그 다음으로 일곱 마리의 수코끼리가 더 나왔다. 브라마의 왼손에 있던 알 껍질에선 여덟 마리의 암코끼리가 나타났다. 열여섯 마리는 여덟쌍을 이루었으며 하늘과 지상에 있는 모든 코끼리들의 조상이 되었다. 그들은 또한 딕 가자들(Dig-Gajas) 즉 우주의 방위를 담당하는(dik) 코끼리들(gaja)이 되었다.[30] 그들은 팔방에서 우주를 지탱한다.

코끼리들은 우주의 여인상 기둥들(caryatids)이다. 그러한 것으로서 저들은 엘로라(Elūrā)의 바위를 깎아 만든 시바의 사원 즉 '카일라사 산의 주신 사원'에 매우 적절하게 나타난다.(그림 26) 이것은 힌두 종교 건축에 대한 위대한 고전적 유적 중의 하나이다. 그것은 서기 8세기부터 비롯된 것이다. 코뿔소, 하마 그밖에 다른 후피 동물보다 더 오랜, 이같이 유일하게 살아 남아 있는 전형적인 고대의 거대한 마스토돈(mastodon) 종류의 코끼리의 당당함과 웅장함을 이보다 더 적절히 위엄있게 표현한 것은 아무 데도 없다. 이들 조상들에는 코끼리의 성격에 대한 친근한 감정이 나타나 있으며 동시에 그 힘센 동물과 힌두인의 오랜 밀접한 교분을 현실적·역사적으로 증언하고 있다.

아이라바타와 그의 배우자 아브라무(Abhramū)의 기원에 대한 또 다른 그리고 전적으로 다른 설명이 우유의 대양을 휘저음이라는 유명한 신화 속에 나타난다.[31] 신들과 거인들은 일천 년 동안 자기들의 맡은 일을 힘써 노력하였다. 그런 다음 우주의 우유로부터 의인화와 상징들의 야릇한 배합이 일어나기 시작하였다. 최초에 빚어진 형상들 가운데는 여신 로투스와 우유처럼 흰 코끼리 아이라바타가 있었다. 끝으로 우유빛 하얀 잔에 불로장수의 묘약인 아므리타(Amrita)를 담아 들고 있는 신들의 의사가 나타났다.

이른바 '흰 코끼리들'──엷은 색 혹은 장밋빛 반점들을 띠고 있는

---

30) 산스크리트어에서 끝의 k자는 최초의 유성음 앞에선 g가 된다. 고로 dik-gaja는 dig-gaja가 된다.
31) *Mahābhārata*, I, 17ff. 또한 *Viṣṇu Purāṇa*, I, 9, *Matsya purāṇa*, (CCXLIX), 13~38, 앞의 pp. 30~31 참고.

백변종――에게 특별한 가치가 부여되었는데 이는 그들의 조상이 우주적인 우유로부터 비롯되었음을 암시하기 때문이다. 그들은 코끼리의 특유한 주술적 힘을 상당히 높이 타고 났는데, 그 힘이란 말하자면 구름을 만드는 힘과 같은 것이다. 아이라바타의 배우자 이름인 아브라무는 이 특별한 힘을 나타낸다. 즉 무(mu)는 '만들다, 짜맞추다, 잡아매다 또는 결합하다'를 의미하고, 아브라(abhra)는 '구름'을 의미한다. 아브라무는 '구름을 만든다', '구름들을 결합하거나 잡아매는 그녀'인 것이다. 이 구름은 특별히 여름철 불볕 더위의 기간이 지난 다음의 생장을 촉진하는 몬순 구름을 말한다. 몬순 구름이 나타나지 않을 때는 한발이 있게 되며 작물이 없어 전반적으로 기근이 일어난다.

  신화론적인 천지개벽의 불가사의한 시대에 본래의 여덟 코끼리의 후예는 날개들을 가지고 있었다. 구름처럼 저들은 하늘을 자유로이 배회하였다. 그러나 일단의 코끼리들이 부주의하여 날개를 잃어버렸고 그때 이후로 그 당당한 종족은 땅에 머물지 않을 수 없었다. 그 이야기는 어떻게 해서 코끼리들의 비행이 불행하게도 고행하고 있는 성자의 분노를 갑작스럽게 일으키게 되었는가 하는 사실을 말해 준다. 그 고행자에게는 지극한 존경심을 가지고 접근하여 아주 조심스럽게 대하지 않으면 안 되었다. 왜냐하면 고행자들은 감수성이 예민하고 성미가 급하기 때문이다. 우연하게도 이들 태평한 날개 달린 코끼리들이 어느 날 히말라야 북쪽의 한 거대한 나무의 가지 위에 내려앉았다. '오랜 금욕 생활'이란 뜻을 나타내는 디르가타파스(Dīrghatapas)라 부르는 한 고행자가 그 밑에 자리를 잡고 앉아서 가르침을 펴고 있는 찰나였다. 그때 나무의 육중한 가지가 하중을 이기지 못하고 부러져 수도생들의 머리 위로 떨어졌다. 몇 사람이 죽었지만 코끼리들은 조금도 염려하는 기색 없이 재빨리 자신들을 붙들고 다른 가지 위에 날아 앉았다. 화가 치밀어 온 성자는 호되게 꾸짖었다. 그 이후 코끼리들은 저들의 날개를 빼앗기고 땅 위에 남아 사람들을 섬기게 되었다. 게다가 하늘을 배회하는 그들의 능력과 함께 자유자재로 다양한 형상들을 취할 수 있는 신적인 힘——구름들과 모든 신들의 특징인——도 박탈당했다.[32]

말들도 역시 당초에는 날개를 가지고 있었다고 한다. 인드라는 마음대로 돌아다니는 동물들을 유순하게 만들어 천인들의 마차와 지상의 왕 전사들의 마차를 끌도록 번개로 저들의 날개를 베어 버렸다.[33] 더욱이 꼭대기에 눈이 덮여 구름들과 섞여 너무 흡사하게 닮은지라 그 형상이 구름인지 산인지 때때로 말하기 어려울 정도로 높이 솟은 산맥들도 태초에는 날개를 가지고 있었다. 참으로 저들은 구름의 변종이었다. 인드라는 그들의 무게에 의존하여 흔들리는 땅의 표면을 안정시키기 위해 그 모든 것들의 나는 힘을 박탈하였다.[34]

아이라바타가 인드라에게 속하는 것처럼 코끼리들은 제왕에게 속했다. 당당히 행군할 때 왕의 상징적인 탈것이며 전투시에 코끼리는 왕이 전투에 대한 전략을 통제하는 망루와 성채이다. 그러나 그들의 가장 중요한 기능은 천상에 있는 그들의 친척 즉 구름과 하늘의 코끼리들을 불러 모으는 것이다. 이런고로 힌두의 왕들은 자기 신민들의 복지를 위해 코끼리를 보호한다. 흰 코끼리 한 마리를 선심을 써서 남한테 주는 것은 통치자로 하여금 국민들 사이에서 매우 나쁜 평판을 듣게 만들었다.

그러나 엄밀하게 이야기해서 이웃 왕국이 고통당하는 것에 연민을 느껴 행한 그러한 행위는 전생에 존재하던 부처에서 유래된다. 그 당시

---

32) *Mātangalilā*, Ⅰ.
33) *Aśva-Cikitsita*, Ⅰ, 8.(Jayadatta Suri, *The Aśva-vaidyaka*, Calcutta, 1887; 부록 참고할 것)
34) *Rāmāyaṇa*, Ⅴ. 1.

한 사람의 보살로서 혹은 수업 중에 있던 부처로서 그는 황태자 비슈반타라(Vishvantara)로서[35] 태어났다. 자기 초연, 자기 희생, 관대함과 연민의 높은 공덕을 쌓아가면서 그는 한발과 기근으로 고통당하는 이웃 나라에 자기 아버지의 영토에서 나온 흰 코끼리를 주었다. 그의 백성들은 그것에 대해 배신감과 변절감을 느끼어 그를 강제로 추방했다. 이것은 매우 잘 알려진 이야기이며 '부처의 전생에 대한 이야기(Jātaka)'[36] 중에 나온다. 그것은 불교의 그림과 부조상에 자주 묘사되며 초기의 표상들은 기원전 1세기 산치 대탑(the Great Stūpa of Sāñchi)의 문들에 나타나 있다.

강우 즉 농작물의 풍요, 가축과 사람의 다산, 왕국의 전반적인 안녕을 위해 해마다 드리는 제사에서 여신 로투스와 항상 연관되어 있는 흰 코끼리는 중요하고 괄목할 역할을 수행한다. 그러한 축제가 하스티아유르베다(Hastyāyurveda)에[37] 기술되어 있다. 코끼리는 백단향 반죽으로 하얗게 칠해져 있으며 기둥머리를 지나 장엄한 행렬에서 앞장서 간다. 그 행렬에 끼인 사람들은 여자 옷을 입고 어릿광대처럼 호색적인 말과 재담을 지껄이며 흥겹게 즐기고 있는 남자들이다. 이 제의에서 여성으로 변장함으로써 저들은 우주의 여성적 원리 즉 자연의 모성적, 출산적, 먹여 살리는 에너지에 경의를 표하며 제의적으로 발언하는 음탕한 언어로써 살아 있는 힘의 잠자는 성적 에너지를 자극한다(변장과 제의적인 발언, 이들 두 가지 절차의 동시적인 현상은 전 세계에 걸쳐 확인될 수 있다). 끝으로 그 나라의 문무고관들이 코끼리에 참배를 올린

---

35) '일체를(viśvam) 구하는 (tara)' 그 이름의 팔리어 형식은 Vessantara이다.
36) *The Jataka, or Stories of the Buddha's Former Births*를 보라. 그것은 E.B. Cowell의 편집 책임하에 몇 사람이 팔리어로 번역했음. Vols. I-VI (Cambridge 1895~1907) 위의 이야기는 그 시리즈의 마지막 #547번의 이야기이다.
37) IV. 22.

다. 그 경전은 다음과 같이 말한다.

"만일 그들이 그 코끼리에 경배를 드리지 않았다면 왕과 왕국, 군대와 코끼리들은 결국 멸망당했을 것이다. 왜냐하면 그렇게 한다는 것이 한 신을 백안시하는 것이나 다름없었기 때문이다. 이에 반하여 그 코끼리에게 마땅히 경배를 드린다면 저들은 저들의 처자와 함께 나라와 군대와 코끼리들을 번창케 하고 번영케 할 것이다. 작물들은 시기에 알맞게 싹이 돋을 것이다. 인드라 즉 비의 신은 알맞은 때에 비를 내릴 것이며 역병이나 한발은 없을 것이다. 저들은 많은 자식들과 가축들을 거느리고 백 년을(천수를 온전히) 지낼 것이며 강건한 자손을 볼 것이다. 자식을 갖고자 원하는 자는 누구나 자식을 볼 것이고 부와 다른 재화에 대한 갈망도 역시 이루어질 것이다. 대지는 값비싼 금속과 보석들로 가득하게 될 것이다."

이런고로 백안시해선 안 될 하나의 신으로서 흰 코끼리에 대한 숭배는 여신 로투스, 스리 락쉬미, 행운과 번영, 물과 부로 비옥하고 풍요한 어머니 대지가 쌓아 두고 있는 온갖 지상의 축복을 사람에게 베풀어 준다. 그 동물의 상징적 성격과 의의는 그것이 하나의 신으로서 존경받고 있을 때 그 동물을 지칭하는 데 사용되는 두 개의 명칭 속에 분명하게 나타나 있다. 그것은 스리 가자(Shrī-gaja) 즉 '스리의 코끼리'라 또 메그하(Megha) 즉 '구름'이라 불린다. 코끼리는 말하자면 대지 위를 걸어다니는 비구름이다. 저들이 주술적으로 자리에 나타남으로써 저들은 대기권의 날개 달린 동료 구름들을 다가오도록 당부한다. 지상의 코끼리 구름이 정당하게 숭배받을 때 저들의 천상에 존재하는 친척들은 만족스러움을 느끼고 감동하여 그 나라에 풍족한 비를 내려 주는 것으로써 고마움을 표한다.

스리의 코끼리에 대한 또 다른 이름은 '아이라바타의 아들'이다. 신화들과 상징들의 언어에서 아들은 '복제', '제2의 자아', '아버지의 살아 있는 복사체', '또 하나의 개체화 과정에서 아버지의 정수'를 의미한다.

7. 신성한 강

세계 각국의 풍요신 가운데 가장 위력이 큰 것은 강들이며, 특히 갠지스와 줌나, 사라스와티의 세 물길이 그러하다. 알라하바드(힌두인들에 의해 프라야그, prayāg라 불리운다)는 갠지스의 연황색 물줄기와 줌나의 짙푸른 물이 합류하는 곳이며 일천 년 동안 순례자들이 모이는 중요한 순례의 중심지였다. 그 강들은 음식과 생명을 베푸는 어머니들인 여신들이며 고전 시대의 예술 작품들에 표상된 통속적인 신들 가운데서 탁월한 신들이다. 여신들은——뱀왕자들과 다른 자연 수호신들처럼——보잘것없는 문지기의 역할을 맡아 사원 입구에 서 있거나 성역 내의 벽감들에 나타난다. 거북들과 바다괴물들 위에 서 있는 물새들과 야생 거위 혹은 열렬히 기도하거나(bhakti), 달콤하게 휴식하는 혹은 자애스럽게 보호하는 자세로 연꽃과 함께 나타나는 조상들은 때때로 여신 스리 락쉬미의 상들과 거의 구별하기 힘들 때가 있다.

12세기 세나(Sena) 왕조 양식에서 볼 수 있는 후기 중세 벵골족 예술의 찬란한 실례는 우아한 위엄과 인자하게 휴식의 포즈를 취하는 여신 강가(Gangā)를 표상하고 있다.(그림 17) 재료는 벵골의 조각에 사용되는 주요 석재인 검은 동석이다. 강가는 '번영을 베풀고(sukha-dā), 구원을 보장하는(mokṣa-dā) 어머니'로서 알려져 있다. 그녀는 (이승의) 기쁨과 (내세의) 희망을 나타낸다. 그녀는 자기의 강물에 재나 시체를 수장한 자의 죄를 씻어 주고 천상적인 지복의 영역에서 거하는 신들 사이에 환생하는 것을 보장한다. 거대한 벵골 지역 생활의 대동맥으로서 사람들의 건강과 부의 근원으로서, 갠지스 강은 사람들의 집 문지방을 향해 유형적 형식으로 흐르는 신적인 은총이다. 그녀는 쌀을 경작하는 지방에 풍작을 펼쳐 주고, 매일 아침 드리는 제의 때 풍작을 가져오는 물결에 몸을 담그는 참배자의 마음 속에 순수함을 퍼붓는다.

시바 자신은 푸라나경의 하나에서 그녀의 찬양 노래를 부른다.[38]
"그녀는 구원의 원천이다. ……수만 번 태어나는 동안 한 죄인에 의해 축적된 죄의 더미들은 그녀의 수중기를 실은 바람에 접촉만 해도 파괴된다.……불이 연료를 태워 버리듯이, 이 물결은 사악한 자의 죄를 소멸시킨다. 현자들은 갠지스의 오르막 높은 대지를 오르며 그 곳에서 브라마 자신의 높은 하늘을 넘는다. 위험을 벗어나 홀가분하게 천상의 마차에 올라타고 저들은 시바의 처소로 간다. 갠지스 물가에서 죽은 죄인들은 모든 죄로부터 구원을 받는다. 그들은 시바의 시종들이 되어 그의 옆에서 살게 된다. 그들은 외양이 시바와 동일하게 된다. 그들은 심지어 우주가 완전 해체되는 날에도 결코 죽지 않는다. 어떤 사람의 시신이 갠지스의 물에 들어오게 되면 그 사람은 자기 몸의 모공처럼 많은 햇수 동안을 비쉬누와 함께 살게 된다. 만약 어느 사람이 경사스러운 날 갠지스에서 목욕하기 시작하면 그의 발자국 수와 맞먹는 햇수 동안 비쉬누의 하늘 세계 바이쿤타(Vaikuntha)에서 즐겁게 거하게 된다."

강가(Gaṅgā)는 인도의 모든 강들의 원형이다. 그녀의 주술적인 구원의 힘은 그 땅의 모든 물줄기들을 따라——보다 낮은 정도로만——분배된다. 벵골에서 출토된 윤기있는 검은색 상은 강가가 천상과 지상의 생명력과 우아함에 대한 구현으로서 표상됨을 보여 준다. 그녀는

---

38) *Brahmavaivarta Purāṇa*, Kriṣṇa-janma Khanda, 34, 13 이하.

건강함과 풍부함, 위엄과 용맹에 대한 의인화이다. 화려한 왕관은 그녀의 앞 이마에 둘러져 있다. 목걸이는 그녀의 젖가슴까지 내려오고 화려한 장신구들과 그녀의 허리띠 사슬과 허리에 두르는 천은 그녀의 부를 베푸는 덕을 가리킨다. 그녀는 자기에게 탈것으로서 봉사하는 바다괴물(Makara) 위에 서있다. 거대한 물결의 잔잔한 파문은 비록 그 표면이 가벼운 바람에 의해 일렁이는 것이기는 하지만 그녀의 곧고 가냘픈 몸체에 살랑댄다. 한 벵골인 새색시나 행복한 젊은 아낙네와 흡사하게 그녀는 새로운 생명을 낳고 가정에서 좌지우지하려 할 셈이다. 이 강의 여신의 조상에는 부유한 힌두 소농의 생활——우주의 살아 있는 유기체에 가득찬 신적인 힘들과의 독실한 결합, 주위 세계의 단순한 기적적인 사건들 속에서 신의 부드러운 작용에 대한 인정——의 전원적이며 땅에 얽매인 측면이 구체적으로 표현되어 있다.

여신 강가와의 육체적 접촉은 참배자의 본성을 자동적으로 변형시키는 효력을 갖고 있다. 연금술적인 정제 과정과 변성 과정에 의해 참배자의 세속적인 본성이라 할 비금속이 승화되는 것과 마찬가지로 그는 지고의 영원한 영역의 신적인 본질의 화신이 된다. 마침 인용된 찬가에서 그 영역은 시바의 천상의 저택에 대한 이미지로 또 한편 시바의 신성한 형상으로서 표현된다. 그 영역은 인간의 세계와 멀리 떨어진 어떤 것으로가 아니라 모든 최소 존재의 핵심으로, 삶의 모든 순간의 근원으로서 여겨야 한다. 갠지스 강 자체는 그러한 영역으로부터 직접 흘러나오는 것으로 간주된다. 그리고 이렇게 해서 그 중심은 갠지스의 축복받은 수로를 따라 깊숙이 시초와 종말의 장소로 인도된다. 갠지스는 보통 비쉬누의 커다란 발가락에서부터 발한다고 전해진다. 그녀는 우유의 대양(Milky Ocean)에 있는 신적 생명의 본질에 대한 신인동형적 의인화인 나라야나의 거대한 몸체에서 흘러나온다.

인도 예술에 있어서 현존하는 가장 큰 부조 작품——역사상 가장 크고, 가장 아름답고, 극적인 양각들 중의 하나——은 하늘에서 땅으로 갠지스의 하강을 묘사하는 탁월하고 유명한 신화의 표상이다.(그림 27) 남부 인도의 강렬한 햇볕을 받으며 수직으로 서 있는 한 거대한 암벽이 거대한 걸작품으로 전환되었다. 그 암벽 조각에는 수많은 신들, 거인들, 요정들, 뱀의 왕자들, 인간과 동물들로 가득 차 있고 이 모든 상들은 전체 화면의 한가운데에 있는 틈새를 향하고 있다. 길이 27미터, 높이 9미터에 이르고 백여 개가 넘는 형상들로 덮인 이 극적인 작품은 마드라스 근처 마말라푸람의 인도양 해안가에 있는 몇 개의 놀라운 조각 작품들 속에 서있다. 이것들은 서기 7세기 남 인도의 팔라바 왕조에 의해 이룩된 거대한 예술적·종교적 유산이다. 이 기획의 원래 의도는 인상적으로 생긴 천연 절벽과 옥석들을 자연 그대로 깎아 여러 개의 작은 암자와 큰 사원으로 변형시키려는 것이었다.

갠지스의 하강은 사실적인 양식으로 묘사되어 있다. 게다가 중앙의 수직으로 갈라진 틈 바로 위의 바위 턱 상부 표면에서 오늘날 우리는 몇 갈래로 파여진 수로를 보게 된다. 거기에는 원래 대략 23평방 피트의 모르타르로 벽을 바른 수조가 놓여 있었으며 지상으로부터 암석을 깎아 만든 계단을 따라 올라가게 되어 있었다. 분명히 어떤 축제가 있을 때 이 수조에는 물이 채워지고 골짜기의 급류의 흐름——강가는 하늘에서 히말라야로 떨어졌다가 대지로 흘러내린다——을 흉내내고 있는 작은 폭포의 형상이 갈라진 틈을 따라 흘러내리게 되어 있었다.

그 신화는 라마야나에서[39] 자세히 설명된다. 라마야나는 어떤 초인적인 성자들의 불가사의한 힘을 찬양하는 설화이다. 이들 성자들 중 제1인자는 남부 인도의 수호성자인 아가스티야(Agastya)이며 그는

---

39) *Rāmāyana*, I. 38~44. *Mahābhārata*, Vanaparvan 108~109. 또 *Bhāgavata Purāṇa*, IX. 9.

그 지역을 개척하는 데 중요한 역할을 담당했던 것으로 짐작된다. 그는 위대한 철학가이며, 상냥한 마음씨를 갖고 있고 활을 다루는 솜씨에는 아무도 따를 자가 없는 것으로 나타난다. 베다의 전승에서 그는 두 위대한 신 미트라와 바루나의 자손으로 태어난 것으로 유명하다. 한때 빈디야 산맥이 자만하여 자신을 너무 확대시켜 태양의 빛을 완전히 가리고 심지어 태양의 진로까지 차단하자 이 강대한 고행자는 주술적인 자기 의지의 힘으로 빈디야 산맥의 콧대를 꺾고 저들을 자기 앞에 꿇어 엎드리게 하여 세상을 구하였다.

그는 특히 그의 소화액으로 이루어 낸 기적적인 사실로 유명하다. 예를 들어 숫양의 모습을 하고 있는 한 악마가 있었는데 그 악마는 자신을 절대로 소화시킬 수 없다고 믿고 못된 장난을 생각했다. 바로 자신을 맛좋은 고기 요리로 변장시켜 그 고약한 존재는 자기의 동생에게 자신을 장차 희생될 자에게 바치도록 하였다. 그가 적의 위장 속으로 들어가면 요리를 바친 동생이 "형님, 나오십시오!"라고 외치게 될 것이다. 그때에 악마는 뛰쳐 나오고 희생물은 폭발하게 될 것이다. 그러나 그가 그러한 책략을 아가스티아에게 시도한 것은 대단히 바보 같은 짓이 아닐 수 없었다. 왜냐하면 그 성자는——남인도의 태양력과 태양의 맹렬히 먹어치우는 식욕과 관련이 되어 있어——맛좋은 고기 요리를 순식간에 소화시켜 버렸기 때문이다. 그 동생이 "형님, 나오십시오!" 하고 불렀지만 나올 수 있는 것은 하나도 남지 않고 미풍만이 살랑거릴 뿐이었다.

그런데 어느 날 아가스티야는 게걸스럽게 먹어치우는, 격렬한 태양열과 같은 그의 위장의 에너지를 중요한 시험대에 올려 놓게 되었다. 그는 대양 전체를 꿀꺽 삼켜 버렸다. 그의 의도는 선했고 행위는 용감한 것이었으나 생각지도 않게 그것은 대지와 모든 존재들에게서 필수적인 생명을 유지시켜 주는 물을 빼앗는 결과를 가져왔다. 그것은 강가 즉 일종의 은하수인 천상의 강이 하늘로부터 내려오는 것을 불가피하게 만들었다. 그 이야기는 이렇게 시작된다.

어떤 바라문 은자들의 고행 과정을 끊임없이 훼방하고 괴롭히는 악마의 무리들이 있었다고 한다. 그 악마들은 바다로 쫓겨나곤 했지만 밤만 되면 이전보다 더 기운이 넘쳐 밖으로 나와 성스러운 사람들을 괴롭히곤 하였다. 바라문 수행자들은 자포자기하여 고명한 성자에게 호소하였다. 아가스티야는 그저 단순히 바다를 집어삼키는 것으로 그 문제를 간단히 해결하였다. 그러나 이제 땅 위에는 물이라곤 한방울도 남아 있지 않았고 그래서 지상의 모든 생물들은 멸망당할 지경에 이르렀다. 어떤 사람의 도움이 되어 주고자 애를 쓸 때 그는 그가 손을 봐주는 것보다 더 많은 문제를 야기시킬 때가 있다. 아무튼 아가스티야의 경우가 바로 그러한 경우였는데 그것은 그의 한없는 소화력을 가진 불 때문이었다.

그 끔찍한 가뭄에 종지부를 찍는 것은 또 다른 초인적인 성자의 임무가 되었다. 경건한 왕이기도 한 이 영웅 바기라타(Bhagīratha)는 마누 바이바스바타(Manu Vaivasvata)로부터[40] 이어져 내려오는 오랜 왕가의 자손이었다. 그는 또 다른 초기의 신화적 파국이 있었을 때 멸망당한 그의 수많은 선조들의 유해와 영혼들의 갈증을 풀어 주고 그들을 만족케 하기 위해 절실히 물을 원하고 있었다. 그는 자기의 뜻을 하늘의 신들에게 강력히 주장하여 그들로 하여금 천상의 갠지스 자체를 풀어 내려보내 곤경에 빠진 대지를 구하도록 해야겠다고 결심하였다. 그는 왕국을 각료들에게 맡기고, 시바에게 바치는 순례 여행의 유명한 중심지인 남부의 고카르나(Gokarna) 즉 '황소의 귀'라고 불리는

---

40) 오드(Ayodhyā)를 지배하는 태양 왕조의 가장 유명한 자손은 라마야나의 영웅 라마(Rāma)였다.

곳으로 갔다. 여기서 그는 일천 년 동안 자신을 격심한 고행에 내맡기었다. 그는 단호한 결심으로 자신의 신체에 고통을 가하며 초인적인 힘을 축적하였다. 두 팔로 거꾸로 서서 움직이지 않은 채로(ūrdhava-bāhu) '다섯 가지 불의 고행(pancatapas)'을 행하였다.[41] 결국 브라마는 이 고행의 열의에 만족하고 매혹되어 자신을 현현하여 바기라타의 완벽한 고행에 자신이 만족하였음을 선언하고 나서 소원을 들어 주겠노라 약속했다. 그리하여 그 당당한 성자는 신에게 강가를 지상으로 내려보내 달라고 요청하였다.

브라마는 쾌히 동의하였으나 그것은 시바의 은총을 얻는 것이 필요할 것이라고 말했다. 왜냐하면 그 거대한 하늘의 강이 엄청난 물의 무게를 가지고 땅으로 곧바로 떨어진다면 그 무시무시한 격류는 대지를 가르고 흩어져 버릴 것이기 때문이었다. 누군가가 그 폭우의 전체 무게를 머리 위로 받아 그 낙차를 완화시켜야만 할 것이고 그러한 행위를 할 능력이 있는 자는 시바를 빼놓고 아무도 없었기 때문이다. 브라마는 바기라타에게 조언하기를 높은 신이 감동하시어 신의 자리에서 움직일 때까지 고행을 멈추지 말라고 하였다.

시바는 신성한 행자이며 신들의 모범이며 으뜸가는 고행자이다. 그는 세상의 걱정거리들을 아랑곳하지 않고 순수하고 완전한 명상에 잠겨 자기 자신의 신적 본질의 수정처럼 맑은 지고한 공허에 몰두하여 히말라야의 한적한 고봉에서 초연히 찬란한 고립을 즐기며 앉아 있다. 그러한 분위기를 깨면서 그에게 이 시의적절한 문제에 협력해 줄 것을 권유하는 일은 한 영웅의 과업이 아닐 수 없다. 바기라타는 자기 문제의 성격을 충분히 이해하고 히말라야로 가서 거기서 금식하며

---

41) 고행자는 사방에 타오르는 큰불을 피우고 한가운데 뜨거운 햇볕을 받으며 앉아있다.

마른 나뭇잎과 나중엔 물과 공기로만 연명하면서, 한 발로 똑바로 서서 양 팔을 위로 들어올리고 의지의 힘을 신에게 집중시키며 참회의 또 다른 한 해를 보냈다. 시바는 드디어 성자의 주술에 응답하여 그 앞에 나타나 그의 요구대로 묵묵히 따랐다. 거대한 신의 머리는 급류의 낙차로 발생하는 모든 충격을 받아냈다. 머리 위로 높이 쌓아 올린 머릿단은 쏟아져내리는 물결을 헝클어뜨려 완만하게 하였으며 물은 미로를 꼬불꼬불 헤매며 흐르다가 힘을 잃어버렸다. 물은 히말라야에 얌전히 강하하여 마침내 인도 평야에 장엄하게 흘러내려 대지와 대지의 모든 피조물들에게 생명을 주는 은혜를 베풀었다.

이 신화에 의해 찬미되는 것은 고행자의 의지력에서 나오는 무한한 힘이다. 스스로 가하는 고통의 인내를 통해 고행자는 정신적·육체적 에너지의 무한한 보화를 축적한다. 고행자의 우주적인 생명력은 타오르는 백열(白熱)의 초점에 집중되어 의인화된 신들의 우주적인 신성한 힘의 저항을 누그러뜨린다. 이러한 집중된 힘의 축적은 타파스(Tapas) 즉 신체상의 열이라고 불리운다.[42] 이러한 긴장에 의해 야기된 타파스 즉 열은 금시라도 자체를 방전할 것 같은 강력한 전기 부하와 같다. 그것이 번쩍 빛날 때 그것은 모든 저항을 꿰뚫고 용해시킨다.

---

42) 타파스란 단어는 영어의 'Tepid(미지근한)'와 적게나마 관련되어 있다. [타파스는 열의, 열정, 작열이며, 속죄라는 의미로 '고행(penance)'은 결코 아니다. 태양은 '저편에서 작열하는(tapati) 자'이다. 타파스는 반드시 육체적 극기를 내포하지는 않지만 정신적, 직업적인 활동에 적용될 수는 있다. Jaiminīya Upaniṣad Brāhmana, III. 32, 4로부터 가열된 열은 Philo의 내재적인 νοῦς, ὑπερμον χαί πεπυρωμένον πνεῦμα (Fug. 133) 같이 '내적인 자아(antaratman)', 타오르는 불의 열이라는 것이 분명하다. 그 열은 우리의 내면적인 태양의 열이다. 용광로에서 금의 정련과 흡사한 최종 결과는 최초의 사티(Satī, 시바의 처)의 경우에서처럼 몸을 불사르는 것이 될 수도 있다. 사티의 자발적인 화장, 즉 아내의 순사(suttee)의 관행은 하나의 모방이다. 다바(Dabba)의 승천의 경우에서 그의 몸은 그가 오를 때 불타 버렸다. Udāna 9 3——AKC]

그러한 열 에너지의 생산 즉 그것의 축적과 주술적인 목적을 위한 사용은 가장 오래된 형식의 요가 관습의[43] 목표이다. 베다 경전들의 신화들에서 그러한 에너지는 신들 자신에 의해 여러 목적에 사용된다. 그것은 특히 창조의 목적에 쓰인다. 창조자는 자신에게 열을 가하여 내적인 백열로써 혹은 발한의 형식으로 발산함으로써 혹은 우주적인 알을 부화시킨 결과로 우주를 창조한다.

인간은 스스로에게 가하는 고행 가운데서 완전히 태연할 수 있기에 절박한 사정과 본성의 한계를 넘어 승화될 수 있다. 그것은 그를 우주적인 신들의 우월한 에너지와 대등하게 만든다. 그것은 그가 자연의 힘 속에 내재해 있고 신들의 무감각한 외형들 속에 신화적으로 의인화되어 있는 행복과 고뇌에 지극히 무관심할 수 있음을 보여 준다. 이 반신적인 그리고 자기 분리적인 강력한 태도는 신성한 우주적 신들로 하여금 초인적인 욕망들 즉 자연 질서의 정상적인 과정을 무위로 돌리는 그러한 욕망들을 충족시키지 않을 수 없게 한다.

거대한 팔라바의 부조에서 갠지스의 하강은 미술사가들이 통상 '연속적인 설화'라고 부르는 하나의 관례를 따라 표상되어 있다. 설화의 결정적인 순간 즉 극적인 대단원이나 일련의 사건들에 대한 결론이 표상되어 있을 뿐 아니라 몇몇 다른 시간의 순간들, 일관된 계기의 단계들이 하나의 무대배경에서 나란히 묘사된다. 절정 부분의 에피소드가 무대를 결정하고 그림을 지배하지만 그 범위 내에서 종속적인 장면들이 삽입된다. 이것들은 극적이고 중심적인 계기로 이끌어 간

---

43) 오늘날 티베트 불교 행자들에 의해 행해진 것으로서 열을 생산하고 저장하는 기술 (tapas, tibet, tumo를 참조하라)은 Alexandra David-Neel의 *Mystiqueet magiciens du Thibet*(Plon, paris. 1929)에 기술되어 있다. 〔신체적인 열의 생산은 또한 몇몇 유럽의 신비가들에 의해 체험되었지만 그 결과가 통제되는 것은 동양에서만 있었던 것 같다.——AKC〕

가장 중요한 활동의 단계들을 회고한다. 종속적인 장면들에선 주목을 끄는 것이 우선이고 초점으로 이끄는 것은 나중 일이다.

갠지스 부근의 중심을 차지하는 에피소드는 천상의 시내가 지상으로 내려오는 것이다. 이것은 큰 암벽 중심부의 균열 부분에 묘사되어 있다. 이제 다시 수조를 생각해 보기로 하자. 위의 수조로부터 물이 쏟아져내린다. 거대한 뱀 왕은 격류를 뒤집어쓰고 위를 향하여 움직이고 있으며 강력한 뱀의 몸뚱이는 서서히 움직여 기복 운동을 한다. 자기의 머리와 두건의 후광으로 방패를 삼고 뱀은 기도에 몰두하여 즐거워하며 물을 맞이한다.(그림 27) 그의 뒤를 여왕뱀이 바크티(bhakti) 즉 열렬한 환희와 경건한 기쁨을 느끼는 태도로 따르고 있다. 여왕뱀 아래에는 한 거대한 동물 형태의 뱀 수호신이 자기의 몸을 들어올리고 있다. 한편 사방에서 신들, 천상의 존재들, 악마들, 수호신들, 사람들과 동물들이 지상의 생명을 구원하는 광경을 보려고 떼를 지어 몰려든다.

그러나 호열의 왼쪽 아래편에서 우리는 마지막 사건보다 시간상 앞서는 장면을 볼 수 있다. 여기서 우리는 한 신전을 보게 되는데 그 앞에 한 성자가 웅크리고 있다. 그 성자는 바기라타인데 요가의 자세를 취하고 있으며, 단식으로 몸은 야위었고 브라마의 호응을 얻기 위해 정신을 집중하고 있다.(그림 28) 그것은 고행적인 열의에 대한 가장 인상적인 표현이며, 대담하고 우아하며 강하면서도 정묘하고, 세부 묘사를 아끼면서 확신감을 주는 효과적인 양식으로 처리되었다. 바기라타는 여기 전형적인 팔라바 양식의 작은 사원으로 표현된 고카르나 신전 앞에 쪼그리고 앉아 있다. 발이 드리워지고, 장식으로 치장된 창틀의 수평적 구조 위에 돔 형식의 지붕이 솟아 있다. 편자 모양의 창틀로부터 얼굴들이 어렴풋이 나타난다. 이들은 하늘의 신궁에 사는 천사들의 얼굴들(gandharvamukha)이다. 사원을 뜻하는 단어 devakula, de-ul은 '신의 집'을 의미하는데 사원은 신의 천상적인 처소에 대한 모방이거나 상징이다.

바기라타는 몹시 안으로 들어가고 싶어한다. 그는 신이 나타나기를 기원한다. 사원의 문 반대편에는 두 명의 다른 수도자가 요가 자세로 앉아 있다(그들의 머리는 훼손되었다). 그들은 바기라타의 제자이거나 그의 수도에 따라다니면서 시중을 드는 자들이다. 수도의 결정적인 순간은 이미 도달되었다. 그 성자의 굽힐 줄 모르는 집념에 매료되어 마음을 작정한 신은 어둠 속의 사원 안쪽에서 자기 모습을 막 드러내는 참이었다.

남부 인도의 고카르나에서 브라마를 불러 내는 이 중요한 장면이 부조의 아래쪽 가장자리에 나타나 있다. 갈라진 틈새의 왼쪽 상단 가까이에는 히말라야 고봉에 있는 시바를 불러 내는 장면이 표현되어 있다.(그림 27) 턱수염이 나 있는 자가 바기라타이다. 키가 작고 수척했지만 그는 한쪽 다리로 기둥처럼 뻣뻣하게 균형을 유지해 서고, 두 팔을 위로 쳐든 채(ūrdhvabāhu), 손가락들을 굳게 깍지 끼는 타파스 요가(Tapas-Yoga)의 전형적인 자세들 중 한 자세를 취하며 서있다. 그리고 는 다시 열렬한 노력의 목표에 막 도달했다. 시바가 현현하여 그 앞에 서있는데 네 개의 팔을 가지고, 거대한 키에 왼편의 아래쪽 손은 은혜를 베푸는 시늉(varadāmudrā)으로 내뻗고 있으며 그를 수행하는 무리들(gaṇa)의 난쟁이 뚱뚱보 정령들이 동행했다. 그 신의 머리는 헝클어진 머릿단의 거대한 관으로 씌워져 있으며 손의 상징들은 뚜렷하게 알아볼 수 없다. 거대한 지팡이 같은 무기는 아마 그의 삼지창(triśūla)이거나 창일 것이다.

그 성자의 오른편에는 두 마리의 커다란 물새들 즉 강을 따라 나는 야생 거위들이 있다. 아래에는 한 신과 여신이 하늘을 둥실 떠다니며 눈앞에서 벌어지는 광경을 즐겁게 맞고 있다. 한 마리 뿔 달린 사슴도

물을 향해 급히 달려가고 있다. 부조의 왼편 나머지 부분은 위에서 아래까지 온갖 종류의 존재들과 동물들의 즐거워하는 무리들로 가득 차 있다. 사자들과 사슴들이 숲속을 뛰어다닌다. 투기에 재능을 가진 거인들과 악마들이 목에 힘을 주고 걷고 있다. 히말라야 산맥 위쪽에 수사자와 암사자가 옆으로 누운 채 그 기적적인 드라마를 지켜보고 있다. 천상의 남녀들이 내리퍼붓는 물을 맞기 위해 재빨리 하늘을 걷고 있다. 원숭이들은 밀치락거리며 광야를 지나간다.

두드러지고 뛰어나게 생기있는 양식으로 효과 면에서 폭넓고 섬세하게 다양한 형식의 생명들——신, 거인, 인간, 동물들——을 완전하게 구별짓고 특정지워 놓았다. 상세한 특징과 세밀한 부분들을 살피면 이 작품은 관련된 모든 존재들의 휴식의 전형적인 동작, 자세, 태도를 전하려는 것을 노리고 있음을 알 수 있다. 그것은 피조물들의 기본적인 유사성을 강조한다. 모든 것은 하나의 생명의 원천에서 나오며 하늘의 것이든지 땅에 묶인 것이든지간에 다양한 층면에서 하나의 생명 에너지에 의해 떠받쳐진다. 바로 여기에 힌두 철학과 신화 속 도처에 나타나는 생명에 대한 일원론적 견해에 의해 영감을 받은 예술이 존재한다. 모든 것은 살아있다. 우주 전체는 살아 있다. 다만 생명의 정도만이 다를 뿐이다. 모든 것은 일시적인 변이로서 신적인 생명의 본질과 에너지로부터 생겨난다. 모든 것은 신의 마야의 우주적인 과시의 일부분이다.

천상의 강이 하강하는 급류 가까이 맨 아래에는 한떼의 사람들이 묘사되어 있다. 그들은 강둑에 도착한 젊은 바라문들이다. 그들 중 가운데 사람은 가득 찬 물주전자를 어깨에 메고 있다. 다른 사람들은 모든 죄의 허물을 씻어 주는 거룩한 물결 속에 몸을 담갔다가 긴 머릿결의 물기를 짜내며 말리고 있다.

반대편 강둑에는 코끼리 일가족이 있는데 커다란 수놈은 보다 작은 암놈들을 거느리고 있고 한떼의 새끼코끼리들은 어미들의 다리 사이에서 쉬고 있다. 커다란 코끼리 이마 바위의 전망이 좋은 곳에 한 쌍의 원숭이가 멍청히 앉아 물의 흐름을 살피고 있다. 이 위에는 전설에 나오는 한 쌍의 존재들이 보이는데, 이것들은 새의 다리와 날개를 가진 반인반조로서 킨나라(Kinnaras) 혹은 킴푸루샤들(Kimpurushas)이라고 불리는데 이 이름은 '인간(nara, purusha)의 종류(Kim)'라는 뜻이다. 킨나라들은 하늘의 음악가들이다. 그러한 피조물들은 히말라야의 반(半) 천상적 높은 지역에 산다고 믿어지며 거기서 극치(Siddha)에 도달한 지상의 성자들은 초인적인 존재들과 사귄다. 더 높은 곳에선 더 많은 킨나라들이 그들의 배우자들과 함께 재빨리 날아 다가가고 있고 신들의 무리들이 서두르고 있다.

바쟈의 인드라 부조상에서처럼 몇 세기 앞서 제작된[44]이 경이적인 부조에서 암석은 스스로 그 자체를 한 덩어리의 초가을 뭉게구름처럼 표류하며 덧없이 지나가는 활기에 넘치는 인물들의 두드러진 행렬로 변형시켜 놓는다. 누가 만들었는지도 모르는 아직 분화되지 않은 실체는 모든 종류의 존재를 현현한다. 신적인 요소에 의해 만들어지고 활기를 띠게 된 신의 광대무변한 꿈의 가공적 인물들은 삶의 맹목적인 희열과 마야의 마력으로 즐거워하고 있다. 하늘의 남녀 신들은 쌍쌍이 짝을 이루어 수월하게 태어난다. 그들은 땅 위의 생물들처럼 부피나 무게를 갖지 않는다. 그들은 정묘한 정신적 재료(suksma)로 만들어지는데 그러한 재료들은 우리의 꿈과 환상이나 수행자와 참배자의 집약된 내부 정신 세계에 나타나는 신적인 환영을 이룬다. 그들은 정묘하고 천상적인 관능의 육감적 영성으로 가득 채워진 천사 같은 모습들이다. 그들로부터는 찬연한, 감촉될 수 없는 육체에 깃든 희열이 비쳐

---

44) 앞의 pp. 74~75와 그림 1을 참고하라.

나온다. 그들의 육체의 무형성은 마야의 웅대한 형식이다. 신체적 매력의 아름다운 음악적 특성은 그들의 수족과 윤곽에 대한 우아한 조음과 즐거운 활력을 통해 표현된다. 특수한 신체적 특징들은 가능한 한 무시된다. 즉 남성적 및 여성적 인물들은 성의 차이만 분간할 수 있을 정도로 서로 꼭 닮아서 정묘한 매력과 천상적인 지복의 한 정신 속에서 잉태된 쌍동이 자매나 형제 같다.

상부 가장자리 가장 높은 곳에는 이 기적의 드라마를 반기며 손을 들어 경배하며 다가오는 신들이 표현되어 있다. 태양신은 그의 태양 원반에 의해 알아볼 수 있고, 다른 신들은 거대한 관을 쓰고 있으며 그의 힘이나 특수한 덕(śakti)의 구현인 배우자들이 따르고 있다. 분명하게 명칭을 붙일 수 있을 만한 아무런 세부 묘사나 속성도 나타나지 않는다. 이것은 그림을 자칫 산만하게 만들 수 있는 대수롭지 않은 특성들을 잔뜩 채워넣는 것을 경멸하는 스타일이다. 그것은 생을 새롭게 하는 경험을 나누고 있는 모든 존재들을 완전히 뒤덮는 경이와 환희와 두드러진 소리를 표현하고 있다.

열렬한 신앙과 경건한 환희에 대한 요지는 중심부의 거대하고 이끼가 낀 뱀 왕에 의해 확증된다. 그로부터 전체 그림을 뒤덮고 있고 많은 형상들에 생명을 불어넣는 종교적 열광주의의 분위기가 배어 나온다. 이상주의적인 양식——대수롭지 않은 부분들을 억제하는——은 탁월한 단순미를 이룩하고 위엄과 진지함, 신앙의 엄숙함, 잠재적인 힘 속에 가득한 안정된 고요의 분위기를 전해 준다. 흠모하는 자세로 손을 맞잡고 있는 나가 왕과 왕비는 전체 기념비에 의해 대변되고 있는 이 감정——그 앞에 모여 선 관중 순례자들에게 생기고 치밀어오를 감정——의 표현을 이끌어 간다. 신의 부유함이 그의 환희의 세계로 넘쳐 흐르는 것에 그저 기가 막힐 뿐이다.

제4장
시바의 우주적 환희

1. '근본적 형상'과 '해학적 현현'

명사 브라만(brahman)은 중성이다.[1] 절대자는 성에 대한 차별을 인정하는 조건들을 초월하며 무엇이건 일체를 한정하고 개체화하는

---

1) 브라만(중성)과 브라마(남성)는 서로 혼동되어서는 안 된다. 전자는 초월적이고 내재적인 절대자를 말하고 후자는 창조자 조물주의 신인동형적 인격화이다. 브라만은 원래 형이상학적 용어이고 브라마는 신화적 용어이다. 〔산스크리트어에서 문법적 성(gender)은 언제나 육체적 성(sex)의 표시가 아니라는 것을 이해하지 않으면 안된다. 문법적 성은 기능을 나타내고 육체적 성은 형상을 나타낸다. 그러므로 한 개체는 어떤 관점에서 보면 남성이고, 다른 관점에서 볼 때 여성이 될 수 있다. 예를 들면 프라자파티(Prajāpati, 어버이, 남성)는 미트라가 "바루나(varuna)를 수태시킨다."는 말에서 '임신한'을 가리킬 수 있고, 브라만(중성)은 생명의 '자궁'으로 간주될 수 있으며, 기독교에서처럼 '이 남자'와 '이 여자'는 마찬가지로 '신에 대해서 여성'이다. 브라만은 문법적으로는 중성이지만 절대적으로 일체의 그러한 분화의 원리이다. 즉 창세기에서처럼 '신의 형상'은 '남성과 여성'의 창조에 반영된다. 일반적으로 남성은 능동성과 진취성을, 여성은 수동성과 퇴보를, 중성은 정적인 혹은 절대적인 상태를 암시한다. 본질(essence)과 본성(nature)은 각기 논리적으로 구별되는 남성과 여성이지만 "신 안에서 하나이다". 신은 이것도 저것도 '아니며' 따라서 명확하게 '그'나 '그녀'라기보다는 '그것(It)'이다.──AKC〕

특징들을 초월한다. 그것은 온갖 가능한 덕과 형상의 일체를 포함하는 초월적인 원천이다. 절대자인 브라만으로부터 우리의 개체화된 형상들의 세계 즉 한계들, 양극성들, 대립들과 협력에 의해 특징지워지는 우리의 경험적 체험의 복잡 다양한 세계를 만들어 내기 위한 자연의 에너지들이 생겨난다.

인간의 상상력과 정서의 타고난 성향들에 따라 흔히 절대자는 예배의 목적으로 의인화된다. 그것은 하나의 지고한 인간의 형상을 취한 신, 즉 만유에 충만한 세계의 생명 과정들의 통치자인 '주'로서 마음에 나타난다. 이 '주'는 진화와 보존과 해체의 마야 기적을 야기시키는 자이다.

우리는 이미 이런 역할을 하는 비쉬누를 보았다. 이제 우리는 시바의 상징적 표현을 연구해야 한다. 힌두 만신전의 신들 가운데 특별한 기능들과 활동들과 자연의 영역들과 지나치게 긴밀한 관련을 맺지 않은 신들만이 의인화된 절대자의 화신들로서 이바지할 수 있다. 불의 신, 특별히 불의 요소의 한 측면인 아그니(Agni)는[2] 다섯 가지 원소 전부의 원천을 나타내기에는 그 기능이 너무 특수화되어 있다. 마찬가지로 바람의 신 바유(Vāyu)도 움직이고 있는 공기의 표상으로서 특수화되어 있으므로 보편적인 것을 표상할 수 없다. 인드라는 주로 구름과 태풍과 비의 주이다. 브라마의 형상도 그가 가장 높은 힌두 삼대신인 창조자 브라마, 보존자 비쉬누, 파괴자 시바 가운데 한 신임에도 불구하고 절대자로서는 부적합하다. 왜냐하면 힌두 신화에서 브라마는 우주의 생명 과정에 대한 긍정적인 측면만을 의인화하고 자기가 만든 것을 파괴하는 것으로 결코 표상되지 않기 때문이다. 그는 일반적으로 창조적인 국면, 순수한 영성을 상징한다.

---

2) 명사 아그니는 어원학적으로 불과 같은, 불을 붙이다, 점화라는 말과 관련있다.

그의 신화에서 보면 그는 수많은 상호 적대적인 태도와 행위를 통해 의인화된 형상으로 절대자의 역설적·포괄적인 본성을 표상하는 데 적합하도록 할 그러한 양면적·자기 모순적인 불가사의한 성격을 드러내지 않는다. 한편 세계의 모신(母神)은 물론 비쉬누와 시바는, 끔찍스런 반면 자애스럽고, 창조적인 동시에 파괴적이며, 징그러운 동시에 아름다운 것으로서 강하게 나타난다. 이 3자는 이와 같이 궁극적인 실재(Ultimate Plenum)를 표상하는 데 아주 적격이다.

시바와 비쉬누는 현대 힌두교에서 동등한 지위를 가진 신들로서 나타나는데 각기 지존자의 파괴적인 그리고 보존적인 탈들이나 형상들을 보여 준다.[3] 비쉬누에 관한 신화들에서 보면 그가 만물의 주기적인 해체를 야기시킬 때는 시바가 '되고' 시바의 모습을 취한다. 한편 브라마는 단지 비쉬누의 배꼽에서 자라는, 연꽃 위에 앉은 최초로 탄생된 존재로서 보존자의 창조적 기능에 대한 대리자로서 묘사된다. 즉 비쉬누의 조물주적 에너지의 신인동형적 현현일 뿐 결코 대신과 동등한 처지는 아니다.[4]

비쉬누보다 오히려 시바가 무대의 중앙을 차지할 때 의인화된 브라만의 역할은 죽음과 파괴로 채색된다. 왜냐하면 비쉬누가 생명의 보다 아름다운 자질들에 대한 감각을 불러일으키는 반면,──이런고로

---

3) 〔이 탈들은 실제로 하리하라(Hari-Hara) 즉 비쉬누 시바의 혼합인격(mixtapersona) 의 개념과 초상화법에서 결합된다.──AKC〕
4) 이러한 상황은 베다 시대(기원전 1500~1000년경)의 자료들 속에 나타나는 상황과 맞지 않는다. 거기서 브라마신은 알려져 있지 않으며 비쉬누와 시바는 비교적 대수롭지 않은 역할들을 맡고 있다. 시바는 루드라(Rudra) 즉 '울부짖는 자'라는 이름으로 그 시대에 알려졌다. 아마 비쉬누와 시바 루드라는 토착적인 아리안 이전의 비베다적 만신전들로부터 유래된 중요한 신들인 것 같으며 근래에 정복자들의 배타적인 전통 속에서 점차적으로 인정을 받게 되었을 것이다.
 〔그럼에도 불구하고 베다 시대에 있어서 아그니 브리하스파티(Agni-Brihaspati) 는 '브라마' 즉 신들의 대제사장이다. 따라서 사실상 브라마신이었다.──AKC〕

창조자이며 보존자의 특성을 가장 잘 상징하는──시바의 엄격한 금욕주의는 재생의 영역 위에 어두운 그림자를 던지기 때문이다. 그의 존재는 고통과 기쁨의 만화경을 부정하고 초월한다. 그럼에도 불구하고 그는 지혜와 평화를 주며 소름이 끼칠 뿐 아니라 매우 자애스럽다. 비쉬누가 한 파괴자인 것과 마찬가지로 시바도 하나의 창조자이며 보존자이다. 그의 본성은 살아있는 세계의 일체 대립들을 동시에 초월하고 포함한다.

시바의 서로 상반되는 기능과 측면들의 풍부함은 그의 참배자들이 그를 수많은 이름으로 부르는 사실에서 명백해진다. 그는 스물다섯 가지 혹은 다른 전승에 의하면, 열여섯 가지나 되는 '해학적 현현들 (līlāmurti)로 묘사된다. 때때로 우리는 그의 수많은 인상적인 측면들이 다섯 가지 유형으로 분류될 수 있음을 발견한다. (1) 자비스런 현현 (anugrahamūrti), (2) 파괴적인 현현(Saṁhāramūrti), (3) 방랑하는 걸인 (bhikṣāṭanamūrti), (4) 춤추는 자들의 왕(nṛttamūrti), (5) 위대하신 주(maheśamūrti). 보다 긴 명단에 포함된 명칭들 가운데는 '그의 머리털 속에 달을 가진 신(candraśekhara)', '갠지스 강의 후원자(gaṅgādhara)', '코끼리 악마의 살해자(gajasaṁhāra)', '여신 우마(Uma)의 배우자이며 전쟁신인 스칸다의 아버지(somāskanda)', '반은 여자인 주(ardhanārīśvara)', '산봉우리의 주(śikhareśvara)', '의사들의 주(vaidyanātha)', '시간

브라마의 신화는 브라마나스 시대(기원전 1000~700년경)를 지나는 동안 빌진되었던 것 같으며 정통 아리아인 사상의 산물이었던 것 같다. 브라마는 한동안 지고한 브라만을 의인화한 인물로서 도움이 됐지만 그의 전성기를 지나는 동안에도 두 경쟁자 비쉬누와 시바는 급격히 부상되었다.
대중 힌두교의 승리와 함께(푸라나 경전과 탄트라 경전, 위대한 서사시들 그리고 우파니샤드의 어떤 구절들에서는 물론 고전 시대, 중세 및 현대의 예술 작품들에서 증명되듯이) 브라마는 분명히 비쉬누와 시바에 종속되는 신이다. 현대 힌두교인은 비쉬누와 시바 또는 여신의 참배자다. 중요한 예배의식에서 브라마는 이제 아무런 역할도 하지 않는다.

의 파괴자(kālasaaṁhāra)', '가축의 주(paśupati)', '자비로우신 분(saṅkara)', '상서로운 분(śiva)', '울부짖는 이(rudra)'가 있다.

그러나 시바 신전에서 기본적이고 가장 흔한 예배의 대상은 음경 또는 남근상(lingam)이다. 이런 신의 형태는 일찍이 신석기 시대의 원시적인 돌 상징들에 대한 예배로까지 거슬러 올라갈 수 있다. 이미 모헨조다로에서 남근상이 후기 힌두교 초상화법에 채용된 것들과 비슷한 다른 중요한 상징들과 나란히 나타난다.(그림 25) 남근은 시바의 남성 창조적 에너지를 의미하고 그 신의 다른 모든 표상들과 대조 차별하여 '고정된 것, 혹은 움직일 수 없는 것(dhruva)' '근본적 형식(mūlavigraha)'으로 불린다. 그것과 비교할 때 다른 표상들은 이차적인 것으로 간주된다.

인간의 형상을 취한 이미지들은 '움직일 수 있는(cala)', '축제 혹은 제의적인 형태들(utsavamūrti)', '축제적 즐거움을 위한 이미지들(bhogamūrti)' 로서 알려져 있다. 그것들은 축하 의식을 벌이며 행진할 때 운반될 수 있도록 만들어졌거나 참배자들의 교화를 위해 신전의 강당이나 회랑에 안치된다. 본당을 둘러싸거나 본당에 이르는 낭하를 따라 줄지어 배치된 그것들은 신의 다양한 측면들과 현현들을 보여주며 순례하는 참배자들을 위한 교훈적인 그림 전시장을 이룬다.

힌두 종교미술 가운데 가장 인상적이고 아름다운 기념비의 하나인 봄베이 근교 엘레판타(Elephanta)의 대 지하 암굴 신전은 시바의 풍부한 신화에서 뽑은 장면들뿐 아니라 시바의 많은 인간적 형상을 취한 표상들로 꾸며져 있다. 이 넓은 신전의 중앙 성소는 단순한 기념비적인 정방형의 예배실인데 사면의 출입구에는 한 쌍의 수문장 신들이 지키고 있다.(그림 29) 그 안에는 사방으로 생산적 에너지를 발산하는 근엄한 남근의 상징이 있다. 이 남근은 중요한 석조상으로서 가장 깊은 방인 지성소 혹은 '자궁실(garbha-griha)'의 중심을 이룬다. 그 신전의 구조상 가장 깊은 우묵한 곳에서 그것은 지하 동굴의 생명의 중심부를 구성하면서 초연히 서있다.

남성의 창조적 에너지의 상징으로서 남근은 자주 여성의 창조적 에너지의 주요 상징인 여근(Yoni)과 결합되는데 여근상은 그것의 중심으로부터 발기하는 남근상의 기저를 이룬다. 이것은 우주의 생명을 낳고 지탱하는 창조적 결합의 한 표상으로 간주된다. 남근과 여근 즉 시바와 그의 여신은 상반되지만 협력하는 성의 힘들을 상징한다. 그들의 성스러운 결합(희랍어로 hieros-gamos)은 세계 신화의 여러 가지 전통 속에서 가지각색으로 등장한다. 그들은 스스로 한 쌍의 양극성들의 초태생 즉 원초적 우주발생적 실재의 첫 분기이고 이제 생식적 조화 속에 재결합한 원형적 부모 즉 세계의 아버지와 어머니이다. 아버지 하늘과 어머니 대지의 형상으로 희랍인들에게는 제우스와 헤라, 우라노스와 가이아로서, 중국인들에게는 천(天)과 지(地), 음(陰)과 양(陽)으로 알려져 있다.

남근의 기원에 관한 교훈적인 이야기가 전해진다.[5] 그것은 후대 남부 인도의 중세 전통에 알려진 어떤 묘한 음경상에 대한 설명에서 상세히 다루어지고 있다.(그림 30) 이 신화에서 시바는 힌두교 삼신 중 다른 두 지고의 신들인 브라마와 비쉬누에 대하여 대단한 승리를 쟁취하는 것으로 나타난다. 잔존하는 문헌들로부터 미루어 판단하건대 이 승리는 실제 역사적인 발전과 일치한다. 왜냐하면 초기 및 고전

---

5) 〔불붙는 듯한 남근은 세계의 축(Axis Mundi)의 한 형태이며 여근 즉 제단, 대지, 불의 어머니를 관통하고 비옥하게 하는 빛의 줄기 혹은 번개(Vajra, Keraunós)와 같다고 할 수 있다.──왜냐하면 '빛은 번식력'이기 때문이다. 아주 오래된 기독교 탄생설화들에서 그것은 저 위 태양으로부터 대지의 여신이 그녀의 아들을 잉태하는 동굴 속으로 비춰드는 광선으로 표현되고 있다. 시바 남근과 예배의식의 기원에 대한 또 다른 중요한 푸라나경 번역본을 위해서 F.D.K. Bosch와 본인의 책 *Yakṣas* Ⅱ.(Washington 1928)〉, pp. 44, 45를 보라.──AKC〕

푸라나경들에서[6] 우주적인 중대한 시기들이 우주의 재흡수 과정으로 접근해 갈 때마다 시바가 취했던 것은 비쉬누가 취했던 기능이나 탈 이상은 아니었기 때문이다. 단지 푸라나 신화의[7] 후기 구조 속에서 우리는 시바가 창조, 보존, 파괴의 세 가지 커다란 세계적 역할을 모두 독자적으로 수행하고 있음을 발견하게 된다.

남근의 기원에 대한 신화는[8] 잘 알려진 태고의 상황으로부터 시작한다. 우주는 존재하지도 않았고 오로지 물과 해체와 창조 사이의 생기없는 막간으로 별빛조차 보이지 않는 깜깜한 밤만이 존재하였다. 무한한 대양 속에는 곧이어 일어날 진화의 모든 씨앗들, 모든 잠재력들이 잠자듯 무차별의 상태에서 쉬고 있다. 이러한 생명의 액체의 신인동형적 화신인 비쉬누는——이미 우리가 그를 알고 있듯이——그 자신의 본질적 본체 속에서 또 그 위에서 떠돌고 있다. 빛나는 한 거인의 모습으로 그는 액체 원소 위에 가로 누워 그의 복된 에너지의 한결같은 광채로 빛난다.

그러나 바로 그때 새롭고 놀라운 하나의 사건이 일어난다. 비쉬누는 갑자기 또 하나의 빛나는 환영이 태양계의 은하처럼 밝게 빛나면서 빛같이 빠른 속도로 그에게 다가옴을 느낀다. 그는 우주의 형성자, 요가의 지혜로 충만한 머리가 넷인 브라마이다. 이 새로 출현한 자는 미소를 띤 채 비스듬히 누워있는 거인에게 묻는다. "너는 누구냐? 너는 어디서 비롯된 것이냐? 여기서 무얼 하고 있느냐? 나는 모든 존재의 최초의 어버이다. 나는 나 자신으로부터 비롯된 자이니라!"

비쉬누는 찬성할 수 없었다. "원 별 말을 다 듣겠군. 그래, 내가 바로

---

6) *Visnu Purāṇ, Matsya Purāṇa, Brahmā Purāṇa* 등등.
7) *Mārkandeya Purāṇa, Kūrma Purāṇa*.
8) *Annales du Musée Guimet, Bibliothéque d'études*, tome 27; G. Jouveau-Dubreuil, *Archéologje du Sud de l'Inde*(Geuthner, Paris, 1941), Tome Ⅱ, Iconographie, pp. 24~5

우주의 창조자이고 파괴자이다. 내가 번번히 우주를 창조하고 파괴하였다."고 그는 응수하였다.

그 두 강자는 서로의 주장을 계속 내세우며 다투었다. 그들이 끝없이 공허한 논쟁을 하고 있는 동안 불꽃에 싸인 우뚝한 남근이 대양으로부터 솟아오르고 있는 것을 이내 알아차리게 되었다. 그것은 급속도로 무한한 공간 속으로 자라 올라갔다. 그 두 신들은 하던 논쟁을 멈추고 흥미진진하게 바라보았다. 그들은 그것의 높이나 깊이를 측량할 수 없었다.

브라마가 말했다. "자네는 뛰어들어가게. 나는 위로 날아가 볼 테니. 우리 저것의 두 끝을 찾아보세."

그 두 신들은 저들의 익히 알려진 동물의 형상들을 취하여 브라마는 수거위로 비쉬누는 멧돼지로 변신하였다. 그 새는 하늘로 날아 올라갔고, 멧돼지는 깊은 곳으로 뛰어들었다. 정반대의 방향으로 계속 질주해 갔지만 한계에 도달할 수 없었다. 멧돼지가 하강하고 브라마가 올라간 동안에도 그 남근은 계속 무럭무럭 자랐다.

이내 그 거대한 음경의 측면이 벌어지고 움푹 들어간 틈새(벽감)에서 남근의 주가 나타났다. 우주의 최상의 힘인 시바가 나타났다. 브라마와 비쉬누가 그의 앞에 엎드려 경배하는 동안 시바는 자기가 그 두 신의 근원임을 엄숙히 선언하였다. 그는 자신을 최고의 시바로 발표하였다. 그는 브라마와 비쉬누 그리고 시바라는 3대 신, 창조자와 유지자 그리고 파괴자를 동시에 포함하고 객관화한다고 발표하였다. 그들은 남근으로부터 나오지만 그럼에도 불구하고 그 속에 영구히 거주하였다. 그들은 그것의 부분들이었으며 브라마는 오른편을, 비쉬누는 왼편을 이루지만 중심은 시바 하라(Shiva-Hara) 즉 '되돌려 취하거나 소멸시키는 재흡입자'였다.

이렇게 해서 시바는 남근 속에서 증대되고 일체를 포함하는 기본적인 원소로서 고양되고 격상되어 나타난다. 이제 파괴자의 역할은 단지 그의 세 가지 근본적인 현현들 가운데 하나일 뿐이다. 창조자 브라마와 보존자 비쉬누와 파괴자 시바는 나란히 지존자 시바 속에 공존한다.

2. 팽창하는 형상의 현상

그러나 이제 잠시 이 신화적 관념이 표현되었던 기념비를 생각해 보기로 하자.(그림 30) 몇 년 전 나는 파리의 귀메 박물관에, 그때 마침 입수한 이 작품을 보려고 방문했다. 나는 이미 그것의 신화에 익숙해 있었다. 그리고 그 앞에 서자 갑자기 다른 힌두 기념비들과 상징들의 특징이라고 금방 알아차릴 수 있는 무언가가——양식의 독특한 현상이라 할까——뇌리 속에 파고들었는데, 그것은 가장 뛰어나고 중후한 힌두 문화의 창작품들이 아니고서는 결코 마주칠 수가 없는 어려운 미학적인 효과였다. 나는 그것을 '자라나는 혹은 팽창하는 형상의 현상'이라고 부르고 싶다.

이제 이 특별한 기념비는 내게 정적인, 영구한, 구체적인 차원들로 간주되고, 풀이되고 혹은 이해되어지도록 하지 않았음이 아주 분명하다. 오히려 그것은 그 이야기의 암시에 따라 자라나는 어떤 것으로 이해되지 않으면 안된다. 그 기둥은 브라마 수거위가 위로 날아 올라가고 비쉬누 멧돼지가 아래로 뛰어 내려간 동안 길이가 늘어나는 것으로 보여진다. 이 조각품은 단지 한 신화적 사건을 기념하거나 의미하는 것만이 아니라 실제로 그것이 자리잡는 과정을 보여 주는 것이라 해야 할 것이다. 브라마와 비쉬누가 반대 방향으로 치닫고 있는 동안 그 돌의 본체는 저들의 동작을 앞질러 팽창한다. 그 단단한 돌은 한 성장 에너지에 의해 분명히 활력을 띠게 된다. 그것의 측면에 있는 움푹 들어간 틈새는 그 속의 신인동형적 환영을 드러내기 위해 실제로 넓어지고 열려지는 것처럼 보인다. 그 단단하고 정적인 돌덩이는 장인의 교묘한 기술에 의해 기동적 조직의 복합적 사건으로 개조되었다. 이런 점에서 이 조각품은 그림이라기보다 활동사진 같다.

정적인 것도 없고, 영구한 것도 없고, 다만 생겨나고, 자라나고, 쇠잔하고, 사라지는 모든 것과 함께 쉼 없는 과정의 흐름뿐이라는 생각 ──이러한 전적으로 역동적인 인생관, 개체 및 우주관은(우리가 이미 본 바와 같이) 후기 힌두교의 근본적인 관념들 가운데 하나다──을 우리는 개미들의 행진 이야기에서 발견한다. 그것은 마야 개념의 본질에 관한 이야기이다. 우리는 그것을 시바의 우주적 춤에서 다시 보게 되는데 거기서 살아 있는 세계의 모든 형상들과 피조물들은 무용신의 사지에서 그려 내는 각각의 순간 장면으로 해석된다. 자라거나 팽창하는 형상의 현상에서 이 전형적으로 힌두교적인 '총체적 역동주의'의 효과는 하나의 단단한 기념비로 전달되었다. 시간의 신비한 속성은 그것의 감지하기 어려운 흐름과 함께 하나의 큰 돌덩어리의 형태와 본체 속으로 짜여져 들어간다.

일단 그 효과를 깨닫게 되고 나면 우리는 그것을 재삼 재사 다시 발견할 수 있다. 왜냐하면 힌두 장인들은 저들의 정묘한 기예를 마음대로 발휘하였기 때문이다. 예를 들어 그림 31에서 보여진 바다미(Bā-dāmī)로부터 나온 유명한 부조를 생각해 보자. 이것은 서기 6세기로부터 유래된 초기 찰루키야 미술의 한 표본인데, 비쉬누를 그의 다섯 번째 형상에서 갑자기 우주적 거인으로 커지게 되는 난쟁이로 표상하고 있다. 그 이야기에 따르면 한 강대한 악마 혹은 거인이 자기보다 작은 모든 신들을 그들의 자리로부터 쫓아냈는데, 이렇듯 무서운 마수로부터 세계를 되찾기 위해 모든 존재의 본질 즉 우주의 보존자 비쉬누는──그가 이전에 자주 내려왔고, 앞으로도 역시 자주 내려오겠지만──그의 초월적인 평온함으로부터 소란스런 우주적 사건의 영역으로 내려왔다. 인드라와 인드라의 형제 신들의 어머니인 착한 여인 아디티(Aditi)에게서 태어난 그는 발육 부진아보다 작은 바라문의 난쟁이 형상으로 나타났다. 그리고 바라문들이 늘 가지고 다니는 그런 양산을 가진 이 볼품없는, 아니 오히려 우스꽝스럽기 짝이 없는 작은 친구는 코믹하게 악마의 폭군에게 알현을 요청한 다음 그에게 한 가지 청을 드렸다. 그가 원한 것은 그의 작은 발로 세 걸음만 걸으면 확보될 정도의 공간뿐이었다. 그러나 그 말이 하도 재미있어 거인은 쉽사리 승락하고 말았는데 아뿔사! 그 난쟁이 신은 사지가 힘차게 불어나고 커지면서 한 걸음에 해와 달을 넘어갔고 두 걸음에 우주의 한계에 도달하였으며 세 걸음에 다시 돌아와 정복된 원수의 머리에 발을 얹었다.

바다미의 부조상에서 난쟁이 형상과 무한히 팽창하고 있는 거인의 형상은 모두 각기 기적의 시작과 과정을 의미하면서 나란히 표현되고 있다. 그 승리자는 원수의 머리를 짓눌러 이기거나 아니면(만약 그가 깨닫고 그 앞에 경배를 드린다면) 자신의 발을 닿게 함으로써 그에게 축복하려고 원수의 머리 위에 발을 막 디디려는 것으로 묘사되고 있다. 그 팽창하는 신의 몸은 마치 공간의 속박을 파열시키려는 듯 부조상의 상단 부분을 머리에 쓴 삼중관으로 밀어젖히고 있다. 온 우주와 그 속에 들어 있는 피조물들의 역동적 성격은 힌두 철학에 의해 이해된 것과 같이 이 인상적인 중심 인물 속에서 표현된다. 전체 작품은 하나의 정적인 상징으로서가 아니라 하나의 사건으로 풀이되고 이해되어야 한다. 그것은 실제로 일어나고 있는 어떤 사건에 관한 하나의 표현이다. 시간의 성질이 돌의 굳뜬 재료 속으로 스며든다. 흐름과 성장이 광물적인 실체를 한없이 팽창하고 있는 하나의 유기체로 변형시킨다.

봄베이 근처 파렐에서 출토된 거대한 시바상은 이런 특수한 조각적 효과를 특히 인상적인 방법으로 보여 주고 있다.(그림 32) 서기 600년경의 것으로 추정되는 13.5피트 높이 가량의 그 거대한 화강암 덩어리는 우연히 도로공사 중에 발굴되었다. 그 세부는 미완성이다. 아래의 중앙에는 양발을 굳게 디디고 서있는 신의 거인상이 있다(Samapā-dasthānaka). 염주를 가지고 위로 치켜든 그의 오른손은 가르치는 시늉(vyākhyāna-mudrā, 說法印)을 하고 있다. 아래로 내린 왼손 안에 있는 물건은 그 상의 다른 많은 세부들과 함께 미완성인 채로 남겨져 있으며 분명치 않아 확인하기 어렵다. 그 인물은 허리로부터 발목에 이르는 상단에 조심스럽게 접어 주름잡힌 곱고 착 달라붙는 옷감으로 만든 의상을 걸치고 있다. 가슴과 어깨는 그대로 드러나 있고 팔찌와 목걸이로 장식을 했다. 머리 모양은 전통적으로 쌓아 올린 신들 가운데서 위대한 행자로서의 헝클어진 모습을 하고 있다.

이 신으로부터 위로 방출되고 있는 것은 왼손에 브라마 특유의 상징——탁발 고행자의 물주전자(kamaṇḍalu)——을 쥐고 오른손으로는 명상의 몸짓(dhyāna-mudrā)를 취하고 있는 제2의 신 즉 그의 복사체이다. 그 다음 제2의 신으로부터 무상의 반원을 그리며 칼, 염주, 몇 가지 뚜렷하지 않은 물건들, 올가미, 방패, 손잡이가 달린 둥그런 물건, 물주전자 같은 상징적인 기구들을——한편으로 우주적 영웅 즉 악마적인 세력들의 정복자의 상징들과 다른 한편으로 원형적인 고행자 즉 영성에 대한 표본의 상징들을——쥐고 열 개의 손을 뻗치고 있는 제3의 신이 방출된다. 모두가 여러 측면을 가진 시바의 특유한 면모들이다.

그러나 남근 같은 기둥을 형성하는 이들 중심의 인물들은 그들로부터 오른쪽과 왼쪽으로 박차고 나오는 다른 자들에 의해 힘이 증대된다. 맹렬하면서도 당당한 기동력으로 저들은 나뭇가지들처럼 양쪽 방향으로 뻗어나오고 있다. 이들은 아마도 신의 무리들 혹은 가나들(gaṇas) 즉 생김새와 모양, 차림새와 상징들로 미루어 보아 신 자신을 닮은 그의 추종자들이나 수행자들을 나타내는 것 같다. 어떤 자는 북과 피리 같은 악기들을 가지고 있다. 그 기념비의 맨 밑부분에는 그러한 인물들이 대충 스케치된 채로 다섯 개나 몰려 있는데 단 하나만이 완성되어 있을 뿐이다. 이들은 시바를 추종하는 다섯 무리와 일치하는데 각 무리는 단일 개체로 표현되어 있다. 그리고는 중심 기둥의 상부 두 인물의 양편에서는 마치 서로가 서로에게서 방출되고 자라는 것처럼 측면 형상들의 모티브가 힘차게 재천명된다. 여기서 중심에 있는 신의 분신들인 측면 형상들은 양손으로 중심에 있는 존재의 수인을 반복하며 동일한 상징들을 보여 준다. 그들은 비상할 때의 자세를 취하여 기원점으로부터 솟아오르며 시바 기둥축으로부터 쏟아져 나온다. 그들은 얼굴을 뒤를 향하고 있는데 마치 고유한 본래성이 중심에서 이탈할까 저어하는 듯한 모습이다.

  이 대담하고 기념비적인 작품에서 장식들은 최소한으로 축소되어 표현되고 있는데, 무늬없는 가락지들, 팔찌들, 팔장식들 같은 극도로 단순한 스타일의 것들이 고작이다. 많은 힌두 조상들(내적 구상화로부터 탄생되었고 또 그것을 의미하는)에게 있어 묘사적인 세부 항목들과 장식적 특징들은 너무 그 자체만을 강조한 나머지 정적인 편협한 자세에서 그 작품을 질식시키는 한편, 지금의 경우에는 장식들은 왕성하고 눈부시게 빛나는, 거의 압도적인, 약동감에 끌리어 아깝게도 위압당하고 만다. 이 부조상은 끝없이 계속되는 과정으로도 표현되고 풀이되어져야 할 것이다. 그 거대한 화강암 석판은 표면을 가로지르는 강건한 기관들의 고동치고 솟구치는 생명력으로 종횡무진 팽창되는 것처럼 보인다.

  일곱 명의 주요 인물들이 갖는 육체적인 힘은 그들의 건장하게 빛나는 상체에서 비롯된다. 이는 사자같이 넓은 어깨와 잘록한 허리를 한 힌두 영웅 즉 인도 슈퍼맨(mahāpuruṣa)의 전형적인 앞가슴을 보이는 좋은 본보기들이다. 또한 호흡 연습으로 단련되고, 프라나(prāṇa) 즉 '숨'의 생명 원소를 무한량 저장할 수 있는 완전한 행자의 넓은 가슴의 좋은 본보기이기도 하다.

이 작품은 '시바 트리무르티(Shiva Trimūrti)'[9] 즉 시바가 세 가지 모습 또는 측면들(tri-mūrti)로 벗겨져 들어가는 것에 대한 한 연출(rendition)이다. 시바교의 푸라나경에 따르면 절대자의 의인화인 이 신은 먼저 사트바(Sattva) 즉 우주적 물질의 세 구나들(guṇas), 혹은 자질들 중 첫번째 자질——평온과 고요의 자질——의 측면으로 현현한다는 것을 선언한다. 현현의 이 단계에서 시바는 비쉬누이다. 신적인 본질은 그때 어떤 창조적인 충동에 의해서도 동요되지 않고 그 자체 스스로 쉬고 있다. 모든 자질들과 에너지들은 움직이지 않고 조화를 이룬 상태에서 서로 평형을 유지하고 있다. 절대자의 이러한 정적인 잠자는 태도, 이런 자제하는 일체를 포함하는 수면은 그 다음에 운동으로 전환된다. 연꽃이 물에서 싹터 나오고, 브라마가 존재 속으로 솟아올라 우주는 전개되기 시작한다. 비쉬누로서의 시바는 하나의 방출로서 창조자 브라마——그 기념비 축기둥에서의 중심 인물——를 드러낸다. 이것은 세 개의 구나들 혹은 자질들 중 두 번째 라자스(rajas) 자질의 측면——활동, 불 같은 에너지 그리고 정서의 자질——에 있는 신이다. 여기서 지고의 존재는 그 자신의 본체로부터 현상 세계를 전개한다. 끝으로 세 번째 측면 즉 창조된 모든 것을 삼켜 버리는 시간인 칼라 루드라(Kāla-Rudra)의 측면이 전개된다. 이것은 우주의 주기

---

9) 〔삼위일체이긴 하지만 엄밀하게 "트리무르티(Ekapāda mūrti)"는 아니고 차라리 마헤사 무르티(Maheśa-mūrti)이다. T.A.G.Rao의 *Elements of Hindu Iconography*, Ⅱ, pp. 382~385를 보라. 이것은 어떤 얼굴도 그것으로서 비쉬누나 브라마 같은 신들의 진정한 표상들일 수 없고 시바 자신의 측면들에 대한 표상들이라는 것을 의미한다.——AKC〕

적인 해체를 가져오는 그의 엄격한 파괴적 측면에 있는 시바다. 칼라 루드라는 타마스(Tamas)의 측면——암흑, 장애, 분노, 침울, 슬픔의 자질, 또는 원리——에서의 신적인 본체에 대한 의인화이다.

시바는 그가 절대의 충만함을 의인화한 것으로 간주될 때에 대주(maheśvara)로 불린다. 이 부조에 묘사된 자는 그이다. 중심 기둥의 삼위일체는 세 가지 태도들 속에 있는 하나의 동일한 본질이다. 이차적인 인물들은 이 본질에서 세계의 다섯 원소(五大)와 형상들로 방출된 것들이다.[10] 이 기념비에 등장하는 모든 인물들은 그렇기 때문에 같은 생김새와 형태들을 보여 준다. 저들은 결국 하나이고 같기 때문에 닮아 보인다. 힌두 철학과 슬기로운 힌두 정통주의는 그 신화가 신들의 무리들과 초인간적인 존재들로 가득함에도 불구하고 근본적으로 일원론적이고 일신론적이다. 수많은 환영들이 나타나지만 그것은 단지 특수화, 특수한 덕, 태도들, 성분들, 면모들일 뿐이다. 신 자체의 관점(요가의 깨달음에서 도달한 위치)에서 고려해 볼 때 존재의 명백히 모순되는 측면들——창조, 지속, 해체——은 그 기원과 의미와 종말에 관한 한 동일하다. 그들은 비록 세 가지 방식으로 나타나기는 했지만 결국 그 자체에 대해 가하는 것처럼 보이는 일체의 변화들을 초월하고 또 그 변화들에 의해 영향을 받지 않는 하나의 신적인 실체 혹은 에너지의 변화무쌍한 현상적 자기 표현들이다. 이러한 통일에 대한 이해가 바로 힌두 지혜의 목표이다. 마야 에너지의 부드러운 유희에 의해 당황하지 않고 그것의 가장 가공할 현현들 앞에서도 즐거워할 수 있는 힘은 이러한 견해의 승리와 위안을 이룬다. 힌두의 지혜와 힌두의 종교는 운명과 죽음의 형식들을 한 우주적 교향곡의 어두운 음률로서 받아

---

10) 샹카(saṁkhya)의 철학을 따르면 우주적 물질(prakṛiti)은 세 가지 구나들(sattva, rajas, tamas) 속에 현시되고, 다음에 이것들은 오대(五大)를 만들어 내고, 오대가 혼합됨으로써 일체 현상적인 형식들이 생기게 된다.

들이는데 이 엄청난 음악은 역설적으로 절대자의 지고의 정적과 침묵의 발언인 것이다. 경험의 모든 순간은 우리 삶과 우리의 세계의 표면들을 깨뜨리는 고통들과 재앙들보다 훨씬 더 깊은, 하나의 깊은 디오니소스적 환희로 가득하게 된다. 힌두인의 정신에는 파렐에서 출토된 이 놀라운 화강암 걸작품에서와 마찬가지로 현현과――과정――끊임없는 진화의 역동성과 영원한 존재의 고요하고 정적인 휴식 사이의 궁극적이고도 기묘한 균형이 존재한다. 이 기념비는 하나의 초월적 원천 속에 있는 모든 종류의 대립들에 대한 절대적인 통일과 일치를 가르치고자 한다. 그것으로부터 저들은 쏟아져 나왔다가 다시 그 속에 가라앉는다.[11]

3. 시바 샤크티

적대적이긴 하지만 상호 협력 관계에 있는 대립의 쌍들로 절대자가 분화하는 것을 표상하는 길은 여러 가지가 있다. 이들 가운데 가장 오래되고 가장 흔한 방식은 성의 이원론에 입각한 것이다. 아버지 하늘과 어머니 대지, 우라노스와 가이아, 제우스와 헤라, 중국의 음양이 그것이다. 이것은 힌두교와 후기 불교 전통에서 특히 강조되어 온 하나

---

11) [다시 말해서 그 표상은 최초의 본질 Sadāshiva의 표상이며 그의 고유한 본성은 '현현된 것과 현현되지 않은 것(Vyaktāvyakta)' 즉 주권(Lordship, Ishvara, Kuriós 처럼)의 행사에 선행하는 단일 본질의 두 가지 본성에 대한 통일의 본성이며, 단일 본질로부터 자연('브라마 자궁'으로부터 나오는 것으로서)과 만물이 한 어머니로부터 나오는 것처럼 파생된다(Maheśvarānanda의 *Mahārtha-mañjari*, 교본 p. 44를 보라). 이 '지고한 자체'에서 일체 모순들은 대립(예를 들어 존재(sat)와 비존재(asat), τό 'ὄν과 τό μή 'ὄν) 없이 존재한다. 그리고 이것은 moksa에서, 그러므로 '정반대되는 것들의 쌍으로부터', 예를 들어 인간이 타락으로 얻게 된 선과 악의 지식으로부터 말미암은 것이다.――AKC]

의 관례인데 상(像)을 통해 외부로 표현된 상징들을 보면 놀라울 정도로 성애적이지만, 그들 모든 형상들의 함축적인 의미들은 거의 전적으로 은유적이다. 이 선명하고 사실적인 경전에 대하여 가장 세심하게 다듬어진 그리고 밝게 깨우쳐 주는 해석은 이른바 탄트라——힌두교의 후기 위대한 시대의 시바파를 대표하는 종교적 문서들——에 대한 해석이다. 존재의 영역을 발생시키는 원초적인 한 쌍에서 우리는 신적 본질이 그것의 생산적인 측면에서 의인화되고, 풍성한 자기 반사를 위해 양극화되는 것을 보게 된다.[12]

색정적 유희를 하고 있는 남신과 여신의 멋진 예가 벵골레스의 부조상에 나타나는데 거기에는 시바가 그의 배우자와 성희를 나누는 것이 표현되어 있다(그림 34). 그녀는 오른팔로 그의 어깨를 감싸고 그의 허벅다리 위에 앉아 있는 한편 그의 왼팔은 부드럽게 그녀의 허리를 부둥켜안고 있다. 수수한, 탈 같은 그 둘의 표정은 격렬한 감정을 가지고 서로를 주시한다. 깊고 영원한 광휘에 젖어 응시하고 있는 저들은 둘인 것처럼 보이지만 근본적으로 하나라는 감춰진 지식으로 물들게 된다. 우주와 우주의 생물들을 위해 절대자는 분명히 이 이원성을 향해 펼쳐 나갔고 그들로부터 현상 세계를 특징짓는 생명의 양극들, 대립들, 힘들과 원소들의 특성들이 파생된다. 발목 장식들, 손목 장식들, 팔찌들, 많은 목걸이들과 훌륭한 왕관 장식들이 그 당당한 한 쌍을 꾸며 주고 있다. 그들은 연꽃 왕좌 위에 앉아 있는데 그것은 신적인 창조적 에너지를 상징한다. 한 개의 작은 연꽃 방석이 시바의 구부린 왼쪽 발밑에 나타나 있고 그러한 방석 두 개가 아래로 내려 걸친 신적인 한 쌍의 두 발밑에 나타나 있다. 밑에는 각자의 탈것 즉 여신의

---

12) 〔Heinrich Zimmer의 "Some Aspects of Time in Indian Art", *Journ. Indian Socity of Oriental Art*, I, 1933, 특히 p. 48과 나의 "Tantric Doctrine of Divine Biunity", *Annals Bhandarkar Research Institute*, 19, 1938을 참조 바람.——AKC〕

탈것인 사자와 시바의 황소 난디가 쉬고 있다.

시바는 네 개의 팔을 가지고 있다. 한 팔로 그는 그의 배우자를 안고 있고 다른 두 팔로는 삼지창(영웅으로서 그의 무기)과 염주(고행자로서의 상징)를 들고 있는데 그것들은 그의 활동적 원리와 명상적 원리 즉 외향성과 내향성의 결합을 상징한다. 그의 나머지 오른손은 연의 덩굴을 꼬아 연꽃잎들로 관을 씌운 줄거리 같은 상징을 그의 가슴 앞에 들고 있다. 그것은 분명히 신의 생산적 본질의 상징인 남근이다. 그는 아무 말없이 그것을 여신에게 보여 주는데, 한편 그녀는 자기의 왼손으로 그것에 대한 보충적 상징 즉 긴 홈이 난, 볼록하고 부풀어오른 상징을 들어올린다.

가장 밑부분 오른편에 그들의 아들 '만군(gaṇa)의 주(iśa)'인 코끼리 머리의 가네샤가 축소된 크기로 나타난다.[13] 이 신의 나팔인 소라가 세 발 달린 옥좌 가까운 곳에 놓여 있다. 그 한 쌍의 신의 또 다른 아들인 스칸다 카르티케야가 반대편 왼쪽에 자기의 왼손가락으로 북을 두드리며 그의 머리 뒤로 검을 휘두르는 모습이 묘사되어 있다. 이 둘 바로 위엔 손을 모아 꽃들을 바치는 시주자와 그 가족의 초상들이 있다. 그 구성을 보면 시바 쪽에 있는 아버지는 자기 아들을 동반했고 여신 옆의 어머니는 자기의 두 딸을 동반하고 있다. 이렇게 해서 인간 부부가 신의 신비한 결합에 참여하는 것으로 나타난다. 그들 역시 동일한 육신을 가지고 있다.

---

13) [리그베다에서 '만군의 주(영혼의 힘인 호흡, Marut의 주)' 아그니 브리하스파티 (Agni-Brihaspati)에 일치하는 가네샤와 스칸다는 각기 성직자(Sacerdotium, brahma) 와 통치자(Regnum, Kṣatra)를 나타내며 무리는 평민(Viśa)을 뜻한다. 가네샤의 코끼리 머리는 아타르바 베다경(Atharva Veda)에 있어서 태양 및 브리하스파티의 속성인 코끼리의 영광(hasti-varcas)과 '힘'에 일치한다. 이런 까닭으로 가네샤는 간혹 말해지듯이 '서민 기원'의 개념이 아니고 '성직자 기원'의 개념이다. 또한 Alice Getty의 *Ganeśa*(Oxford, 1926)를 참고할 것.——AKC]

천상의 수행자들의 한 쌍이 저들의 불자(拂子) 아래로 향해 든 채 연꽃 보좌의 양편에——신적인 부부의 가슴 높이쯤에——서 있다. 그러한 차우리(불자)를[14] 든 사람들은 대개 당당하게 앉아 있는 왕족들의 면전의 측면에 서지만 대체로 채를 세워서 들고 있다. 이 모습에서 보건대, 수행원들은 경건한 환희의 장면에 어쩔 줄을 몰라 저들에 맡겨진 임무를 망각하고 있다. 사실 신과 그의 배우자가 서로를 응시하면서 가지는 감정은, 인간이든 신이든 그 광경을 바라볼 특권을 얻은 모든 인물들에게 영향을 미치고 있다고 하겠다. 시주자들과 차를 가진 사람들뿐 아니라 하늘을 날며 시바를 수행하는 무리들 즉 하늘의 악사들조차 기쁨에 넘쳐 양양하다. 보좌 위로 솟아오른 그림의 꼭대기에 있는 얼굴은 시바의 성소들과 시바의 신전 문 위에서 흔히 마주치게 되는 장식용 악마의 탈이다. 그것은 키르티 무카(Kīrtti-Mukha), 즉 '영광의 얼굴'이라 불리는 마귀를 쫓는 힘이 있는 문장(紋章)인데 신의 공포스런 측면에 대한 하나의 현현으로 그 기능은 사악한 자를 물리치고 참배자를 보호하는 것이다.

남신과 여신에 대한 이러한 고전적 주제는 돌로, 또 청동으로 되풀이되어 힌두 예술의 기념비들 속에서 다양하게 굴절되어 재현된다. 남성은 우리가 영원이라 알고 있는 수동적 측면의 의인화이고 여성은 활성적인 에너지(śakti) 즉 시간의 역동성에 대한 의인화이다. 외견상으로는 정반대의 것들이긴 하지만 본질상으로는 하나이다. 이 동일성의 신비는 여기서 상징으로 설명된다. 남신은 파렐의 기념비에서 삼중으로 표현된 그 자이다. 그는 남근의 뿌리 형상 속에 거주한다. 여신은 여근 즉 끊임없이 순환하는 영겁의 모태, 공간 속에서 끝없이 넓어지는

---

14) 이 말은 힌두어 카우리(cāurī)에서 나왔고, 그것은 범어 카마리(cāmarī)에서 연원되었는데, 이 말은 다시 티베트 산소(yak)를 의미하는 카마라(camara)에서 발전되었다. 불자는 티베트산 짐나르는 짐승의 치렁치렁 늘어진 흰 꼬리털로 만들어진다.

모든 우주들의 모태, 살아 있는 세포 속에 있는 모든 원자의 모태이다. 그녀는 '우주적인 힘(śakti)', '삼계 중 가장 아름다운 것(tri-pura-sundari)'으로 불리며 신화 속에서 우마, 두르가, 파르바티, 칼리, 차문다, 가우리, 하이마바티, 빈디야바시니로 알려져 있다. 그녀는 남신이 모든 남자들 속에 자신의 모사체(counterpart)를 가지고 있듯이 모든 여성들 속에 그녀의 살아 있는 모사체를 가지고 있다.

그러나 이들 앉아 있는 한 쌍은 신비로움을 자아내는 데 있어 정적이다. 하나의 보다 역동적인 상징이——자라나는 형상 혹은 팽창하는 형상을 연출하는 데 있어 전형적으로 인도적인——매우 인상적인 스리 얀트라(Shri Yantra), '상서로운 얀트라', '얀트라들 위에 있는 얀트라'에 의해 표상된다.(그림 36) 이 복잡한 선의 구성은 명상하는 것을 돕기 위한 것으로서——보다 정확하게 말해서 영원과 시간의 양극 운동과 논리를 파괴하는 역설에 대하여 정신력을 집중한 구상화(visualization)와 깊은 내적 경험을 돕기 위한 것으로서——착상되고 도안되었다. 그러나 마음 속에 얀트라의 의미가 펼쳐지고 그 효과들이 체험되기 전에 그것을 관조하는 사람은 동양의 형이상학의 근본 원리들에 대한 얀트라의 간략하고 간명한 도해의 바른 관계를 이해하지 않으면 안된다. 이 구성은 힌두 세계의 신화와 상징의 전체 의미를 일순에 요약한다.

그러면 우선 첫째, '얀트라'라는 말의 의미는 무엇인가? 범어에서 접미어 트라(tra)는 연장 또는 도구를 표시하는 명사를 이루는 데 쓰인다. 예를 들면 칸(Khan)은 '파다'이고 카니(Khani)는 '파는 또는 파헤치는'이고 카니트라(Khanitra)는 '파는 연장' 즉 가래, 괭이, 곡괭이, 삽, 이랑을 표시하고 종자를 보관하기 위해 구멍을 파는 데 쓰는 원시적인 막대기이다. 마찬가지로 만(Man, 어원학적으로 심성과 관련된)은 '생각하다 혹은 마음에 두다'를 의미하며 따라서 만트라(Mantra, 眞言)

는 '우리 마음 속에 있는 무엇인가를 일깨우거나 생겨나게 하는 도구', 특별히 '신에 대한 환상이나 내적 존재를 마음에 일깨우거나, 가져오는 거룩한 공식(formula) 혹은 주술적인 주문'이다.[15] 마찬가지로 얀트라는 얌(Yam)을 만들기 위한 하나의 도구이다.

그러나 얌의 의미는 무엇인가? 그 말은 '억제하다, 억누르다, 다스리다, 통제하다'는 의미이다. 동사 얌은 어떤 요소나 존재 속에 고유하게 존재하는 에너지에 대하여 통제력을 갖는다는 것을 의미한다. 따라서 얀트라는 우선 일종의 기계로서——말하자면 전 산업적, 전 기술적 의미에서의 기계 즉 관개를 위해 물을 끌어모으는 댐, 요새를 향해 돌을 퍼붓는 석궁 같은 기계——인간 의지의 어떤 일정한 목적을 위한 에너지를 만들어 내고자 지어진 메커니즘을 나타낸다. 힌두 신앙의 전통에서 '얀트라'는 예배의 도구 즉 우상, 그림 또는 기하학적 무늬에 대한 일반적 용어이다. 얀트라는 (1) 신적인 것의 어떤 의인화나 측면에 대한 표상, (2) 성숙한 신자에 의해 피상적인 신앙의 장치(우상, 향수, 제사, 들을 수 있게 말해진 공식)가 필요없게 되었을 때, 마음 속에서 즉각 신께 예배드리기 위해 대체되는 모델, (3) 서서히 다양화되어 가는 자아의 내용들, 다시 말해서 변형의 여러 국면에 처해 있는 신과 동일시하는 동안 환상의 점진적인 전개를 돕기 위한 일종의 도표 또는 예정표로서 사용할 수 있다. 이 경우 얀트라는 역동적인 요소들을 포함한다.

얀트라란 심적인 힘들을 하나의 유형에 집중시킴으로써 마음이 아닌

---

15) 원래 만트라는 단어는 단순히 우리 마음 속에 있는 어떤 것을 생겨나게 하는 구두상의 도구를 의미했다. 그러한 도구는 소유하는 힘으로서 간주되었다. 단어나 공식은——이를테면, '민주주의'나 '자선'——심적인 존재나 에너지를 표상한다. 그 단어나 공식에 의해 무언가가 마음 속에 만들어지고 구체화된다. 만트라 샤크티 라는 말은 하나의 공식이나 효과적인 표어 속에 단어들이 합쳐질 때 단어들에 의해 소유된 이 주술적인 힘을 나타내기 위해 사용된다.

힘들을 억제하도록 고안된 하나의 도구이며 또 이러한 방법을 통해서 이 유형은 예배자의 시각화하는 힘에 의해 재생된다고 말할 수 있을 것이다. 그것은 내적인 구상화, 명상, 체험들을 자극하기 위한 하나의 기계다. 주어진 유형은 예배드려야 할 신 즉 실현되어야 할 초인적 존재에 대한 정적인 환상을 제시하거나 아니면 그것은 일개 과정의 연결들 또는 단계들로서 서로로부터 자라나고 전개되는 일련의 구상화를 발전시킬 수도 있을 것이다.

  후자는 보다 풍부하고 보다 흥미로운 유형이며 초심자에게 더 많은 것을 요구한다. 그것은 두 방향으로 작용한다. 즉 첫째, 진화과정으로서의 전진방향과, 앞에서 전개된 환상의 장면을 취소하는 퇴화과정으로서의 후진방향이 그것이다. 말하자면 그것은 세계의 진화와 퇴화에서 절대자의 현현의 단계들과 측면들을 간략하게 다시 설명한다. 더욱 이 참배자의 구상화하는 힘은 창조와 소멸의 이중 과정을 두 방향에서 따르지 않으면 안된다. 한 방향은 시간적·공간적 발전으로서의 방향이고 다른 한 방향이란 시간과 공간을 초월하는 어떤 것——즉 단 하나의 본질에서 상반되는 측면들의 동시성——으로서의 방향이다. 이런 까닭으로 역동적인 도해들은 한편에서 그 유형의 중심으로부터 주변으로 계속적으로 팽창해 가는 순서를 암시해 주며 그 과정을 위해서는 시간의 흐름이 필요함을 암시해 주는 반면, 또 다른 한편에서는 역동적인 도해들은 중심에 자리잡은 최고의 가치와 함께 존재에 대하여 동시적으로 현현된 정도에 따라 알맞게 매겨 놓은 지속적인 체계 혹은 등차단계로서 파악되어져야 한다. 이 단계들은 마야 샤크티의[16] 층면에서 절대자가 펼쳐 보이는 다양한 변형들 혹은 측면들을 동시에 인간의 영혼과 육체의 구조에 대한 회화적인 분석을 제공한다. 왜냐

---

16) 마야와 샤크티의 정의에 대해선 pp. 40~42 윗부분을 참고하라.

하면 세계의 핵심인 최고의 본질(브라만, 梵)은 인간 존재 핵심인 최고의 자아(아트만, 我)와 동일한 것이기 때문이다.[17] 그러므로 얀트라에 의해서 생성된 구상화와 명상과 체험들은 우주를 창조하고 파괴하는 신적인 본질의 반영으로서만이 아니라, 동시에(우주의 전개 과정들과 진화의 단계는 인간 유기체의 역사와 구조에 중첩되므로) 참배자 영혼으로부터의 방출로서 여기지 않으면 안된다. 요가의 관행과 함께 이용될 때 얀트라 도해의 내용들은 소박한 '무지(avidyā)'의 일상적인 상태로부터 요가 체험의 여러 단계를 지나 우주적인 자아(brahman-ātman)의 실현을 향해 내부로 향하는 의식의 단계들을 나타낸다.

모든 부류 가운데서 전형적인 것은 스리 얀트라(Shrī Yantra)의 원리이다.(그림 36) 그 원리란 (1) 규칙적인 유형에 따라 중단된 직선으로 이루어진 정사각형의 외부 테두리, (2) 동심원들을 돌려 배치한 것과, 연꽃 잎들의 특정 양식에 따른 배열, (3) 9개의 착종된 삼각형들의 집중적인(concentric) 배치이다. 정사각형의 틀을 탄트라 전통에서는

---

17) 브라만은 만물 속에 살고 있는 생명이다. [헤라클레이토스의 '항상 살아 있는 불', 플라토의 '영원히 번식하는 자연'——AKC] "그것은 결코 태어나지 않고 죽지 않으며, 한때 존재했다가 다시 없어지는 것도 아니다. 태어나지 않은, 영원하고 영구한 그리고 원초적인 그것은 육체가 죽는다고 죽지 않는다.(바가바드 기타, 2,20)" 여기서 '그것'은 우리 개체적인 존재의 뿌리로서 내성적으로 체험될 때 아트만(자아)이라 불린다. 외적인, 우주적인 흐름을 뒷받침하는 형상으로서 직관으로 알 때 그것은 브라만(절대자)이다. 브라만과 아트만(梵我) 즉 우리 모두에게 있는 일체는 인간의 이성을 초월하며 인간의 상상력에 의해서 표현될 수 없고 기술될 수 없다. 그러나 그것은 우리 속에 있는 바로 그 생명(아트만)으로서 체험될 수 있고 또한 우주의 생명(브라만)으로서 직관될 수 있다.
 "그것은 이해될 수 없는 것이라고 아는 자는 이해한다.
 그것을 생각한다고 하는 자는 그것을 이해하지 못한다.
 알고 있는 자에게 그것은 알 수 없는 것이며
 모르는 자에게 알려진다" (케나 우파니샤드, 2, 3).
 [따라서 기독교 신학에서처럼 박식한 무지(docta ignorantia)에서, 부정에 의해서만 알려질 수 있다.——AKC]

냉기를 맞아 떨림과 같은 '전율(śiśirita)'이라고 부른다. 이 괴상한 표현은 그 사각형의 틀이 지니는 상징적 의미를 말하는 것이 아니라 그 형태에 관한 표현이다. '전율의' 틀이 나타내는 것은 사방을 향해 열려 있는 네 개의 문을 지닌 정방형의 신전을 나타내는 것으로 각 입구 앞에는 층계참이 있고 지면에서 신전의 바닥에 이르는 낮은 층계의 계단이 있다. 이 신전은 신의 자리(piṭha)이며 참배자의 가슴 한복판으로 생각하지 않으면 안된다. 여기에 그 자신의 특별한 '선택된 신(iṣ-ṭa-devatā)"이 자리잡고 있는데, 결국 선택된 신이란 그 자신의 존재의 신적인 핵심 즉 그의 영원한, 보다 높은 자아의[18] 상징으로서 이해되어야 한다.

정방형 신전의 네 벽을 뜻하는 '전율하는' 선의 성격은 기본적인 선의 패턴이 여러 가지 색깔과 무늬로 채워질 때 특히 잘 알아볼 수 있다. 이러한 것은 눈부신 그림 속에 확대된 둥근 유형들(iṣṭa-devatā)이 장엄한 형식들의 무진장한 보고를 만들어 내는 티베트의 라마교 전통에서 흔히 볼 수 있는 것들이다. 이 북방의 불교 전통은 힌두인들로부터 강한 자극을 받은 교리의 영향 아래 발전되었다. 그리고 특히 시바 샤크티의 사상에 영향을 받았다. 예를 들어 그림 37에 재생된 성도 랏사(Lhasa) 시에서 출토된 아름다운 사원 천정화에는 완전무결한 얀트라의 도해가 나타나는데 선택된 신(Ishta Devatā)이 있을 자리에 부처의 모습이 그려져 있으며 도처에 불교적 성격의 내용이 강하게

---

18) 〔'영원한 자아'는 자신의 불멸의 자아이며 지도자이고 이 남자 또는 이 여자 등등의 속에 존재하는 공통의 인간이며 궁극적으로 그에게 모든 경배를 드려야 마땅하다. "그것은 바로 당신이다", "누구든 '그는 이렇고 나는 또 다르다'고 생각하면서 다른 별개의 것으로서의 어느 신에 의지하는 자는 사실을 알지 못한다. (*Brihā-daranyaka Upanishad*, 1. 4. 10)", "신에 대해서 그는 저기에 계시고 자신들은 여기에 존재한다고 생각하는 단순한 사람들이 많이 있다. 그것은 그렇지가 않다. 신과 나는 하나이다.(Meister Eckhart, Pfeiffer, p. 469)"──AKC〕

노출된다. 중심에 의인화된 것은 원초적이며 영원한 아디 부처(Ādi Buddha) 또는 비로자나(Vairochana)이다. 그로부터 사방과 그 사이의 네 점을 향하여, 색깔과 동작 및 태도들에서 각양 각색인 그의 본질의 여덟 복사체 또는 현현들이 방사된다. 이들은 움직일 수 없는 절대자로부터 세계로 나아가는 특유의 성분들을 뜻한다. 광대한 우주를 밝게 비치고 지키는 저들은 우주적인 꽃의 심장 속에 자리잡고 있는 것으로 표상된다. 이것은 다시 정방형의 신전 안에 있고 사면에는 각각 정교하게 그려진 문이 있다. 그 너머에는 보다 덜 중요한 존재들과 수문장들, 의전 양산(산개)과 그 밖의 라마교 의식의 상징들이 그려져 있다. 마지막으로 창조된 우주의 연화 맨 가장자리 테두리는 예순네 개 다양한 색깔의 꽃잎으로 만들어진 거대한 화관으로서 표상된다.

부처상의 중요성에 대해서 잠시 설명해야겠다. 완벽한 보살(Bodhisattva)이나 불심(Buddha-mind)의 관점에서 보면 오로지 하나의 본질 즉 말하자면 마야 무지의 일체 소산들과 영향들이 초월되었을 때 실현되고 도달되는 이루 말할 수 없는 상태 또는 본질인 불성(Buddhahood) 혹은 깨달음 자체만이 있을 뿐이다. 이것은 분화하는 조건들과 정의할 수 있는 한계들 및 특징들을 초월하는 순수한 '그러함(Such-ness)', 또는 저것(That-ness)이다. 이것은 타트하 타(tatha-tā)이며 문자 그대로 '그렇게 되는(tathā) 상태(-tā)'이다. 타트하(Tathā)는 '네, 그렇습니다, 그렇게 되기를, 아멘'이라는 뜻이다. 이것은 일상의 온 마음을 다한 긍정이다. 따라서 타트하 타 즉 '그러함'은 취소되거나 해체될 수 없는 유일하고 진실된 실제의 상태 또는 본질, 열반의 깨달음(Nirvāna-enlightenment)의 완전히 긍정적인 측면이다. 의식의 일체 다른 상태들은――감각과 경험과 사고 및 느낌을 동반하는 각성의 상태, 포착하기 어려운 환영의 출현을 동반하는 몽상의 상태 및 그 밖에 좀더 높은 체험의 상태들――들어섰다가 다시 해체된다. 그러나

타트하 타의 상태는 파괴될 수 없다. 왜냐하면 그것은 일순에 체험되며 절대자의 실재이기 때문이다. 그리고 이것은 '금강석과 같은(vajra)' 이라는 용어로 표현되는데, 이는 그것이 쪼개지거나 분해되거나 해체될 수 없고 또한 물리적인 힘에 의해서나 비평적·분석적 사상의 힘에 의해 상처를 입지 않기 때문이다.

타트하 타에 대한 유일의 가능한 신인동형적 상징은 부처로 그는 바로 금강석과 같은 것의 체험에 도달하였다. 그리고 그것에 대한 가장 적절한 상징적 도구나 기구는 하늘의 부신(父神) 즉 후대 모든 신들의 왕인 인드라 신의 무기인 번개이다. 따라서 번개(Vajra, 금강석과 같다는 뜻의 용어)는 불교 교리의 특수학파의 전형적 상징으로 그 학파는 자기들을 바즈라야나(Vajrayāna) 즉 '저항할 수 없는 번개의 매개자', '초월적 진리의 금강석과 같은 실재를 향한 길'이라 칭한다. 금강자(바즈라)는 그림으로 설명되는 모든 가능한 장면 속에 흔히 나타난다. 그것은 악마의 힘에 저항하는 주술을 행할 때 쓰는 마술 지팡이, 혹은 경전을 욀 때 시간을 재기 위해 사용하는 종의 손잡이에도 나타난다.(그림 47) 랏사의 사원 천정의 도해에서는 여덟 개의 바즈라가 중앙의 부처를 둘러싸고 있고, 열여섯 개가 여덟의 방사물을 그리고 서른두 개가 우주적 연화의 외부 테두리를 둘러싸고 있다. 또한 그것은 '금강석과 같은 실체 또는 무기(vajra)를 쥐거나, 휘두르는 자' 즉 바즈라 다라(Vajra-dhara)로서 알려진 어떤 매우 중요한, 비유적인 부처 상징의 중요 속성이다. 이러한 도해는 실재의 그러함에 대한 최상의 의인화로서 간주된다. 따라서 그는 바즈라 사트바(Vajra-sattva), 즉 '그의 본질, 혹은 존재(sattva)가 금강석과 같으신 이'라 불린다. 힌두 신들에 대한 동물적 한정사(限定辭)가 본질상 신인동형적 형상과 동일한 것과 마찬가지로 바즈라야나 종파의 가장 중요한 상징의 경우에도 금강석과 같은 번개는 그것을 자기 손에 쥐고 있는 부처와 동일하다.

현상적인 세계를 발생시키고 뒷받침하는 절대자에 대한 한 상징으로서 바즈라 다라, 바즈라 사트바는 연꽃 왕좌에 앉아 있는 것으로 표상된다. 이 연꽃은 원래 여신 파드마(Padmā)——우주의 어머니, 또는 여근[19]——의 유일한 표징과 탈것이었는데 그것은 불멸의 금강석과 같은 영원한 실체의 출산력(śakti)에 대한 상징이다. 따라서 연꽃 위나 속에 있는 부처는 연꽃이 시간의 우주에 고루 미치고 시간의 우주를 지탱하는 것처럼 깨달음의 본질을 상징한다.

신과 그의 샤크티에 대한 힌두교의 유형에 입각한 이 신비에 대한 또 다른 상징은 티베트의 조각상에서 흔히 마주치게 된다. 바즈라 다라가 상대인 여성과 상대와 밀착하여 포옹하고 있는 것이 바로 그것이다.(그림 35) 이것은 티베트에선 '얍 윰(Yab-Yum)'으로 알려진 하나의 전형이다. 최상의 정신집중과 몰입과 경지에서 서로가 서로에게 빨려 들고 있는 이 두 인물은 불멸의 고요를 바라다보는 자세로 연꽃 왕좌 위에 앉아 있다. 둘 모두 보석이 박힌 의복과 보살의 관을 쓰고 있다. 영원과 시간, 니르바나(열반)와 삼사라(세계) 즉 계시된 절대자의 두 가지 측면들의 궁극적인 동일성이 이보다 장엄하게 밀접한 방식으로 표상될 수는 없을 것이다.

이제 스리 얀트라로 다시 돌아가서 검토해 볼 때, 추상적인 선의 도안에서 이 같은 동일한 원초적인 한 쌍을 감지할 수 있을 것 같다. 도해 속에는 아홉 개의 삼각형이 있는데 다섯 개는 아래를 향해 있고, 네 개는 위를 향하여 서로 착종되어 있다. 아래로 향하고 있는 삼각형은 여근에 해당하는 여성의 상징으로 '샤크티'로 불리며[20] 위로

---

19) 앞의 pp. 118~131 참고.
20) 이와 마찬가지로 그리스어 사전 편집자에 의하면 희랍글자 델타는 (위를 향하고 있기는 하지만) 여성을 나타낸다: '$\Delta\acute{\epsilon}\lambda\tau\alpha, \epsilon\iota\delta\omega\lambda o\nu\ \gamma\nu\nu\alpha\chi\epsilon\tilde{\iota}o\nu$'. 더 나아가서 유럽의 점시들은 그들의 상징언어에서 여성의 성을 삼각형으로 나타냈으며 이 관계는

향한 삼각형은 남성 즉 남근으로 '불(Vahni)'이라 불린다. 바니(Vahni)는 태야스(tejas)와 동의어로 '불 같은 에너지, 태양열, 왕의 광휘, 고행자의 을씨년스런 열정, 온혈, 유기체의 체온, 남성 정자에 응축된 생명력'을 의미한다. 따라서 바니 삼각형들은 신의 남성적 본질을 의미하며 샤크티 삼각형들은 그의 배우자인 여성적 본질을 의미한다.

아홉 개의 삼각형은 절대자가 등차적인 극성들 즉 계속적인 진화의 여러 단계에서 우주적인 남성 및 여성 에너지들이 펼치는 창조적 활동을 향해 분화하고 있을 때 절대자의 원시적인 모습을 나타낸다. 가장 중요한 것은 절대자 자체 즉 참된 실체는 표상되지 않는다는 사실이다. 그것은 표상될 수 없다. 왜냐하면 그것은 형상과 공간을 초월하기 때문이다. 절대자는 정신집중하고 있는 참배자에 의해 사라져 가는 점 또는 원점 즉 교차하는 모든 삼각형의 한가운데 물방울(bindu)로서 가시화되어야 한다. 이 빈두는 동력점으로 눈에 보이지 않는, 포착하기 어려운 중심이며 이 중심으로부터 전체 도해가 팽창된다. 그리고 이제 샤크티 삼각형들 가운데 네 개가 저들의 표현된 바니 삼각형들과 연결되어 있는 반면, 다섯 번째 즉 한가운데 있는 삼각형은 눈에 보이지 않는 점과 연합하기 위해 끝까지 남아 있다. 이것은 원초적인 샤크티 즉 초월적인 시바의 배우자이며 순수한 침묵을 지키는 위대한 원천인 브라만에 대한 하나의 여성적 현현으로서의 창조적 에너지이다.

시바 샤크티의 표상과 마찬가지로 스리 얀트라는 우주적인 삶과 개체적인 삶을, 상호 협조적인 대립들의 끊임없는 상호작용으로서의 삶을 상징한다. 위에서부터 팽창하고 있는 다섯 개의 여성 삼각형과

저들 옛 조상들의 고향인 인도로부터 가져온 것이었다. 저들이 담이나 문설주에다 동료들이 그 집주인으로부터 무엇을 기대할 수 있는가를 알려 주기 위해 은밀하게 표시를 남겼던 부호들 중에서 하나나 그 이상의 삼각형을 써놓음으로써 그 집안에 있는 여성의 숫자를 알려 주었다.

아래서부터 나타나는 네 개의 남성 삼각형은 계속적인 창조의 과정을 의미한다. 거침없는 일련의 번갯불처럼 저들은 서로에게 깊이 파고들며 영원한 생식적 순간 즉 기하학적인 조화의 정적인 무늬로 표현되었음에도 불구하고 역동적인 순간을 반영한다. 이것은 추상적인 도해 속에 표상된 원형적인 신성한 암수 합체(Hieros Gamos) 또는 '신비스런 혼인'이며 세계에 대한 현상적 망상의 비밀을 푸는 열쇠이다.

4. 위대한 주

이와 똑같은 남성과 여성에 대한 양극성의 원리는 힌두 상징 예술의 장엄한 기록의 하나인 서기 8세기에 창조된 고전 시대의 걸작품 엘레판타의 시바 삼위신(Shiva-Trinity of Elephanta)에서 그 표현을 찾아볼 수 있다.(그림 33) 그것은 사원의 중심상은 아니다. 예배의 주요 대상은 돌로 된 남근이다. 그것은 본전을 둘러싸고 있는 거대한 지하 암굴방에 있는 수많은 장식 부조들 중에서 유일한 것이다. 그럼에도 불구하고 그것은 필적할 만한 상대를 찾아보기 힘든 하나의 예술 작품이다. 정확히 말하면 그 작품은 절대자가 현상적 존재의 이원성으로 전개해 나가는 신비를 표현하고 있으며 이것들은 남성과 여성의 양극성으로 의인화되고 인간의 체험에서 절정에 도달한다.

삼면상 가운데 중앙의 얼굴은 절대자의 한 표상이다. 당당하고 빼어난 신적 본질로부터 다른 두 개의 얼굴이 유래한다. 이 삼면상의 오른쪽 어깨 위로, 중심상에서부터 쉴새없이 자라나는 얼굴은 시바 즉 위대한 신(Mahādeva)의 남성적 모습(옆모습)인데――아치형의 등고선에서는 정력과 의지 그리고 반항을 읽을 수 있고, 당당함과 용맹 그리고 단련된 기질은 턱과 이마와 양미간에서 찾아볼 수 있다. 그리고 꼬아

올린 콧수염에선 남성적인 자각이 엿보인다. 이에 맞추어 중앙 얼굴의 왼쪽에는 여성적 원리의 측면이 있는데——형언할 수 없는 매력, 꽃과 열매 등 자연의 매혹적인 힘과 부드러운 우아함이 온갖 달콤함을 기약하며 부풀어올라 있다. 이 여성적인 황홀한 표면의 내부에는 감각의 온갖 기쁨이 깃들어 있으니 '영원히 여성적인 것(das Ewig-Weibliche)'이라 하겠다(불어로 파우스트를 맨 처음 번역한 Gérard de Nerval은 번역하기 어려운 이 독일말을, le charme éternel이라는 대단히 매력적인 불어 단어로 만들어 냈다).

그러나 중앙의 두상은 고고하고 꿈에 잠긴 듯한 무관심 속에 스스로 한정되어 있다. 두 개의 상반된 모습들이 펼치는 감정의 표현을 전적으로 무시하면서 무감각한 태도로 그것은 우측과 좌측에서 표하는 동작을 잠작케 한다. 중앙의 화신으로부터 계속적으로 부각되어 발달되고 있는 이들 두 개의 분화된 옆모습들은 부조로 새겨져 있는 데 반하여, 피어나온 중앙의 두상은 환조로 완전히 조각되었다. 하나의 움직일 수 없는 육중한 중앙의 형상이 숭고하고 육중한 침묵 속에 당당히 자기 몰입하고 있을 때 그것은 측면의 얼굴들의 개성있는 용모들 즉 힘과 달콤함, 공격적인 기력과 방관적 수용성의 모습을 압도하고 분해시키며 자신에게로 용해시킨다. 포용적, 불가사의한 초월적인 고요함으로 위대한 그 얼굴은 저들을 포함하며, 저들의 창조적 긴장의 효과들을 영원의 휴식 속에서 소멸시킨다. 저들의 양극성을 모른 채, 그것의 공허한 가치에 아랑곳하지 않는 강대한 중앙의 얼굴 즉 빈두의[21] 당당한 출현은 세계의 마야를 영원히 생산하고 있는 원시적, 원형적 양극성을 태연스럽게 무(無)로 돌린다. 그것은 저들의 상호작용에 의한 기쁨이나 고통을 결코 느끼지 못하는 것 같다. 또 인간의 의식 속에 반영된

---

21) Bindu: '물방울', 즉 절대자, p. 184를 참고할 것.

우주와 살아 있는 개체의 과정을 이 모호한 존재는 결코 아는 것 같지 않다. 어쨌든 그는 지고의 무관심과 무반응 속에 쉬고 있다. 그런 것과 마찬가지로 가장 깊숙한 곳에 자리잡고 있는 인간의 자아 즉 아트만은 자기의 금강석과 같은 존재를 덮고 있는 껍질들이 당하는 고통과 즐거움 즉 유기적 및 정신적 과정의 한가운데서 무관심하게 쉬고 있다.

중앙의 두상은 영원의 얼굴이다. 아무 것도 고집하지 않으면서 그것은 초월적인 조화 속에 어우러진 양편 두 존재들의 모든 힘들을 포함한다. 그것의 한결같은 침묵으로부터 시간과 생명의 모든 과정이 지속적으로 흐르며, 혹은 흐르는 것 같이 보인다. 중앙의 두상의 관점에서 본다면 흐르는 것은 하나도 없다. 영원의 얼굴의 존엄스런 실재 앞에 두 개의 선명한 부조의 옆모습은 뜬구름같이 된다. 시간과 공간을 무대로 펼쳐지는 그들의 드라마는 빛과 그림자의 유희처럼 공허한 결과가 된다. 끊임없이 흘러나오고 있는 본질에 의해서는 인정을 받지 못하면서도 오른쪽으로, 또 왼쪽으로 계속 나아가겠다고 주장하는 저들은, 하릴없이 배우들의 숫자만 무한히 늘려 가는 세계적인 구경거리의 연출자들이며 감독들이다. 저들의 제작물은 우리 무지(avidyā)의 눈에만 보이며 깨어 있는 눈앞에서 그것은 사라지고 만다. 저들은 존재하지만 동시에 존재하지 않는다. 아지랑이처럼 저들과 저들의 창조는 일다가, 흐르다, 사라진다. 개인적이든, 집단적이든, 역사적이든, 우주발생적이든 삶의 과정의 현상적인 성격은 바로 마야의 진정한 본질이다. 또 우리가 깨어 있거나 잠자고 있거나 기억하고 있거나 망각하고 있거나 행동하고 있거나 고통을 당하고 있거나 우리의 개체화되고 한정되고 소멸할 수밖에 없는 의식은, 우리의 손이 사물을 잡고 있는 동안, 자신도 모르게 손아귀에서 빠져나가는 것처럼 마야를 체험하게 된다.

그 두 개의 옆모습은 사건이다. 우주도 사건이며 개체도 사건이다. 그러나 무엇 때문에 그 사건들은 일어나는가? 그 사건들은 정말 일어나는 것인가? 중앙의 두상은 아무 것도 발생하지 않고 아무 것도 일어나지 않으며 변하는 것도 없고 다시 소멸하는 것도 없다는 영원의 진리를 밝히려 한다. 유일하게 참되며 그 자체 절대적인 신성한 본질, 우리 자신의 가장 깊숙한 곳에 자리잡고 있는 지고의 자아는 일체의 모든 것을 포함하고 있는 자신의 전지전능의 숭엄한 공허 속에 골몰해 있는 자체 속에 머무르고 있다. 이것이 바로 아트만과 브라만의 초상화이다. 그리고 마야의 역설이 여기 존재한다. 우주와 우리들의 개성은 중앙의 두상으로부터 나왔음에도 그것에 의해 무시당하고 있는 이들 남성과 여성의 옆모습의 현상적 출현이 참인 것처럼 실재적이지만 그보다 더 현실적인 것은 아니다. 브라만과 마야는 공존한다. 마야는 브라만의 계속적인 자기 현현이고 자기 위장이며 브라만의 자기 계시는 다섯 가지의 색깔을 띠지만 장막에 가려 있는 비밀이다. 이런고로 일체의 소멸하는 것들의 존엄성은 같은 수준에 있다. 그것이 바로 저들을 모두 합친 것을 마야 샤크티 데비(Māyā Shakti-Devī)라는 공식 아래 지고의 여신과, 제신의 어머니와 생명의 에너지 그리고 피조물로서 경배하는 이유인 것이다.

5. 시바의 춤

남근의 주이고 샤크티 데비의 남편인 시바는 또한 나타라자(Nataraja), 즉 '무용수의 왕'이다.

춤은 주술의 옛 형식이다. 무용수는 범상한 힘을 부여받은 존재로 증폭되며 그의 성격은 변형된다. 요가와 마찬가지로 춤은 황홀경과 무아경, 신의 체험과 자신의 신비스런 본성의 실현을 또 최종적으로 신적인 본질에의 몰입을 가져온다. 그 결과 인도에서 춤은 명상의 행로

——단식, 단전호흡, 완전무결한 내향성——의 지독한 엄격성과 함께 번창하였다. 다른 사람에게 주술과 마법을 행하기 위해서는 우선 자기 자신에게 마술을 걸어야 한다. 그리고 이것은 기도와 단식과 명상에서와 마찬가지로 춤에도 도움이 된다. 그러므로 신들 중 제1의 행자인 시바는 필히 춤의 대가이어야 한다.

　무언 동작의 춤은 무희로 하여금 그가 분장하는 악마나 신 또는 이승의 존재로 변화시키기 위한 것이다. 예를 들어 전쟁의 춤은 춤을 추는 남자들로 하여금 전사들로 화하게 하는데 여기서 춤은 도전 능력을 자극시켜 두려움을 모르는 영웅으로 만든다. 그리고 사냥꾼들의 춤극은 사냥꾼에게 주술적으로 사냥의 성공을 내다보고 확신케 하여 저들로 하여금 실수를 범하지 않는 사냥인으로 만든다. 풍작에 관여하는 자연의 힘들을 수면 상태로부터 끌어내기 위해서 무용사는 초목과 성욕과 비의 신들을 흉내낸다.

　춤은 하나의 창조 행위이다. 춤은 새로운 상황을 만들어 내고 무용사의 몸과 마음에 새롭고 보다 높은 존재를 불러들인다. 춤은 우주 발생 당시 세계를 만들어 냈을 잠자는 에너지를 일깨우는 천지창조적 기능을 갖는다. 시바는 우주적 규모에서의 우주적 무용수라 하겠는데 그는 자신의 '춤추는 현현(nṛityamūrti)'에서 자기를 구체적으로 나타내며 동시에 영원한 에너지에 대한 현현을 묘사한다. 그의 광기어린, 그칠 줄 모르는 동작의 선회 속에 끌어모으고 투사시킨 힘들은 세계의 진화와 유지 및 소멸의 힘들이다. 자연과 자연의 모든 피조물들은 그의 영원한 춤의 결과들이다.

　시바 나타라자는 서기 10~12세기 남부 인도의 일련의 아름다운 청동상들에 표상되어 있다.(그림 38) 이들 상들의 세부적인 것들은 복잡한 회화적 은유의 용어로 힌두 전통에 따라 해석되어야 한다. 오른쪽 윗부분의 손은 모래시계 모양의 소고를 가지고 있는 것이 보이는데 이것은 장단을 맞추기 위한 것이다. 이것은 언사의 전달수단이며 계시와 전승과 주문과 주술 및 신적인 진리를 전달하는 수단인 소리를 뜻한다. 게다가 인도에서는 소리가 다섯(五大) 원소 중 첫번째 요소인 에테르와 연관되어 있다. 에테르는 신적인 실체의 근원적인 현현인 동시에 가장 정묘하게 편재되어 있는 현현이다. 그것으로부터 우주 진화의 모든 다른 요소들 즉 공기, 불, 물 그리고 흙이 전개된다. 따라서 소리와 에테르는 함께 태초의 우주 발생적 힘 속에 있는 절대자의 생산적 에너지인 최초의 진리를 잉태한 창조의 순간을 의미한다.

반대쪽 손 즉 왼편의 위쪽 손은 손가락들을 반달 모양을 취하고 (ardhacandra-mudrā) 손바닥 위엔 널름거리는 불길을 가지고 있다. 불은 세상을 파괴하는 요소이다. 칼리 유가가 끝날 때 불은 창조의 몸체를 파괴하고 자신도 공허의 대양에 의해 꺼져 버리고 말게 될 것이다. 그리고 여기 손들의 평균운동에는 우주적 무용의 경쾌한 움직임 속에 전개되는 창조와 파괴의 균형이 그려져 있다. 상반되는 것들의 무자비성으로서 초월적인 존재는 불가사의한 대가의 가면을 통하여 만족할 줄 모르는 절멸의 탐욕에 반하여 끊임없는 생산을, 불꽃에 반하여 소리를 보여 준다. 그리고 소름끼치는 상호 작용의 무대는 신의 춤으로 찬란하게 빛나는 무시무시한 우주의 무도장이다.

오른편의 두 번째 손은 보호와 평화를 가져다 주는 '두려워 말라'는 동작(abhaya-mudrā)을 취하고 나머지 왼편의 또 한손은 가슴으로 비껴 올려 쳐들고 있는 발을 가리키고 있다. 이 발은 해방을 나타내며 참배자의 피난처와 구원이다. 절대자와의 합일에 도달하기 위해 경배드리지 않으면 안된다. 그 발을 가리키고 있는 손은 코끼리(gaja-hasta-mudrā)의 길게 뻗은 코 또는 '손'을 모방하는 포즈를 취하고 있는데 그것은 시바의 아들, 장애물을 제거하는 자 가네샤를 상기시켜 준다.

그 신은 난쟁이 악마의 구부린 몸뚱이 위에서 춤추는 것으로 표상되고 있다. 이것은 아파스마라 푸루샤(Apasmāra Purusha) 즉 '건망증 또는 부주의(apasmāra)라 불리는 사람 또는 악마(puruṣa)'이다.[22] 이것은 삶의 맹목성과 인간의 무지에 대한 상징이다. 이 악마의 정복은 참된 지혜의 획득 여하에 달려 있다. 악마를 정복함으로써 세계 굴레로부터의 해방이 있게 된다.

불꽃과 빛의 고리(prabhā-maṇḍala)가 신으로부터 나와서 신을 둘러싼다. 이것은 그 속에서 춤추는 신에 의해 움직여진 자연의 춤 즉 우주의 약동적인 과정과 그것의 피조물들을 의미한다고들 한다. 동시에 이것은 삼라만상의 화신으로부터 흘러나와 춤추는 지혜의 에너지 즉 진리에 대한 지식의 초월적인 빛을 의미하는 것으로도 이야기된다. 이 불꽃의 후광에 부여된 또 다른 비유적 의미는 성스러운 음절(梵音節, 種字) AUM 또는 OM의 의미이다.[23] 이 신비스런 발성('예', '아멘')은 베다의 찬미와 주문의 신성한 언어로부터 유래되는데, 창조의 완전성에 대한 표현과 긍정으로써 이해된다. A는 조야한 경험의 세계와 함께 깨어나는 의식의 상태이다. U는 꿈의 미묘한 형태에 대한 경험과 더불어 꿈꾸는 의식의 상태이다. M은 꿈꾸지 않는 깊은 잠, 잠잠하고 미분화된 의식의 자연적 상태로, 이때의 모든 경험은 행복한 비경험인 잠재적인 의식의 덩어리로 용해된다. A와 U와 M의 발음 뒤에 따르는 침묵은 궁극적인 신비이며 그 곳에서 완전에 가까운 초의식(supra-consciousness)은 순수한 선험적인 신적 실재의 본질을 고스란히 반영하고 그것과 더불어 연합한다. 이때 브라만은 아트만 즉 자아로서 체험된다. 그러므로 AUM은 주위를 에워싼 침묵과 더불어 의식 존재의

---

22) Tamill에선 그 이름이 무야라카(muyalaka)이며 부주의나 건망증을 의미한다.
23) A와 U는 합쳐서 O가 된다.

전체에 대한 하나의 발음 상징이며 동시에 그것의 자발적인 긍정이다.

불꽃 고리의 기원은 시바 루드라의 파괴적인 측면에 있는 것 같다. 그러나 시바의 파괴는 결국 해방과 동일하다.

우주적 무용수로서 시바는 그의 다섯 가지 활동(pañca-kriya)에서 볼 때 영원한 에너지의 구현이며 현현이다. 그의 다섯 가지 활동이란 (1) 창조(sṛiṣṭi) 즉 앞으로 내뿜고 전개하는 활동, (2) 유지(sthiti), 지속 활동, (3) 파괴(saṁhāra), 다시 빼앗음과 재흡수, (4) 은폐(tiro-bhāva) 즉 허깨비의 탈과 의상 뒤로 참된 존재를 가림과 무관심, 마야의 전개, (5) 호의(anugraha), 참배자의 용납, 행자의 경건한 노력에 대한 인정, 계시적 현현을 통한 평화의 수여 같은 것이다. 앞의 세 항목과 뒤의 두 항목은 협조적이고 상호 반대되는 군으로서 잘 어울린다. 그 신은 그것들 모두를 보여 준다. 그리고 신은 이것들을 동시에 보여 줄 뿐만 아니라 차례차례 보여 준다. 이것들은 그의 손과 발의 놀림에 상징적으로 나타나 있다.——위의 세 손은 각기 '창조'와 '유지'와 '파괴'를 의미하며 망각 속에 묻혀 있는 발은 '은폐'를, 올려 든 발은 '호의'를 의미하며 '코끼리 손'은 전자의 세 항과 후자의 두 항의 연결을 의미하며 그 관계를 경험하는 영혼에게 평화를 약속한다. 일체의 다섯 가지 활동은 매 순간순간의 고동과 동시에 그리고 시간의 변화를 통한 순서에 입각해서 행해지고 현현된다.

엘레판타의 시바 삼신상에서 창조적인 힘의 양극성을 표상하는 두 개의 인상적인 옆얼굴은 절대자의 침묵을 나타내는 단일의 말없는 중앙의 두상을 중심으로 서로 반대편에 놓여 있다. 그리고 우리는 이 상징적인 관계를 영원과 시간의 역설을 웅변적으로 설명해 주는 것으로서 해독하였는데 잔잔한 대양과 굽이쳐 흘러내리는 냇물은 결국 별개의 것이 아니며, 불멸의 자아와 유한한 존재는 본질에서 동일하다. 이 놀라운 교훈은 시바 나타라자의 조상에서도 읽을 수 있다. 거기서 요동하는 수족들의 끊임없는 득의에 찬 움직임은 두상의 균형과 가면처럼 꼼짝도 않는 얼굴의 표정과 격심한 대조를 나타내고 있다. 시바는 칼라 즉 '검은 분', '시간'이다. 그러나 그는 또한 마하 칼라 즉 '거대한 시간', '영원'이다. 무용수의 왕인 나타라자로서 그의 거칠면서도 우아한 동작은 우주적 환상을 마구 재촉한다. 그의 휘날리는 수족과 몸체의 놀림은 참으로 우주의 계속적인 창조와 파괴, 탄생과 죽음을, 모든 발생과 절멸을 보여 준다. 무용은 시간의 소용돌이이다. 역사와 역사의 폐허 그리고 태양들의 폭발은 지칠 줄 모르는 경쾌한 연속 동작들로부터 눈에 비치는 순간적 장면들이다. 중세의 청동제 소입상들에서는 단일 위상이나 움직임뿐만이 아니라, 우주적인 무용의 총체가 기적적으로 묘사되어 있다. 대유가들(Mahāyagas)이나 거대한 영겁의 머무를 수 없는 불가역적인 순환 속에서 계속 움직이고 있는 주기적인 리듬은 대가의 발꿈치를 치고 구르는 동작으로 표시된다. 그러나 그러는 동안에도 그의 얼굴은 지극히 평온해 보인다.

평온함에 빠져 있는 불가사의한 가면은 네 개의 발랄한 팔들의 소용돌이치는 움직임이 미치지 못하는 위쪽에 존재하고 있으며 멋진 다리들이 맞춰 대는 세계 연륜의 박자에 대해 전혀 개의치 않는다. 지극한 침묵 속에 초연해 있는 신의 영원한 본질의 가면은 그 자신의 에너지에 대한 어마어마한 과시 즉 세계와 그 변천 과정, 시간의 흐름과 변화에 의해 전혀 영향을 받지 않고 태연자약하다. 이 두상, 이 얼굴, 이 가면은 무사태평한 구경꾼으로서 초월적 고립 상태에 머물고 있다. 이 가면의 안으로 향한 미소는 자기 도취의 행복감에 사로잡혀 있고 거의 눈치채기 어렵게 빈정대는 투로, 팔다리의 의미있는 동작들을 교묘히 거부한다. 춤의 진기함과 일부러 지은 듯한 무표정한 얼굴의 잔잔한 고요 사이에는 긴장이 맴도는데 이 긴장이란, 말하자면 영원과 시간의 긴장이며 절대와 현상, 불멸의 자아와 사멸하는 영혼, 브라만 아트만과 마야의――침묵 속의 상호 부정적인――역설이다. 왜냐하면 어느 한쪽도 완전한 것으로 보이지 않는 반면에 이 두 가지 즉 눈에 보이지 않는 것과 보이는 것들은 가장 순수한 본질상 동일한 것이기 때문이다. 인간은 그의 타고난 개성의 소질에도 불구하고 초조와 즐거운 마음으로 이원성에 집착하고 있다. 그럼에도 불구하고 실제적으로 또 궁극적으로 이원성이란 존재하지 않는다. 무지, 열정, 자만은 최상의 본질(수정같이 맑고 시간과 변화를 초월한, 고통과 멍에로부터 벗어난)에 대한 경험을 개체적인 존재들의 한 세계에 대한 보편적인 환상으로 분해하고 만다. 이 세계는 그 자체의 온갖 유동성에도 불구하고 존재하며――또 영원히 존재할 것이다.

남부 인도의 춤추는 청동상들은 온갖 체험과 감정에 넋을 잃은 인물과 조용히 모든 것을 알고 있는 자아와의 역설적인 동일성을 강조하고 있다. 이들 상에서 행복에 겨워 꿈꾸는 조용한 얼굴의 표정과 수족들의 열정적인 기민성을 대조해 볼 때, 이해할 만한 사람들에게 절대자와 그의 마야는 단일한 초이원적인 형상으로서 나타난다. 바로 이들 요동하는 수족들의 활력과 이 수족들을 날뛰게 하는 무용수의 완전한 무관심이 하나이고 동일하듯이 우리들과 신은 하나이고 동일하다.

그러나 남부 인도의 청동상들에 표상되어 있듯이 아직 무용의 신에 관해 할 얘기가 많이 남아 있다.

시바의 머릿단은 길고 헝클어져 있다. 일부는 치렁치렁 늘어지고 일부는 피라미드와 마찬가지로 겹쳐서 쌓아올렸다. 이것은 바로 신들 가운데서 전형적인 행자의 머리 모양이다. 주술의 힘을 발휘하고 있는 범상한 생명 에너지는 이렇듯 가위질을 당한 적이 없이 자란 머리털에 있다. 마찬가지로 사자의 턱을 맨손으로 찢고 이교도 신전의 지붕을 짓눌러 버린 삼손의 그 유명한 힘도 그의 잘리지 않은 머리털에 있었다.──나아가서 공연무대에서 마술을 부리는 주술가들이나 진기한 주문에 따라 등장하는 요정들과 악마들을 생각할 때 신기에 가까운 음악의 연주는 사자의 갈기를 한 거장을 요구할 것이다. 여성의 영원한 성적 매력과 육감적 호소력이 아름다운 머리칼에서 풍겨나오는 향기와 번들거리며 나부끼는 머릿결에 있음은 두말할 나위도 없다. 한편 완전한 금욕주의의 정신적 행로로 들어가기 위해 생명과 성, 대지 및 자연의 생식 원리에 저항하여 동식물 영역의 번식력을 포기하는 사람은 누구나 우선 삭발을 해야 한다. 머리카락이 빠져 이제 더 이상 세대의 사슬 속에서 고리의 역할을 할 수 없는 노인네의 불임성을 흉내내야 한다. 그는 냉정하게 무성한 머리털을 희생 제물로 바쳐야 한다.

기독교 사제와 수도승의 삭발은 바로 이러한 육체 포기의 징표이다 (결혼이 성직과 모순되지 않는다고 여기는 교파의 성직자는 삭발을 하지 않는다). 불교의 성자 행자들과 원로들은 예를 들어 수많은 중국의 나한(羅漢)의[24] 초상들에서 묘사되고 있는 것처럼 머리를 완전히 삭발하고 있다. 그러한 삭발머리는 마야의 생명순환의 생식적 충동의 '유혹'에[25] 대한 도전을 암시한다. 요가 정신성의 승리를 표상하는 이들 '가치있는 자들'은 수도사적 맹세를 하고 금욕적 신조를 따름으로써 모든 유혹을 극복했다. 저들은 자발적으로 삭발을 함으로써 성장과 변화의 계절을 초월한 평화의 상태로 들어간다. 그림 49에 묘사된 중국 불교 원로의 얼굴에 나타난 득의에 찬 표정은 거의 초인적이다. 그것은

---

24) 중국어인 나한(lohan)은 산스크리트어인 아라한(阿羅漢, arhant, arahant)으로부터 유래한 것으로 일본어에선 라칸이 된다. [어근인 아르(arh)는 '유능한, 자격있는, 가치있는'이라는 뜻이며, 리그베다와 브라마나스에서 아라하나(arhana) 즉 자격, 가치는 불멸성에 대한 전제조건이며 태양문에의 입행 허가의 필수조건이다. 불교에서 아르하타(arhatta) 즉 아라한이 되는 상태, 행위에 있어 완전함은 불성과 동등하다.──AKC]
25) 라틴어의 fascinosum은 원래 문자 그대로 미각의 영역 즉 성의 매혹적 방향── 예를 들어 꽃봉오리를 열고 수정을 기다리는 꽃의 향기를 말한다.

조용하고 도덕적인 자아 정복과 비상한 요가 능력의 매력에 불꽃을 일으킴으로써 얻게 될 힘에 대해서 말한다. 이것은 세계를 얽어 매고 있는 족쇄를 절단한 자, 노예 같은 삶의 끝없이 지속되는 의미없는 자체의 반복을 초월한 자, 차별하는 지식의 날카로운 검을 장악하고 인류를 식물계와 동물계의 충동과 필연성에 얽어 매는 모든 속박으로부터 자신을 해방한 자에 대한 상상적인 초상화이다. 이 '가치있는 자'는 자기를 정복함으로써 엄청난 힘을 얻었다. 우리는 바그너가 〈니벨룽겐의 반지〉에서 들려 준 신들과 거인들과 니벨룽의 난쟁이들의 우렁찬 테마 음악을 엿들을 수 있다. 즉 "오직 사랑과 성의 힘과 주문을 거부하는 자만이(Nur wer der Minne Macht entsagt……) 엄청난 힘을 부여해 주는 반지를 얻을 것이니라."

자연의 굴레와 질서로부터 해방되고자 노력하는 인도의 고행자는 그가 불교도이든, 자이나 교도이든, 또는 바라문이든——오로지 정신적인 뜻으로만 해석할 때에——맹렬한 자기 고행에 의해 자기들의 인내심과 의지력을 시험하고 엄청나게 증강시킴으로써 세계에서 잔인무도한 힘을 얻고자 애쓰는 저들 거인 신화 속에 등장하는 악마들의 상대역이다. 정신적인 사람은 그가 우주를 지배하는 목표를 동경하며 또 그 목표를 향해 나아가고 있음에도 불구하고 물질적인 우주를 지배하려는 유혹을 훨씬 초월하고 있다. 부처는 세계의 황제(cakravartin)였다. 그러나 그것은 어디까지나 정신적인 의미에서지 정치적이거나 물리적인 차원에서 말하는 것은 아니다. 그리고 지배에 대한 선행 조건은 정복자들에 의해 입증된 것처럼 영적이든, 정치적이든, 혹은 성자다운 것이든, 거인적인 것이든 바그너의 보물을 지키는 난쟁이(Alberich) 즉 니벨룽의 법칙이다. 행자들과 폭군들 모두 라인 강 딸들의 가르침을 배웠는 바, 저들 신적인 처녀들은 영원한 우주적 바다의 원초적인 지혜——비스듬히 누워 계신 비쉬누의 지혜——를 말해 준다. 즉 사랑의 힘을 단념하는 자만이(Nur wer der Minne Macht entsagt)······라고.

　삭발의 중요성에 대한 교훈은 부처의 '사문 출가(mahā-abhiniṣkram-aṇa)에 대한 이야기에서 나온 것이라 하겠다. 그는 마지막 화신(化身, 그가 화신하여 있는 동안 그는 보살로서 깨달음에 이르러 부처 즉 만유의 구세주가 되었다)을 시작하여 왕가의 아들로서 태어났다. 그러나 그의 아버지는 이 예민한 청년을 모든 환멸의 위험으로부터 보호하여 그가 세상에 머물면서 강대한 왕 즉 '전륜성왕(cakravartin)'이 되기를 바랐으므로 그의 눈이 인간 존재의 비참한 측면을 조금도 보지 못하도록 유의했다. 그러나 때가 이르매 징조가 나타났다. 그의 매혹적인 궁전의 쾌락적 전원 풍경으로부터 벗어나 네 번에 걸쳐 인간들의 현실생활 세계로 산보를 하는 동안, 이 감수성이 예민하고 극도로 눈치가 빠른 젊은 왕자는 첫번째는 늙은이를, 다음엔 병들어 몸이 만신창이가 된 사람을, 그 다음엔 시체를 그리고 마지막에는 세계와 인연을 끊고 고행하는 현자를 보게 되었다. 즉각적으로 그는 인생의 수호신으로부터[26] 이들 지식을 파악하고 받아들였다. 고행자를 보는 순간 그는 영감을 받고 그날 밤으로 아버지의 궁전을 떠난다. 땅의 수호신은 그의 말발굽을 떠받쳐 주어 말발굽 소리가 잠이 든 도시를 깨우지 않도록 도와 주었다. 그의 충실한 마부는 앞서 갔다. 저택의 수호신은 소리없이 환호하듯이 수도의 문들을 활짝 열어 주었다. 그리고 말을 탄 자는 부친 왕국의 넓은 국경의 강을 뛰어넘어 인간과 신들에게 구원의 깨달음을 가져오게 될 모험의 길을 떠난다.

---

26) 인생의 수호신은 모든 가능한 지식과 계시 및 메시지를 항상 전달하고 있다. 그러나 바로 이 수호신은 자연의 양상을 빙자하여 우리들에게 날 때부터 눈멈과 귀멈(avidyā, nescience, māyā)이라는 귀한 선물을 주어, 우리로 하여금 WOB라는 주파, 즉 부처의 지혜(Wisdom of the Buddha)에 주파수를 맞출 수 없게 하였다. 이 주파수를 맞추는 문제는 우리들에게 어려운 문제로 남아 있다.

수업 중에 울타리를 뛰쳐 나온 부처의 첫번째 행동은 이방 미얀마인의 도시에 있는 큰 아난다 사원의 두 개의 11세기 초상들 속에서 묘사되고 있다.(그림 44, 45) 그는 자신의 길고 아름다운 머리칼을 궁중의 칼로 자른다.[27] 기원전 1세기 세일론에서 씌어진 가장 오래된 정전으로 인정되는 불교의 기록인 팔리 경전(Pāli Canon)에서 이 사건은 다음과 같이 훌륭하게 묘사되어 있다.[28]

'내 머리털은 수도승에 어울리지 않는다. 허나 미래 부처의 머리털을 자름에 합당한 사람이 아무도 없으니 내 스스로 나의 칼로 자르련다.' 이렇게 생각한 그는 오른손으로 신월도를 쥐고 왼손으로 자기의 상투를 잡아 머리띠와 함께 잘라 버렸다. 이렇게 해서 그의 머리칼은 두 손가락 너비의 길이로 남아, 그의 머리에 납작 붙어 오른쪽으로 말려 뉘어졌다. 그가 살아있는 동안 그의 머리카락은 그 정도의 길이로 남아 있었으며 수염도 알맞게 나 있었다. 그 후로는 한번도 머리카락이나 수염을 깎지 않았다.

그런 다음 미래의 부처는 그의 상투와 머리띠를 손에 쥐고 허공에 던지며 말했다.

"만일 내가 부처가 될 것이라면 공중에 그대로 머물러 있거라. 그러나 부처가 되지 못할 거라면 땅에 떨어져라."

그 상투와 보석이 박힌 두건은 허공에서 3마일 가량 멀리 떠오르더니 그 곳에서 멈췄다. 제신의 왕 사카(Sakka)는[29] 그것들을 그의 신적

---

27) 〔많은 다른 구두상의 공식과 시각적인 종교 형식처럼 보살의 삭발 의식은 바라문교의 선례를 따랐다. "저들은 '보다 신속하게 천계에 도달할 것이다'고 생각하면서 좋은 성과를 얻기 위해 상투를 잘랐다(Taittirīya Samhitā. Ⅶ. 4. 9.)."──AKC〕
28) 팔리어로 된 책 Introduction to the Jataka, i. 64~65를 번역한 Henry Clarke의 Buddhism in Translations(Harvard Oriental Series, 3) Cambridge, Mass : Harvard University Press, 1896, p. 66을 발행인의 허락을 얻어 여기에 수록함.
29) 사카(팔리어)는 산스크리트어의 사크라(śakra) 즉 인드라신에 해당한다. 상투를 받고 있는 사카는 그림 45의 상단 왼쪽 모퉁이에 날고 있는 인물로 표현되었다.

인 눈으로 감지하고 그것들을 합당한 보석 박힌 상자에 받아넣고 '왕관의 성소'로서 33신의 하늘에 그것을 안치했다.

> 많은 싱그러운 향기로 달콤했던
> 머리털을 깎고
> 사람들 가운데 이 으뜸이 되는 자는
> 그것을 하늘 높이 던졌으니
> 천의 눈을 가진 바사바 신은 하늘에서
> 황금 상자 속에 그것을 받아들이며
> 머리 숙여 절하네.

그림 44는 보살이 자신의 칼로 스스로 머리털을 자르는 것을 보여준다. 그림 45에서 그는 공중에 던지기 직전 보석이 박힌 머리띠와 더불어 상투를 두 손으로 받들며 정신을 집중하여 기원을 드린다. "내가 부처가 될 것이라면 저들을 하늘에 머물게 할지어다······"라고. 인드라는 자신의 천상낙원, 즉 33신천으로 보석 박힌 상자를 경건하게 들고 날아 올라간다. 그 속에는 정신적인 깨달음 즉 지고의 체념으로 향한 결정적 일보를 의미하는 매우 값진 유물이 들어 있다. 오른편에 기쁨과 경배의 자세를 하고 있는 여성 인물은 인드라의 배우자인 여왕으로서 그의 샤크티 혹은 구체화된 에너지이며 신들의 여왕인 인드라니 샤키(Indrānī-Shachī)임에 틀림없다.

연화좌(Padmāsana) 테두리 밑의 대좌 기저에는 충성스런 조신이며 마부인 차나(Channa)가 그려져 있다. 차나는 그의 주인이 출가하기로 결정하고 첫발을 내디딜 때 보살이 거처하는 방 문간에서 임무 중 잠이 들어 있었다. 그는 주인을 수행하여 말, 칸타카(Kanthaka)의 고삐를 이끌고 갔다. 이제 차나에게 남은 유일한 역할은 궁전으로 되돌아가 부모님들에게 저들의 아들은 영영 돌아올 수 없다는 것을 알리는 일뿐이다. 왕자는 그의 왕자로서의 지위를 포기하였다. 보살은 이름도 없는 익명의 고행자가 되어 정처없는 길로 들어섰다. 고타마가 추구하는 것은 이제 생과 사의 순환을 넘어선 절대자가 되는 것이다.

미래의 부처는 삭발을 하고 왕실의 옷을 벗어 고행하는 걸인의 오렌지색 옷으로[30] 갈아입은 후 그의 충복 마부를 물러가게 하였다. "차나야, 나의 부모님께 가서 내가 잘 있다고 전해다오." 차나는 미래의 부처에게 복종하여 그의 오른쪽을 부처를 향하게 하면서 떠났다.[31] 말 칸타카는 줄곧 이야기하는 것을 듣고만 있었으나 그의 슬픔을 견딜 수 없었다. 그 말은 부처로부터 멀리 떠나 주인이 보이지 않게 되자 "내 주인을 더 이상 볼 수 없다니" 하는 생각에 그만 가슴이 터져 죽었다. 그 말은 33신의 하늘에서 칸타카 신으로서 다시 태어났다. 이 에피소드는 대좌에 왜소한 말의 형상을 그림으로써 매우 민감한 형태로 암시되고 있다. 안장은 지고 있으나 더 이상 주인을 태우지 못하는 이 멋진 동물의 노골적인 낙심과[32] 어수룩하면서도 뭔가 할 말이 많은 듯한 구부린 머리 그리고 뭔가 반항하는 자세로 오른발을 치켜들고 애원하는 이러한 표현들은 말하자면 삶의 형식들에 대한 신중하고 섬세하며 풍부한 표현, 생기있고 깊은 애정이 넘치는 인도인의 동작언어의 매혹적인 실례이다.

---

30) 인간 사회의 테두리 밖에 있는 자들은 자발적으로 오렌지 색깔의 옷을 입었는데 이것은 애초에 사형 집행장으로 끌려가는 죄수에게 입혔던 것이다. 〔그것은 마치 북인도의 무사계급인 Rajput 기사가 대항하기 어려웠던 적진을 향해 죽음을 각오하고 출전할 때 입었던 하나의 종교적인 노란색 의상과 같다. '유기자'가 된 자에게는 장례의식이 행해졌었다. Sannyāsī란 수피들(Sūfis)이 이른바 '걸어다니는 死者'이다.——AKC〕
31) 이것은 존경받는 인물, 힌두교의 교사(guru), 성자, 우상, 신 혹은 예배의 대상에 가까이 가거나 물러날 때 표하는 보통 제의적인 방식이다.
32) 〔'말'은 유형의 운반구에 대한 상징이며 기수는 정신의 상징이다. 후자가 화신의 마지막 단계에 도달하면 안장은 비어 있게 되고 운반구는 필연적으로 죽는다. 보살

그림 46은 기원전 2세기 불교 성지 바르후트의 폐허 가운데서 발견된 기둥의 세부 묘사이다. 그것은 정당함이 입증된 관모를 모실 성소를 낙성하는 순간의 인드라 왕국의 한 표현이다. 왼쪽 상부에는 '신들 가운데 깨달은 자의 참된 법에 대한 전당, 머리 타래의 축제(devadhammā sabhā bhagavato cūḍā-maha)'라는 글씨가 새겨진 새로 세운 반구형의 성궤가 묘사되어 있다. 양편의 두 신은 경배하는 자세를 취하고 있다. 오른손을 쳐든 왼편의 신은 성골함 밑에 연꽃을 던져 헌납하고 있는데 이것은 "어느 누구도 신의 존재(우상이나 그 밖의 숭배 대상) 앞에 한줌의 꽃(puṣpāñjali)을 헌납하지 않고 가까이 갈 수 없다"고 하는 비베다적 인도인의 훈령에 따른 것 같다. 천상 저택의 다른 거주자들은 기뻐하며 열심히 하늘 왕궁의 창문과 테라스를 통해 이 의식을 바라보고 있다. 아랫부분에는 천녀들인 인드라 왕궁 내의 무희들과 가수들인 소위 천상의 요정들(Apsarases)이 음악에 맞추어 춤을 춤으로 해서 이 의식에 한몫을 하고 있다. 이들 영원히 젊고 매력적인 천녀들은 인드라 낙원의 주민들의 하렘(Seraglio)을 이룬다. 저들은 덕스럽고 헌신적인 행위로 인해 인드라의 천계에 다시 태어난 복된 영혼들에게 상으로 베풀어진, 영원히 아름답고 매혹적인 연인들이다. 천상의 요정들은 신적인 차원에서 그리고 순수한 천상적 조화 속에서 관능적 즐거움과 호색적 기쁨을 완전하게 제공하는 자들이다. 저들은 관능적 사랑의 탈세속적 자질을 지닌 즉 세상의 사랑과 다르고 그에 상반되는 신적인 사랑의[33] 화신이다. 세상의 사랑은 본질적으로 연인들간의 극적인 일들과 긴장, 오해와 다툼 그리고 화해와 같은 것들로 가득 차 있으며, 완전하다 할 결혼이라는 해결책에서조차 본질적인 고귀하면서도

의 체념은 다른 모든 sannyāsī의 체념과 마찬가지로 사실상의 죽음이다.——AKC]
33) 예를 들어 티치아노의 유명한 그림인 "성스러운 사랑과 세속적 사랑"에 나타나 있다.

의무적인 체념에 대해서 사사로운 양상을 거의 피할 수가 없다. 천상의 요정들은 '자연의 순진성', '눈물없는 기쁨', '자책과 회의 또는 그로 인한 불안이 따르지 않는 관능의 극치'를 나타낸다. 그들은 이성간의 상호 이끌림이라는 언제 보아도 새롭다 할 고래로부터의 신비를 전하는 여사제들이며 이러한 신비의 불가사의한 본성──그것의 다채로운 단조로움과 반복적인 지루함 그리고 터무니없는 모순──에 대한 찬양과 통찰에 이르는 다양한 행위들의 비법 전수자들이다. 그런데 바로 이들 자연과 생명의 힘들은 미래 부처의 숭고한 희생과 정복에 갈채를 보내는데 사실 부처의 승리는 저들 자신의 힘과 존재를 부정하고 폐지시키는 것이다. 저들은 결국 일체의 하늘과 지옥 그리고 그 안에 사는 모든 매혹적이거나 무시무시한 거주자들까지도 무의미하게 만들고 폐지시키며, 그저 무산시킬 부처의 결정적인 첫걸음, 즉 머리카락을 자르고 자기 극복이라는 모험의 길을 떠나려는 그의 결심을 신성한 것으로 받들어 숭배한다.──부처의 결심은 저들에게 모든 것은 우리 자신의 무위도식적이며 동물적이고 감정적 지성적인 성향들의 많은 투사들, 신기루들, 외적인 표출들에 지나지 않는다는 사실을 보여준다.

　초기의 기록들 속에서 우리는 미래의 부처가 '그토록 달콤하고 싱그러운 향내를 풍기는' 머리털을 자르자 남은 머리칼은 '두 개의 손가락 너비의 길이로 남았고 머리에 찰싹 붙어 오른쪽으로 말려 뉘어졌다'는 것을 읽게 된다. 깎여진 곱슬머리털은 오늘날까지도 부처의 상에 대해 교리로 인정하는 머리 모양이다. 18세기 자바의 고전 불교미술에 있어서 이 정칙은 성실하게 지켜지고 있다. 보로보두르(Borobodur)의 거대한 만다라 영조물의 상부 회랑과 테라스들에 줄지어 서 있는 속세를 초월한 영원한 부처의 조각상들은 그것을 입증하고 있다. 또 캄보디아의 고대 태국과 크메르의 작품들 속에서도 또한 이 모티브가 확고히 또 기술적으로 사용되었다. 가장 우수한 작품들 속에서 그것은 인상적일 만큼 추상적이고도 익명적인 단순한, 장식적인 표면으로 전환된다. 예를 들어 파리에서 있었던 한 전시회에서 내가 본 가면 같은 어떤 부처 두상은 가장 큰 영감을 안겨 주는 구도를 이룬다.(그림 48) 이 작품은 손바닥 크기의 것으로 시간과 먼지와 비에 부식되어 가을의 낙엽처럼 바스라질 것처럼 얇았다. 그것은 가장 멋지고 엄숙한 부처의 마스크들 중 하나라 하겠는데 그 침착성과 침묵은 숨막힐 정도로 잘 묘사되어 있다. 모든 피조물들의 고통을 꿰뚫어 보고 그 원인을 감지하면서 그 얼굴은 고통을 초월해 있다. 그것은 구속하는 지혜를 나타낸다. 그 자체가 고통의 뿌리라고 할 수 있는 모든 일시적인 존재들과 사물들의 허약함이 형언할 수 없는 이 얼굴에 속속들이 스며들어 그 모습을 바꾸어 놓았으며 거의 망가질 지경에 이르렀다. 그러나 이 부서질 듯한 얇은 금속 조각은 그나마 유약성의 요인이 보태져 더 한층 그 표현이 과장되어 보이는데 그 모습에 나타난 장엄한 무관심과 침착성은 고통과 쇠망의 힘들을 일소하고 있다. 부처의 지혜가 구속을 가져다 주는 비참한 삼사라 세계에 대해 파괴와 최후의 심판을 집행하는 시간의 냉혹한 과정은 이름을 알 수 없는 예술가의 영감과 합작하여 인간 정신의 귀중한 기록에 마지막 손질을 가하고 있는 것이다.

 캄보디아로부터 유래된 또 다른 부처 두상이 그림 50에 나타나 있다. 이것은 거의 초상화에 가깝다고 할 수 있는 작품이다. 그러나 이 작품에는 인상적인 세부 사항들에 대한 능란한 생략에 의해 초래된 장엄하고 천상적인 선율과 부드러운 음악성이 감돌고 있다. 특히 두개골과 머리칼을 다룬 솜씨로부터는 부드럽게 울려퍼지는 침묵이 흘러나오고 있다. 최초로 파리의 귀메(Guimet) 박물관에 수장된 캄보디아의 대작들 중에 이 불타의 본질에 대한 웅장한 상징을 보았을 때 나는 뭔가 아주 불가사의한 것에 의해 압도당한 기분을 느꼈던 것을 아직도 기억하고 있다. 미래의 부처가 태어났을 때 바라문교의 예언가들은 갓난아기의 골상을 보고 그가 세계의 정복자가 될 것을 예언하고 그의 통치는 만유의 제왕(cakravartin)이 아니면, 만유의 구세주(tathāgata)로서의 통치가 될 것이라고 선언하였다고 전해진다. 이것이 바로 그의 운명적인 골상인 것이다. 이것이 바로 세계의 모든 왕국들을 거부했던 그의 얼굴인 것이다. 그리고 이러한 생각을 머릿속에 갖고 이들 생김생김을 바라보는 동안 나의 생각은 예나 광장(이것은 1806년 나폴레옹이 프러시아에 대해 승리한 것을 기려 이름붙인 것임)에 있는 귀메 박물관으로부터 세느 강 저편에 있는 앵발리드 건물의 나폴레옹의 무덤으로 향하고 있었다. 그리고 나의 눈 앞에는 또 다른 얼굴 즉 다른 정복자 부처의 옆얼굴이 나타났다. 그러한 머리에서 볼 수 있는 금욕주의에 대한 상징적 및 의미심장한 표징이 지고한 영성에 대한 상징으로 교체된다.

인체의 머리털에 대한 금욕적 적대감은 자이나교의 극단적인 종파에서는 극에 달해 있어 성직을 맡은 어떠한 성직자의 몸의 어떠한 털도 용납하려 들지 않는다. 그들 서품식의 일부는 머리와 몸체에 자라고 있는 털끝 하나에 이르는 모든 털을 철저하게 밀어 내는 행위로 이루어지고 있다. 이들에게 삭발이라는 생각은 말하자면 극에 달한 것이라 하겠다. 자이나교의 삶의 포기라는 생각은 정도에 지나쳐도 훨씬 지나쳐 있는 것이다. 저들의 고풍스런 정통주의자들과 철저한 교리에 따라서 자이나 교도들은 육체적 고행에 대한 규율을 계획에 따라 실천하며 그 계획은 늙어 완전 단식에 의해 죽는 데서 그 극치에 달하도록 되어 있다. 머리털에서와 마찬가지로 육체의 마지막 식물적 요구에 대해서도 똑같다. 생명의 원리에 대한 저항은 끝날 때까지 강행된다.

그러나 금욕적 태도에 대한 정신적 아니 세속적 보상이 그렇게 높은 것일지라도 시바는 '그렇듯 많은 싱그러운 향내로 달콤한' 그의 머리를 자르지 않는다. 자기 축소와 상실의 상징적이며 정신적으로 영향을 미치는 생각으로부터 얻을 수 있는 이점을 거부하는 천부적인 무용수이자 제일의 행자인 시바는 영원히 가위를 머리에 대지 않은 남성이다. 그의 많은 머리의 긴 타래는 보통 피라미드 모양으로 쌓아올려졌는데 지칠 줄 모르는 춤을 추며 득의에 차 광적인 흥분에 달해 있는 동안 풀어헤쳐져 두 개의 날개를 이루듯이 오른쪽과 왼쪽으로 펼쳐져 일종의 후광을 만든다. 이 후광은 말하자면, 저들 머리타래가 주술적으로 물결치는 데 따라 생장적 삶의 풍부함과 신성함을, 출산하고 있는 마야의 생식력의 매혹과 호소력과 어마어마한 지배력을 널리 발산하는 것 같다.

시바의 머리타래는 보통 작은 상징적인 형상들로 가득 차 있는 것으로서 표상된다. 그의 상에서 자주 볼 수 있는 것들로는 다음과 같은 것들이 있다. (1) 갠지스의 여신이 하늘로부터 이 땅에 내려올 때 자기의 머리로 받아 안았는데, 바로 그 갠지스 여신의 축소 형상,[34] (2) 흰 독말풀의 꽃들(이 꽃으로부터 취기를 불러일으키는 술이 빚어진다), (3) 죽음을 상징하는 해골, 이 해골은 그의 수행원이나 영역의 부분을 이루고 있는 하위의 신들이나 시바 자신의 왕관 보석으로서 또는 앞이마의 장식으로서 사용된다(파괴의 신의 죽음의 상징). (4) '재빨리 부풀어오르고 열심히 자라는 것'인 동시에 엄마의 가슴에 매달려 초생달처럼 나날이 부쩍부쩍 자라는 '갓난 아기'라는 뜻의 범어로 싯수(śiśu)라 불리는 초승달.

시바는 절대자, 특별히 우주를 해체하는 절대자의 의인화된 표현이다. 그는 거대한 죽음의 신(Super Death)의 구현이다. 그는 '죽음의 신 야마(Yama) 즉 타머를 정복하고 절멸시키는 타머의 파멸자(The

---

[34] 앞의 p. 147을 참고할 것.

Ender of Tamer)'인 야만타카(Yamāntaka)라 불린다. 시바는 마하 칼라 즉 거대한 시간이며 영원이고 시간을 삼키는 자이며 또 연륜과 연륜의 순환들을 삼키는 자이다. 그는 현상적인 리듬과 소용돌이를 무(無)로 환원시키고 모든 사물과 모든 존재들, 모든 신들마저 수정처럼 맑고 동요치 않은 영원의 바닷속으로 해체시켜 버린다.──이 영원의 관점에서 본다면 근본적으로 왔다가 사라지는 것은 아무 것도 없다. 그러나 이때 다시, 갓난아기와 초승달인 싯수로서의 시바는 하나의 순전한 환희이며 보기에 가장 상서로운 것이며 삶에 대한 하나의 기약자, 부드러우면서도 저항할 수 없는 삶의 위력이다. 달 싯수는 식물계와 이 세상에서 자라는 모든 것을 소생시키고 또 높은 곳의 신들도 소생시켜 저들의 자애스런 우주적 의무를 수행하도록 하는 불멸하는 생명의 액체를 담는 잔으로 간주된다. 싯수로서의 시바는 바로 달인 이 잔이다.

이런 까닭으로 해서 시바는 명백히 두 개의 상반성을 지닌다. 즉 그는 원형적인 금욕주의자인 동시에 원형적인 무용수이다. 한편 그는 모든 차별들이 융해되고 해체되며 모든 긴장이 정지하는 절대자의 공허 속에 심취하고, 자기 자신 속에 몰두한 내부로 향한 고요라고 할 완전한 평온이다. 그러나 다른 한편 그는 완전한 활동이다. 즉 변덕스럽고 맹목적이며 치기어린 생명의 에너지이다. 이러한 측면들은 절대적으로 비이원적인 궁극적 실재의 이원적 현현들(dual manifestations)이다. 그 두 측면들은 시바의 신전 속에 나란히 즉 해탈한 자들과 부처들, 지자들과 행자들에게 알려진 실재가 아직도 속세의 주문 아래 있는 마야의 어린이들이 누렸던 실재와 나란히 표상되어 있다.

인더스 문명으로부터 우리에게 살아 남아 있는 얼마 안되는 유물들 가운데서──나일 강의 피라미드만큼이나 오래된 고대의 신앙이라 할 베다의 아리안 민족의 도착 이전에 이미 있었던 신앙의 메아리로서 아마도 6,000년간의 세월을 통해 우리에게 내려오고 있는——신의 두 가지 측면들이 이미 나타나 있었다는 것을 관찰할 때 지극히 흥미롭지 않을 수 없다. 그림 42는 모헨조다로의 파이앙스 장식판인데, 여기에는 두 발꿈치를 가까이 붙이고 행자처럼 앉아 있는 뿔 달린 신이 있는데 벌거벗은 데다 얼굴은 셋이며, 발기된 음경을 가지고 있는 것으로 새겨져 있다. 그 인물은 팔에 많은 팔찌를 끼고 있고 거대한 부채 같은 모양의 머리를 하고 있는데 아마도 그것은 쌓아올려진 땋은 머리인 것 같다. 그는 조그만 옥좌 같기도 하고 제단 같기도 한 곳에 앉아 있는데 두 마리의 영양과 호랑이 그리고 무소와 들소가 그 주위를 에워싸고 있다(윗부분에 씌어진 그림 문자들은 해독될 수 없다). 이 그림은 '금수의 주'인 시바 파슈파티(Shiva-Pashupati)와 조금도 닮지 않았다.[35] 반면 시바 나타라자는 그림 41에 묘사된 중요한 신체 조각(torso)에 의해 강력히 암시되고 있다. 이것은 하라파의 인더스 계곡 도시로부터 나온 것이다. 머리는 없어지고, 팔과 무릎과 정강이와 왼쪽 다리의 발도 없다. 이들 사지들은 따로따로 만들어져서 몸체에 연결쐐기로 끼워 맞춰졌는데 후에 분해되었다. 그러나 연결쐐기를 꽂았던 구멍들은 분명히 나타나 보인다. 쐐기를 끼운 것은 이 조각품이 하나의 돌을 깎아 만들어진 것이 아니므로 편리를 위한 것이었음이 분명하며 이러한 가능성은 잃어버린 사지들의 형태를 상상하는 데 실마리를 제공한다. 이 사지들은 몸체에 꼭 달라붙어 있을 수는 없을 것이다. 아마도 연결쐐기에 의해 사지들은 앞뒤로 움직여질 수 있었을 것이다 (모헨조다로와 하라파의 어린이 장난감들은 그러한 움직이는 부품들로 갖추어져 있다. 예를 들어 그림 43을 보기 바란다). 특별히 의미있는 것은

---

35) Sir John Marshall, *Mohenjo-Daro and the Indus Civilization*(London, 1931), vol. 1 pp. 52~6 참조.

왼쪽 정강이가 허벅지에 붙여져 있는 지점이다. 그것은 무릎 위 지점이다. 그 위치라면 발이 땅에 닿을 수 없을 것이다. 발은 춤을 출 때처럼 위로 들려져 있었을 것이다. 사실 이 고대의 토르소가 훨씬 후대의 나타라자 타입의 무용수와 형식에 있어서 별로 다를 바 없는 무용수를 나타낸다는 것을 믿기에는 충분한 근거가 있다.[36] 그 가능성은 우리가 여기에 이렇게 4000년 이상의 기간에 걸친 전통의 연속성에 대한 값진 증거를 가지고 있다는 사실이다. 아리안 민족의 침입과 정통 베다 신들에 대한 올림푸스의 만신전을 세운 것이나 그 이전의 인도인의 형식들에 대한 점차적인 부활과 인드라, 브라마 및 측근의 신들에게 비쉬누, 시바 및 여신이 거두게 된 승리와 함께 아리안족이 누리게 될 세력의 결정적 재인수라는 에피소드를 우리는 인도 영혼의 시간을 초월한 무대 속에 왔다가 사라진 거인들의 사건에 지나지 않은 것으로 보아야 할 것이다.

상징들과 상징적 인물들의 생명력은 특히 인도 문명과 같이 지극히 보수적이고 전통적인 문명에 의해 추진될 때 무진장한 것이다. 인류의 발전, 인간 제도의 성장, 종교와 덕과 사상들의 진보에 대한 우리의 재래 역사들은 고대의 원형적인 형상들의 힘에의 복귀를 새로운 출발로 기술함으로써 그 상황을 잘못 재현하는 일이 종종 있었다.[37] 유감스럽지만 인도 역사의 거대한 부분을 지나오는 동안 연속성에 대한 분명

---

36) 인더스 문명의 예술은 많은 팔을 달고 나타나는 상들에 대한 후기의 동양적 관습을 알지 못하였다. 중세 인도에서 발전된 이러한 기법은 초상화법적인 교류의 가능성을 아주 농후하게 비춰 준다.

37) ["하나의 형식적인 상징이 수천 년 동안 살아 남아 있을 수 있을 뿐 아니라 수천 년 동안 중단되었다가도 다시 살아날 수 있다는 것을 기이하게 생각하는 자는 상징의 일부분을 이루는 정신세계로부터 나온 힘은 영원하다는 것을 상기할 필요가 있다. 적당한때와 적절한 곳에 이르렀을 때 인식하고 의지를 작용하고 자체를 현현하는 것은 정신력이다."(Walter Andrae, *Die ionische Säule, Bauform oder Symbol?* 1933, Schlusswort.) ——AKC]

한 증거가 결여된 때가 종종 있었을 것으로 본다. 형상을 띤 것들의 재료들이 대체로 목재나 진흙으로 되었기 때문에 쉽사리 망가지고 그저 사라져 버렸던 것이다. 게다가 구전들과 대중의 축제들의 덧없이 변해 가는 특징들을 이제 수백 년이 지난 오늘날 자세히 재구성한다는 것은 실제로 불가능하다. 우리는 오로지 살아 있는 현재와 어쩌다 간직되어진 몇몇 유물만을 갖고 있는데 이 유물만 해도 대부분 상류층 관료 계급의 사회로부터 남겨진 것들이다. 그러니 이것들만으로 어떻게 우리는 인류 전체를 독단적으로 단정할 수 있겠는가? 때때로 유형적인 증거가 나타나——예를 들어 하라파와 모헨조다로 및 찬후다로의 발굴에 의해 우리들에게 뜻하지 않게 나타났던 그러한 증거——역사가들에 의해 한번도 의심을 받지 않았던 연속성들을 증명하게 될 때에 상상력은 흔들리게 된다. 그리고 우리는 과거에 대해 모든 판단을 내리는 데 좀더 겸손한 평가를 하도록 강요를 받았다. 인간 역사의 수없이 많은, 기록이 없는 세기들 가운데 어느 한 세기에, 또 아직 발굴되지 않은 지구의 언덕들 중 어느 한 곳에 우리가 의심조차 해보지 않았던 믿음에 대하여 잘못을 지적할 어떤 단순한 사실이 숨어 있지 않을 것이라는 보장은 없다. 학자들에 의해서 아주 후대에 발전되었을 뿐이라고 생각되어졌던 형식들이 기원전 3000년 전에 존재했었다는 증거들을 쉽사리 간과할 수도 없는 일이거니와 또 그래서도 안 될 것이다. 이들 증거들은 진보와 변화에 관해 우리가 항용 얘기하는 모든 것들에 대해 정밀하게 반론을 제기하지는 않지만, 그들이 펼치는 장구한 시간에 걸쳐 전개되는 전망(the vista of duration)은 적어도 우리들이 받아들이는 견해에 대한 반대 견해,——즉 광대한 시간을 통해 존속하고 있는 정신적인 연속성들을 암시하는 견해——를 마련해 준다.

그러므로 민간에 널리 알려진, 어쩌면 영원의 신 시바의[38] 살아있는 전통을 연구함에 있어서 우리는 영원히 상실된 것을 찾아 떠나지 않으면 안된다는 각오로 임해야 할 것이다. 춤추는 시바와 관련해서 오늘 우리는 많은 신화들과 전설들을 찾아내야 할 것이다. 우리가 얼마나 먼 과거까지 거슬러 올라갈 수 있을 것인가 하는 것은 우리가 결코 알 수 없는 사장된 세기들을 얼마나 많이 소생시킬 수 있을 것인가에 달려 있다 하겠다. 어쨌든 전통이란 엄청나게 오랜 것이라는 것을 새삼 강조할 필요도 없을 것이다.

무엇보다도 먼저 신의 자애스러운 현현과 복수심에 가득 찬 현현에 상응하는 두 가지 중요하면서도 상반적인 성격의 무용이 있다. 폭발적이며 맹렬한 에너지에 의해 점화된 사납고 난폭한 춤 탄다바(Tāṇḍava)는 광적인 폭발이며 일대 혼란을 재촉한다. 한편 우아하며 서정적인 춤인 라시야(lāsya)는 감미로움이 넘쳐흐르며 자비심과 사랑의 감정을 나타낸다. 시바는 이 두 가지 춤의 완전한 대가이다.

부드러운 측면에서의 시바는 파슈파티(Pashupati) 즉 '목자, 가축의 소유자, 동물들의 주'이다. 들짐승이거나 가축들이거나 모든 짐승들(paśu)은 그가 이끄는 무리들이다. 그러고 보면 우리에게 낯익은 초기 기독교 예술에[39] 표현된 선한 목자로서 예수의 상은 시바 참배자들에게도 낯선 것이 아니다. 목자가 거느리는 축생무리의 일원으로서 참배자는 거룩한 신의 자애로운 측면과 자신의 관계를 깨닫게 된다.

이렇게 해서 파수(paśu)라는 용어는 '시바를 따르는 자, 즉 한 영혼'을 의미하게 된다. 특히 파수는 전도받지 못한 사람인 시바 참배자

---

38) 분명히 산스크리트어 명칭인 시바는 아리안 민족 이전의 과거에 존재했던 이 인물에 적용시킬 수는 없다. 그러나 그 신이 다른 이름으로 나타났을 수는 있다. '시바'는 '자애로운 자, 인자한 자, 복있는 자'를 의미한다.
39) 예를 들어 로마시대 지하묘지 속의 그림들과 라벤나의 유명한 모자이크에서 볼 수 있는 것.

의 평범한 밑바닥 계층을 의미하는 용어이다. 정신적인 의미로 말할 것 같으면 그러한 전도되지 못한 자는 축생처럼 우둔하고 따라서 신이 짐승을 모는 막대기로 몰아줘야만 한다. 그렇다면 파수(paśu)란 정신적 진화의 높은 수준에 도달한 자 즉 '영웅'인 비라(vira)에 반대되는 계층을 나타낸다.

일찍이 기원전 6세기경에 비라라는 용어는 더 이상 봉건적 서사시의 용감한 기사 즉 악마와 괴물들과 벌인 신화적 전투와 전장의 당당한 전사와 영웅을 나타내는 데 사용되지 않았다. 그보다 앞서 그 말은 마하바라타(Mahāhbhārata)의 봉건 토후국들 간에 벌인 전쟁의 영웅들과 라마야나(Rāmāyaṇa)의 괴물들과 악마들의 정복자인 라마(Rāma)를 표상하는 데 사용되었다. 그러나 예를 들어 6세기의 마하비라(Mahāvira) 라는[40] 이름에서 이해되듯이 비라는 금욕적인 영웅 즉 어떠한 경우에도 동요하지 않고 금욕적인 내핍 생활의 자해적인 고문 중에 또 밖에서 오는 유혹과 꾀임 아니 나아가서는 죽음의 공포 한가운데서도 냉정한 자를 의미한다.

시바의 추종자들 가운데 참배자 초심자의 비라 계층은 자연의 힘에 대한 완전한 금욕주의적인 정복자 즉 자신의 가축적 근성을 극복한 '승리자'이며 그의 금욕주의의 완성에 대해 말할 것 같으면 시바 자신에 맞먹는다고까지 하겠다. 비라는 이제 더 이상 단순한 인간 동물이 아닌 완전한 행자 즉 진실한 정신적인 초인간이며 '인간 영웅'인 것이다.

신적인 에너지들의 거칠고 광적인 발로인 탄바다 춤은 파괴적인

---

40) 마하비라 즉 자이나 교리를 재건한 자는 부처와 동시대의 사람이다. 〔그러나 '대영웅' 마하비라는 리그베다에선 이미 인드라의 별명이 되어 있는데 마치-jit라는 어미로써 그를 한 '정복자(Jina)'라고 암시하는 것 같다. 그리고 이들 별명들은 자이나교와 불교에서 똑같이 전해져 내려온다.〕

에너지들을 일깨우고 적을 대혼란에 빠뜨리도록 안무된 일종의 우주적인 전쟁의 춤을 연상시키는 특징을 지니며 이것은 동시에 승리자의 기고만장한 춤이기도 하다. 이에 관련된 재미있는 신화가 있는데 이 신화에서 시바는 코끼리 모습을 한 거대한 악마를 물리친 정복자로 나타난다. 신은 자기의 적으로 하여금 나가 떨어질 때까지 자기와 춤을 추도록 만든 다음 그가 쓰러져 죽자 그의 가죽을 벗기곤 그 가죽을 망토처럼 걸쳤으며 결국 피가 뚝뚝 떨어지는 이 승전물을 걸치고 무시무시한 승전무를 춘다. 후대의 것이긴 하지만 코끼리 악마(gajāsura-saṁhāra)의 괴멸을 축하하는 이 승리의 전사를 표상하는 멋진 상징물을 17세기 남부 인도 페루르의 나타라자 사원에서 볼 수 있다.(그림 39) 이것은 극도로 기교를 부린 능숙한 작품이다. 신은 해골 화환을 두르고 있고 한 개의 해골을 왕관으로 쓰고 있다. 제일 위의 두 손은 코끼리 가죽을 내밀고 있고 다음 두 손은 올가미(pāśa)와 갈고리(aṅ-kuśa) 같은 한 쌍의 무기를 들고 있다. 세 번째 손들은 희생자의 이빨과 무용수가 박자를 맞추는 데 쓰는 모래시계처럼 생긴 소고를 들고 있다. 가장 밑부분에 있는 손들은 삼지창(triśūla)과 탁발승(bhikṣāpātra)의 탁발 그릇을 들고 있다. 신의 표정은 미쳐 날뛰는 에너지를 억제하는 장엄하고 느린 걸음걸이를 즐기면서 꿈꾸는 듯하면서도 신중하고 교활한 무관심의 표정이었다.

 코끼리 가죽을 쓰고 춤을 추는 이 시바는 그 신의 '무시무시하고 복수심에 가득 찬 환영(ghora-mūrti)'이다. 이 신적인 무용수는 소름끼치는 후광을 두른 것처럼 전승물의 가죽에 싸여 있다. 커다란 귀가 달린 희생물의 육중한 머리는 아래에 붙어 흔들리고 조그만 꼬리가 위에 보이며 네 다리는 옆구리 쪽에서 아래로 처져 있다. 그 속에서 신은 박자에 맞추어 느릿느릿 정교한 춤을 추며 여덟 개의 팔을 뻗치고 있다. 영웅 지배자의 전형적인 무기인 삼지창과 다른 무기들이 신의 지고한 무관심에 대한 상징인 고행자의 탁발 그릇과 함께 손에 들려져 있다. 날렵함으로 말하자면 그는 도마뱀 같고 날씬함과 우아함으로 말하자면 뱀과 같다.

이러한 유형은 하나의 완전하고도 불가사의한 양극성의 혼합을 표상한다. 우리는 그 속에서 생명력의 디오니소스적인 모호성과 불길한 미소를 느낄 수 있을 것이다. 유린당한 희생물의 피흘리며 무시무시한 벗겨 낸 전리품 껍질은 아주 음산한 배경을 이루고 있다. 칼리다사(kālidāsa)의[41] 한 시에서는 이 전투와 바로 뒤이어 사랑하는 남편의 승전무를 지켜보던 여신인 아내마저 그 광경을 보고 등골이 오싹할 정도였다고 한다. 그러나 그 음산한 배경에 반하여 민첩하고도 섬세하고 우아한 신의 패기에 넘치는 팔다리들은 느린 박자에 맞추어 장엄하게 움직이며 번뜩인다. 그리고 이것들 가운데는 젊은 청년의 으뜸가는 강건한 힘의 아름답고 순진 무구함이 존재한다.

힌두 수사학 체계의 아홉 가지의 '분위기 표현' 또는 '감각적인 표현(rasa)' 중 네 가지——최소한 네 가지——가 이 표상 속에 혼합되어 있다. 그것은 '영웅적(vīra)', '야성적(raudra)', '매혹적(śṛingāra)' 및 '혐오스런(bībhatsa)'이란 표현이다. 왜냐하면 시바는 삶에서 가능한 모든 측면들을 포함하고 보여 주며 또 그의 춤은 상반적인 것들의 기막힌 혼합이기 때문이다. 그의 무용은 생명 자체와 마찬가지로 무시무시한 것과 상서로운 것의 혼합물이며 파괴와 죽음과 생명의 승리에 대한 병치와 통일인 동시에 끓어오르는 용암의 화산과 같은 생명의 폭발이기도 하다. 여기서 우리는 힌두 예술 도처에서 실증된 힌두 정신에 친숙한 혼합을 볼 수 있다. 그것은 우리의 현상적 삶의 모든 선과

---

41) Meghadūta, '구름 사자'(Everyman's Library volume, *Shakuntala and Other Writings*에서 Arthur W. Ryder에 의해 번역됨.)

악, 아름다움과 공포, 기쁨과 고통을 자기의 전체 속에 포함하는 신의 표현으로서 이해된다.

코끼리 가죽을 뒤집어쓰고 춤을 추는 시바에 대한 17세기 남부 인도의 또 다른 조상이 마두라의 '대사원'에서 나타난다.(그림 40) 그러나 여기서 시바의 자세는 얼어붙어 침울한 엄숙성을 자아낸다. 승리를 자랑하는 신의 광기어린 춤은 매혹하는 악마적 날렵성을 잃은 대신 우리는 강압적인 무관심의 다소 정적인 고요와 무시무시한 위세를 보게 된다. 신은 뒷전에 물러서서 자신의 독자적인 주권 속에 몰두해 있는 것 같다. 이 육중하고 비교적 생명감이 없는 양식의 것은 다른 것보다 항구적·원시적인 지방 수공예품에 더 가깝다. 재료의 육중함 즉 석재의 견고성과 세부 사항에 대한 경건한 답습이 여기서 주장되고 있다. 견고한 재료를 어떻게 덧없는 신기루 즉 신적인 환영들의 본체들이 띠는 미묘한 성질에 대한 숭고한 환상적 표현으로 바꿀 수 있는지를 알았던 이전 시대들의 정묘한 예술은[42] 여기서 자취를 감추고 원시적 우상과 원시적 서물 숭배의 딱딱한 유형적 재료가 다시 나타나고 있음을 보게 된다.

코끼리 악마를 칼 한번 찌르지 않은채 치명적인 상처 하나 내지 않고 쓰러져 죽을 때까지 춤추도록 만든 춤추는 신의 기막힌 작품 구상은 '산 자와 죽은 자의 춤(The Dance of the Quick and the Dead)'에 대한 서구적인 모티브 가운데 하나를 생각나게 한다. 뼈다귀만 남은 무시무시한 일단의 악령들이 장밋빛 뺨을 가진 처녀들이나 기백이 넘치는 젊은 용사의 모습을 한 갓 피어나는 청춘 남녀들을 무도에 초대하여 자기들의 희생자들이 지쳐 쓰러질 때까지 춤을 계속한다.

---

42) 굽타 예술, 차루키아 예술, 바다미의 예술, 라쉬트라쿠타 예술, 엘로라와 엘레판타의 예술, 팔라바 예술, 마말라푸람의 예술.

유한하고 제한된 개체는 파괴의 영원한 힘에 대항할 수 없다. 그러나 다른 한편 파괴(시바)는 끝없는 삶의 부정적인 측면에 지나지 않는다.

6. 영광의 얼굴

옛날에 잘란다라(Jalandhara)라고 하는 거인 왕이 있었다고 한다. 별난 극기 생활을 통하여 그는 자신에게 무진장한 힘을 축적하였다. 이러한 힘으로 무장한 그는 모든 피조된 영역들의 신들에 대항하여 그들을 몰아 내고 그의 새로운 질서를 확립하였다. 그의 불손한 정부는 폭군적이며 사치스럽고 우주의 전통적인 법을 개의치 않는 사악하고 몹시 이기주의적인 것이었다. 엄청나고 극도에 달한 자존심으로 잘란다라는 세계의 창조자이고 유지자이며 파괴자인 대신 시바에 도전하여 굴복시키기 위해 전령 악마를 보냈다.

그때 잘란다라의 전령은 괴물 라후(Rāhu)였으며 그의 기능은 달을 잡아먹는 것이다.[43] 달은 생명을 주는 원리의 한 표본이다. 밤의 이 온화한 발광체는 대낮의 이글거리는 태양에 의해 생명 유지에 필요한 액체를 말려 버린 식물과 동물 세계에 신선한 우유를 흘려보내 줌으로써 소생시켜 준다. 달은 신들이 불로장수약인 신주(Amrita)를 마실 때 사용하는 찬란한 컵이다. 은혜를 베푸는 달과 라후의 관계는 아득히

---

43) 이것은 매우 복잡한 주제이다. 예를 들어 Willy Hartner의 Ars Islamica, V. 1938, "힌두와 이슬람교의 초상화법에 있어 달 궤도에 대한 의사 혹성교점"과 나의 Yakṣas, II, Washington, 1931, 제4장 The Makara를 보라. 태양과 죽음으로써 자기의 아이들을 낳고 잡아먹는 신의 무시무시한 얼굴로서의 키르티무카(Kirttimukha)는 희랍의 고르곤과 중국의 T'ao t'ieh, 즉 대식가와 유사하다.

먼 선사시대 즉 신들과 거인들 이 세계의 첫번째 날에 불로장생수인 아므리타액을 짜 내기 위해 우유의 대양을 휘젓고 있던 시대까지 거슬러 올라간다. 라후는 그 불로장생주의 한 모금을 훔쳐 마시자마자 비쉬누로부터 일격을 받고 목이 잘려 버렸다. 그 술은 그의 입을 통해 목까지 갔기 때문에 목 위의 머리 부분은 불멸하지만 잘려나간 몸뚱이는 부패의 힘에 굴복하고 말았다. 그 술맛을 또다시 맛보기 위해 탐욕스런 머리는 그로부터 줄곧 불로장생주의 컵인 달을 쫓아다니는 것이다. 월식은 그가 달을 삼켰을 때 일어나는데 그 컵은 오로지 그의 입과 목을 통과하면 다시 나타난다. 왜냐하면 그 컵을 받아들일 위장을 그는 갖고 있지 않기 때문이다. 그리고는 곧바로 추적은 다시 시작된다.

이 라후가 바로 잘란다라가 대신을 조롱거리로 만들기 위해 보낸 악마였다. 그때 마침 시바는 초연하고도 자아명상적인 고행적 삶을 버리고 결혼을 하려는 참이었다. 그의 불멸의 샤크티인 여신은 그로부터 떨어져 있다가 이제 산의 왕인 히말라야의 아름답고 달덩이 같은 딸 파르바티(Pārvatī)의 이름과 형상으로 최근에 새로이 태어났다. 이목구비가 수려하고, 길다란 연꽃잎 같은 눈을 지녔으며 나긋나긋한 허리에다 풍만한 엉덩이 그리고 공처럼 둥근 젖가슴이 맞붙을 정도로 팽팽한(그녀의 풍만한 젖가슴은 무게로 인하여 열매가 주렁주렁 달린 과실수처럼 휘어져 있었다.) 우주의 여인은, 그녀의 영원한 주인인 신 자신과 재결합하고 전쟁의 신이 될 스칸다(Skanda)라는 아들을 낳기 위하여 인간의 출생을 취하였다. 라후에 의해 전해진 도전이란 시바가 그의 빛나는 보석같이 아름다운 신부 즉 '온 세계 가운데서 가장 아름다운 처녀'를 포기하고 더 이상 야단법석을 피울 것 없이 그녀를 존재의 새 주인인 거인 폭군 잘란다라에게 넘겨 주어야 한다는 것이다.

그 이야기를 쓰도록 하고 전해 내려 준 바라문교 신학자의 관점에서 볼 때 이 뻔뻔하기 그지없는 요구는 악마적인 맹목성과 단순한 과대망

상증의 표징으로 나타나 보였을 것이다. 거인 악마는 하나의 힘센 피조물일 뿐인 까닭에 마야의 거미집의 일부를 이루는 하위 계급의 신들보다 더 높을 것이 없고 시바가 이쉬바라 즉 절대자에 대한 의인적 표현이라 할 '주'인 세계 유기체의 에너지에 대한 특수한 변형을 표상한다는 것을 아는 정통적인 참배자에게 그 거인 악마가 어찌 달리 보일 수 있겠는가?

그러나 또 다른 견해 즉 영웅적 신화와 관습에 의해 시인된 하나의 견해에서 본다면 '횡령자'인 잘란다라(사실 마야의 영역에 대한 일시적 주인인)의 요구는 엄밀하게 말해서 합법적인 아니 아주 불가피한 것이 기조차 한데, 당연지사로서 예상되었어야 한다. 왜냐하면 왕관의 보석인 여인을 얻지 못한다면 우주 정복이 무슨 소용이 있단 말인가?[44]

한 나라 고을이 정복되면 약탈당하게 마련이고 전리품의 대상은 '여자들과 금'이다. 정복된 영토의 여성적 원리의 표상들——어머니 대지 즉 정복된 토지의 비옥함을 구현하는 원리——을 소유하지 않고 승리자는 자신이 승리했다고 느끼기 어려울 것이다. 그는 정복된 나라의 자궁에 성스럽게 뿌리를 내리지 않으면 안된다. 신화적인 사고 방식에 의하면 그러한 행위는 군사적인 정복을 시인하는 것이다. 페르시아가 알렉산더 대왕에게 굴복하고 마지막 아케야인이 정복할 때도 그러했으니 젊은 정복자는 왕비들과 왕의 딸들과 결혼을 하였으며 그의

---

44) 과연 이런고로 인드라 자신은 가끔 간다르바의 처 박(Vac)을 유혹하는 것으로 나타나는데 박을 소유하는 데 승리가 달려 있으며 따라서 그녀를 놓고 신들과 거인들이 항상 다투고 있었다. 그녀는 왕국과 권력과 영광을 나타낸다. 그러나 그녀를 유혹하는 것은 위법이며 리그베다와 아타르바 베다의 잘 알려진 찬송에 강조되어 있는 것처럼 '브라만의 처'는 The Regnum to the Sacerdotium에 의해, Sacerdotium의 대리인과 총독을 통해서만 왕의 엄명은 합법적으로 발표될 수 있다는 것을 인정하는 복종의 행위에 의해서 회복(반환)되지 않으면 안된다. Zimmer 박사가 말하듯이 잘란다라는 하나의 폭군의 요구이며 우주의 주권에 대한 잘란다라의 사탄적인 요구들은 왕의 요구가 아니라 자칭 폭군의 요구로서 정죄된다.

군대의 대공들은 귀족의 딸들과 혼인하였다. 승리는 신화적 공식의 속세적인 재연(re-enactment)으로 더불어 결정되었다. 오이디푸스 (Oedipus)는 늙고 무능한 테베의 왕 라이오스(Laios)를 자신의 아버지인 줄도 모르고 없애며, 괴물 같은 스핑크스의 저주로부터 그 도시를 해방시킨 후, 과부 왕비 조카스타(Jocasta)와 결혼을 함으로써 왕위를 계승하였는데 왕비는 공교롭게도 그의 어머니였던 것이다. 이것을 그는 당연한 일로서 행하였다. 말하자면 합법적인 의식의 사실로서 행하였다. 여기엔 애정 사건을 끌어들일 필요가 없으며 프로이드 학파 인사들이 끊임없이 주장하듯이 욕정적이라든가 애정적인 복잡한 관계의 설정이 필요치 않다. 간단하게 말해서 오이디푸스는 토양과 영토의 의인화였던 왕실의 여인을 완전히 소유하지 못했더라면 테베의 참된 주인이 될 수 없었을 것이다. 이와 마찬가지로 잘란다라도 '삼계(三界) 중 가장 아름다운 여성(tripura sundari)'을 정복하여 혼인을 맺고 주인이 되지 못한다면 우주의 진정한 대군주가 될 수 없었을 것이다. 우주적 샤크티이며 영원한 아름다움과 청춘 원리의 생생한 구현인 그녀를 소유함은 근본적인 일이며 가장 값진 상이다. 그녀는 거인 악마들과 신들 사이에 끊임없이 주기적으로 일어나는 세계 제패를 위한 투쟁에서 욕망의 대상이 되며 얻었다간 잃게 되는 자이다.[45]

그러나 푸라나경의 신화는 인도의 종교와 철학이 확실히 영웅주의 이후의 시대와 반비극적 시대에 의해 새롭게 단장된 후 우리에게 전해 내려왔다. 이 이야기 자체는 아주 오래된 것이다. 현재의 형식을 받아들이기 이전에 이 멋진 모험담은 수세기에 걸쳐 되풀이하여 이야기되었다. 인도의 문명은 그 동안 엄청난 변화를 경험하였다. 즉 봉건 토후

---

45) Freya 즉 세계에서 가장 아름다운 처녀. 영원한 생명의 황금사과에 대한 한창 나이의 젊은 수호자의 소유를 놓고 신들과 거인들의 다툼을 다루는 북구 신화와 바그너의 작품을 비교할 것.

들의 영웅적 시대, 맹렬한 정신적 탐구의 시대, 도량이 넓은 관용과 가장 세련된 예술적 기교의 황금기, 외침으로 인한 대파국들,——훈족과 이슬람의 칼을 쥔 자들과 유럽의 군대들——그리하여 풍요한 강토의 영원한, 끈질긴 생명을 가진 태고적 유산의 붕괴와 재통합이 그것이다. 우리들에게 많은 자료를 남겨 주고 과거의 위대한 유산에 대한 말하자면 검열관 내지는 편집자 구실을 한 보다 최근의 시대들은 신앙이 두텁고 반영웅적 징후가 뚜렷한 정신을 지닌 시대들이었다. 옛이야기들은 '무소부재한 미지의 신'에 대해서라기보다는 오히려 비쉬누, 시바, 여신과 같은 절대자의 이런저런 모습의 의인화에 대해 열성으로 숭배하는 종파적인 신학자들에 의해 편집되고 주석이 붙여지고 수정되었다. 그리고 이들 참배자들은 특정 신의 위광만을 염려한 것이 아니라 갱생을 얻지 못한 세속적인 인간의 기쁨과 고통에 대해서도 근본적으로 회의적이었다. 옛이야기에 대한 저들의 개정본은 삶의 적극적이고도 무시무시한 에너지에 사로잡혀 '여인과 금'을 얻어 내려는 용사의 과업을 성취하려 노력하지만 실패하였던 폭군 악마들의 맹목성과 열중 그리고 과대망상에 대해 음산할 정도로 장황하게 이야기를 늘어놓는다. 희랍이나 북구의 신화와 연극에선 비극들로서 나타났을 모험담이 (그리고 이제 저들이 잊어버린 초기 인도의 형식들 속에선 적어도 비극적 연민과 두려움의 불꽃에 의해 찬란히 빛났을 모험담이) 이들 경건한 자들의 손에 의해 '신의 보다 위대한 영광(ad majorem dei gloriam)'을 기리는 종파적 기적극으로 변형되어 있다. 비극적인 영웅이 여기선 거인적인 바보로서 우주적인 규모로 나타난다.[46]

그러므로 이 이야기는 세계를 정복하는 폭군 악마 잘란다라가 삶의

---

46) 이것은 우리들로 하여금 신학자들이 일류의 시나 예술을 만들어 내는 경우는 아주 드물다는 사실을 관찰하도록 이끌어 간다. 인생의 애매하고 이중가치적인 특징들에 대한 견해는 교조주의에 의해 편협해진다. 신화들을 다루는 데 기본 요건인

가장 지고한 우승컵을 내놓으라고 말을 꺼낼 때 그에게 연민의 정을 불러일으키기보다는 우주적 경멸을 느끼도록 의도하고 있다. 이 악마의 주장이 우리 자신의 가장 높은 인간적 희망과 노력과 동일한 것으로서 경험되어져서는 안된다. 그와는 반대로 우리들은 신의 참배자들이고 어린아이들이며 수혜자들이기 때문에 폭군의 주장에서 우리는 뻔뻔스러움과 잔인성, 불경함과 우스꽝스런 자기 영달을 꾀하는 고약한 태도를 알아 내지 않으면 안된다. 이야기의 다음 국면은 우리로 하여금 대담하지는 않더라도 건전한 태도를 지니도록 기운을 돋구어 주고 있다. 또 모든 진실한 신자들과 우리들의 가정과 마음을 탐욕스런 세계의 폭군적 세력들로부터 보호하도록, 신적으로 보장된 '영광의 얼굴(kirttimukha)'이라는 강력한 효력을 지닌 부적이나 숭배 대상을 권하게 하려는 것이었다.

여신을 잘란다라에게 넘겨 줘야 한다——즉 우주의 샤크티는 폭군의 수왕비가 되어야 한다——는 폭군의 요구를 라후가 전하는 순간 시바는 크게 나무라며 응수하였다. 양미간의 점——깨달음의 중심이 있고 앞을 내다보는 선지자의 정신적인 눈이 열려 있는 '지휘의 연꽃(ājñā-cakra)'이라 불리는 점——으로부터 신은 무시무시한 힘이 뿜어 나가게 하였는데 그것이 폭발하면서 곧바로 끔찍스런 사자 머리를 가진 악마의 모습을 취하였다. 이 괴물의 놀라운 몸뚱이는 깡마르고 야위었으며 쉽게 만족할 수 없을 만큼 굶주려 있음을 알 수 있지만 그의 힘은 탄력성을 지니고 있고 불굴의 힘을 지녔음에 틀림없다. 이

냉소와 모험적인 순진, 솔직, 천진성을 그들은 갖추지 못하고 있는데(이는 훈련의 결과이다), 미리 정해진 선입관에 희생되지 않고 또 어떤 생동적, 고도의 역설적이며 마음을 들쑤셔 놓는 통찰력으로부터 단절되지 않으려면 적어도 지적, 직관적 유형의 부분을 형성하는 도덕성을 넘어서는 어떤 것과도 조화를 이루어야 하나 저들은 이 점이 부족하다.(이는 저들이 그러한 것을 갖지 못함이 덕이며 의무이기 때문이다)

허깨비의 목구멍에서는 천둥같이 으르렁거리는 소리가 울려나왔으며 눈은 불같이 타올랐고 갈기는 텁수룩하여 우주 공간 널리 멀리 펼쳐졌다.[47] 라후는 아연실색하였다.

그러나 심부름꾼인 라후는 초자연적인 무력 외교의 수완이 능숙하였다. 사자의 모습으로 현현된 분노의 폭발이 그에게 덤벼들자 그는 최후의 수단을 부려 응수하였다. 그는 일체를 보호하는 부권과 전능자 시바 자신의 자비의 품속으로 뛰어들어 피신한다. 이것은 매우 어려운 새로운 상황을 불러 일으킨다. 신은 즉각 괴물에게 명하여 탄원자를 살려 주라고 함으로써 반(半) 사자에게는 잔치 벌일 먹이도 없이 고통스런 굶주림만이 남게 되었기 때문이다. 그 짐승은 신에게 고통을 가라앉혀 줄 몇 가지 희생물을 할당해 줄 것을 요청한다.

베다경으로부터 전해 내려오는 인도의 신화에서 이 힘의 원리는 끊임없이 되풀이된다. 한 악마가 한 가지 또는 다른 이유에서 신의 명령으로 자기의 합법적인 노획물을 놓아 주어야 할 때는 어떤 대체물이 제공되지 않으면 안된다. 이 새로운 힘의 물체의 게걸스러움을 충분히 만족시켜 주고 진정시키기 위해 온 세상을 다 뒤져서라도 그 어떤 희생물이 제공되지 않으면 안된다. 현재의 상황에서 시바는 바로 문제의 근원이라 하겠다. 시바는 괴물에게 자신의 손과 발의 고기를 먹으라고 제안한다. 당장에 걸신들린 놀라운 화신은 이 엄청난 잔칫상으로 덤벼든다. 타고난 굶주림으로 정신이 빠진 괴물은 먹고 또 먹는다. 손과 발을 삼켜 버렸을 뿐 아니라 팔과 다리를 삼키고도 그칠 줄을

---

[47] 비쉬누의 신화에선 황금의 상(hiranya-kaśipu)이라는 이름으로 불리는 어떤 악마의 왕이 신의 힘에 도전하는 이것과 비교할 수 있을 만한 순간이 있다. 비쉬누는 왕 자신의 궁전의 한 기둥으로부터 터져나와 '반인반사자'로 현현(narasimha, 비쉬누의 네 번째 화신 혹은 權化)하여 그 불경하기 짝이 없는 무신자를 순식간에 산산조각을 내 버린다.

모른다. 그의 이빨은 자신의 배와 가슴과 목까지 삼켜 결국 얼굴만이 남게 되었다.

그 괴물 속에 구현된 것은 지고한 존재의 분노 즉 시바 루드라(rudra, '통곡하는 자, 포효하는 자', 이것은 시바의 베다적 이름이었으며 그의 세계를 파멸시키는 측면에 대해서 언급한다)의 형상으로, 주기적으로 창조된 우주를 파괴하는 우주적인 신의 파괴적인 힘이며 세계의 종말에 가서 모든 것을 재로 만들고 자신은 억수같이 쏟아지는 비에 의해 꺼지게 되는 우주적 화염의 분노와 굶주림이다. 따라서 이 별난 광경은 신이 친애하는 광경이었으며 신이 근본적으로 동의한 광경이다. "그대는 내가 아주 기뻐하는 나의 사랑하는 아들이니라."고 신이 만족하여 외칠 지경이다. 신은 묵묵히 그러나 극에 달한 즐거운 모습으로 전율을 불러일으키는 악몽 같은 광경을 지켜본 다음 자기 자신의 본질의 자기 소모적인 힘의 생생한 현현에 만족하여 자신의 분노의 피조물——이 분노의 피조물은 몸뚱이가 마디마디 줄어들어 얼굴밖엔 아무 것도 남은 것이 없다——에게 미소를 보내며 인자하게 선언한다. "이후로 너는 '영광의 얼굴(kīrttimukha)'로서 알려질 것이며 너는 나의 문에 영원히 거할 것을 명한다. 너를 숭배하는 데 게을리하는 자는 결코 나의 은총을 얻지 못하리라."[48]

키르티무카(그림 51)는 애초에 시바 자신의 특별한 상징이었으며 시바 사원의 상인방 위에 걸어두는 전형적인 요소였다(그림 34에 대해 논의할 때 우리는 그 구도의 꼭대기에 있는 '영광의 얼굴'에 대해 언급한 일이 있다).[49] 그런데 오늘날에는 그 '얼굴'이 힌두 신전의 여러 부분들에서 악을 물리치는 상서로운 문장으로서 무분별하게 사용되기 시작하

---

48) *Skānda Purāna*, Vol. Ⅱ, Viṣṇukāṇḍa, Kārttikamāsa Mahātmya, 제17장. *Rūpam* Ⅰ (Calcutta, Jan. 1920) pp. 11~19 참고할 것.
49) 앞의 pp. 172~175 참고할 것.

제4장 시바의 우주적 환희 223

였다. 게다가 통상적으로 장식용 소벽(friezes)으로 화해 버렸다. 키르티무카는 시바의 땋아 올린 머리의 왕관 속에도 나타난다.──아마도 이것은 그 괴물이 시바의 머리털 속에 끼워짐으로써 보상을 받았다는 것을 말해 주는 이야기의 또 다른 개정본에 따른 것일 게다.──이 위치에서 그것은 시바상의 상부 장식을 위한 장식용 정화(finial)로 발전되었으며 거기서부터 조상의 뒤편에 '광채의 문(prabhā-toraṇa)'이라 불리는 후광(prabhā-maṇḍala)의 꼭대기에 모습을 나타내게 되었다. 이것이 되풀이되는 동안 키르티무카는 양식화되었고 현재는 보통 자기와 같은 기능을 발휘하는 한 쌍의 바다괴물(makara)과 결합되었다. 그리스인들의 전통에 있어서 메두사의 머리처럼(물론 우리가 아는 바와 같이 전혀 다른 전설의 배경을 가지고 있지만) 키르티무카는 주로 무시무시한, 경외감을 불러일으키는 문설주의 수호자인 귀면상으로서 이용된다. 그러나 독실한 신자──정통적인 참배자──는 그 '얼굴'을 신뢰와 믿음으로 맞이한다. 이는 그가 키르티무카는 신 자신의 본체의 적극적인 부분이며 신의 보호적이며 적을 파괴하는 분노의 상징이며 매개물이라는 것을 알기 때문이다.

특히 자바 예술에서 '영광의 얼굴'은 두드러진다. 그것은 시바의 수행원──몽둥이(원시적 무기이며 남근 상징인)를 들고 있는 악마들과 그들의 주인처럼 전통적인 '성스런 실줄'[50]대신 뱀의 팔찌로 걸치고 있는 악마들──중 다른 괴상망측하고 위협적인 피조물들과 나란히

───────
50) 모든 상류층의 힌두인들은 '성스러운 실줄(upavīta)'을 걸치고 있다. 그것은 세 가닥의 면사인데 좌측 어깨로부터 오른쪽 부분까지 내려걸친다. 그것은 한 청년이 보통 8세에서 12세 사이에 갖게 되는 성인식 때 스승이 처음으로 걸어 준다. 〔자발라 우파니샤드(Jābāla Upanishad)에서 설명된 바와 마찬가지로, '성스러운 실줄'은 Sūtrātman(섬조정신, thread-spirit)의 외형적 및 가시적인 상징이며, 그것에 대해서 우주 속에 일체 개체적인 존재들은 보옥들처럼 줄줄이 꿰어 있고, 그것에 의해서 일체는 자기들의 원천과 불가분하게 연결되어 있다.──AKC〕

나타난다.(그림 52) 중세기에 힌두교로 개종한 자바 사람들의 토착적 특성은 경외감을 불러일으키는 동시에 해학적인 이들 인물들을 즐긴다. 이러한 종류의 신들과 조상들은 파괴 세력들과의 일종의 익살맞은 친교를 고려하고 있는 것이다. 저들은 잘 알려진 그리고 사랑스런 신적인 힘들의 '다른 면' 즉 분노에 찬 측면(ghora-mūrti)을 나타낸다. 잘 구슬리기만 하면 그러한 존재들은 생명을 지탱시켜 주고 질병과 죽음의 악마를 쫓아 준다.

이런 양면성을 지닌 현명한 표현 방식은 모든 시바 만신전의 특징을 이룬다. 이러한 형식들 속에는 놀라운 삶에 어울리는 해학이 들어 있다. 예를 들어 시바와 지고한 여신의 사근사근한 아들이며 그 신의 멋진 수행원의 대장인 '만군의 주' 즉 사랑받고 널리 인기있는 가네샤(Ganesha)를 보자. 그림 53은 자바의 것이 아닌 인도 본토에서 나온 작품으로서 전형적인 표상이다. 상부 양모퉁이에는 수행원(gana)[51] 중의 둘이 날고 있고 받침대에는 신의 탈것인 쥐가 웅크리고 있다. 쥐가 마을 집들의 쌀을 먹기 위해 곡물 창고에 이르는 길의 모든 장애물을 치우고 코끼리가 정글 속에서 발치에 걸리는 모든 나무들을 짓밟고 뽑아 버리며 당당하게 앞으로 나아가듯이 '장애물의 주(vighna-īśvara)' 가네샤는 참배자를 위해 길을 열어 준다. 모든 일을 시작하기 전에 사람들은 그를 불러낸다. 그는 왼손에 그릇을 한 개 들고 있는데 그가 먹을 쌀이나 보석과 진주, 산호 등으로 채워져 있으며 그것을 그는 자기의 참배자에게 쏟아준다. 올챙이 같은 배불뚝이에 부유한 그는 세상의 번영과 행복의 수여자이다.

배가 불뚝 나온, 여신의 저항할 수 없는 아들에 정면으로 향한 자는

---

51) 가네샤 즉 '만군의 주'라는 이름은 가나(gaṇa, 만군)와 이샤(īśa, 주)의 합성어이다. 산스크리트어에선 a와 i가 합쳐 e가 된다.

복을 받을 것이나, 그가 등을 돌리는 자에게는 화가 있을 것이다. 그림 54는 서기 13세기의 작품으로 가네샤에 대한 자바 식의 형상의 후면을 보여 준다. 정면으로 다가가는 독실한 신자들을 맞이하는 상서롭고 자비로운 측면(sundara-mūrti)이 해학과 친절로 가득 차 있는 반면, 생명의 길이 닫혀 있는 자들에게만 알려진 메달의 뒷면 즉 무시무시한 국면(ghora-mūrti)은 식인종의 이빨을 가진 사납고 탐욕스런 괴물이다. 이 괴물은 '영광의 얼굴'인 키르티무카로서 경건한 자들을 보호해 주나 사악한 자들에게는 라후에게 그랬듯이 분노의 표징이 된다.

키르티무카는 '숲의 주 신령, 황무지의 수호자, 초목의 왕'인 바나스파티(Vanaspati)라[52] 불린다. 가옥신들과 마을신들의 보호 아래 있는 마을과 가정의 안전지대와는 대조적으로, 숲은 온갖 위험과 악마들과 적들과 질병들을 보유하고 있다. 자바의 신전들에서 키르티무카는 제지하고 보호해 주는 상징으로 이용되는 아주 인기있는 장식물이다. 이 괴물은 모든 악에 필적한다. 이 감동적인 사실 속에 상징되어진 원리는 일단 우리의 정신에 의해 파악되고 정신의 기능에 의해 동화되어지면 정글과 같은 세계의 가장 깊숙한 어둠 속에서 부딪치게 되는 정신적 및 육체적 재앙으로부터 우리를 보호할 것이다. 그것은 재앙의 순간에 있어서 주의 임재를 묘사한다. 즉 그를 대적하던 자라도 자신의 품에 안아 위로하는 그의 심사숙고와 죽음 속에 존재하는 생명의 역설과 주에 대한 자기 상실의 지혜를 묘사한다.

---

52) 〔본래 정확한 이름은 아그니인데 그의 게걸스러운 바루냐(Vārunya)의 측면은 키르티무카의 그것과 같다고 할 수 있다.——AKC〕

7. 세 도시의 파괴자

여신 데비의 신비로 향하기 전에 남근을 자기의 '고정된 또는 근본적인 형상'으로 지니는 위대한 신의 '즐거운 측면들'에 대해 한 번 더 생각해 보기로 하자. 그림 55는 서기 8세기로부터 유래된 엘로라의 부조인데 여기서 시바는 트리푸란타카(Tripurāntaka)의 모습으로 나타나며, 그 말은 '세 도시 또는 세 요새의 종말을 가져온 자'라는 뜻이다. 이 신은 온 세상의 정복자인 동시에 해방자이다.

고대 베다적인 개념에 의하면 우주는 삼계(triloka), 즉 (1) 대지와, (2) 중간의 공간 또는 대기권 및 (3) 창공 또는 하늘로 이루어졌다고 한다. 이것들은 세 도시(tripura)라[53] 부른다. 트리푸란타카로서의 시바는 이 세 도시에 종말(anta, 영어의 end와 관련되어 있다)을 가져온다.

이야기는 이렇다. 즉 역사가 진행되는 동안 또다시 악마들과 거인들 혹은 반(反)신들(asura), 세계의 정당한 통치자의 이복형제들과 적수들이 정권을 가로채 갔다. 언제나 그렇듯이 잘란다라같이 오랜 세월 동안 맹렬한 자기 훈련을 통해 특별한 힘을 획득한 엄하고 교활한 폭군이 저들을 이끌어 가고 있었다. 마야(Maya)가 바로 이 폭군의 이름이었다.[54] 그리고 그가 창조된 우주의 전체를 자기의 휘하에 집어넣게 되자 그는 세 개의 튼튼한 요새를 구축하였는데 하나는 창공에, 또 하나는 땅 위에 그리고 나머지 하나는 그 사이의 대기권에 구축하였다. 그는 묘기를 부려 이 세 요새를 하나로 합쳐 악마적 혼돈과 세계 폭군의 단 하나의 엄청나게 큰 중심지, 그야말로 난공불락의 요새를 만들었던

---

53) 이런고로, 창조의 전체 에너지의 여성적 의인화인 지고한 여신, 데비는 '삼계 중 가장 아름다운 자(tripura-sundarī)' 즉 우주의 여인이라고 부른다.
54) 마야(Māyā)와 혼동하지 말기 바란다.

것이다. 그리고 자신의 요가의 힘을 통하여 이 거대한 아성이 단 한 발의 화살에 의해 뚫리지 않는 한 결코 정복되지 않도록 만들어 놓았다. 한데 합친 악마의 성채를 꿰뚫을 수 있을 정도의 거대한 화살대를 발사할 수 있는 궁술가는 살아있는 자들이나 머릿속에 떠오르는 자들 중엔 아무도 없었다. 신들의 대군주이며 비와 천둥의 왕인 인드라, 불의 신 아그니, 바람의 신 바유는 모두 유능하고 훌륭한 전문가들이었지만 그러한 과업에는 적합한 상대가 되지 못했다. 위대한 올림포스의 주민들 즉 자기들의 낙원으로부터 쫓겨나 쓰라린 유배 생활을 하고 있는 메두 산의 화려한 주민들 가운데 그 누구도 이 방어물을 쪼개기 위해 힘을 쓰려고 생각하지 못했다.

베다의 전통에 따르면 시바는 예전에 사냥꾼이었다고 한다. 그리고 그는 활과 화살로 무장하였다. 그가 아직 존엄하고 고상한 올림포스 주민들——이들은 개간되지 않은 정글과 구별하여 인간의 마을을 보호하는 자들이다.——의 공동체로부터 제외되어 있었던 초기에 시바는 숲의 주로서 간주되었으며 동물과 황무지의 지배자였다.[55] 이들 사이를 원시적인 무기로 무장하고 누비고 다니면서 신인동형적 보호자로 있었다. 그는 또한 마을 거주 지역 너머에 살며 또 그 곳을 아주 위험스러운 곳으로 만들고 있는 유령과 도깨비들의 주이기도 하다. 그의 수행원은 죽은 영혼들 즉 그의 철야제 때 울부짖는 죽은 자들로 이루어졌다.[56]

---

55) 제우스가 통솔하던 고상한 공동체에 대해 희랍의 디오니소스의 초기의 관계를 비교하라. 알렉산더의 시대에 희랍인들은 시바를 디오니소스와 같다고 생각했다.
56) 고인들의 주로서 시바는 북구의 신 오딘(wode-wodan), 즉 '황야의 사냥꾼'과 흡사한데, 그는 요란한 정령의 떼를 이끌고 다니며 '황야의 사냥'이 벌어질 때 그 옆을 질주한다. 유럽 이교도들이 기독교인들이 됨으로써 오딘의 자애스러운 측면은 동지 때 지붕 위를 달리며 자기의 모든 참배자들에게 선물을 나누어 주는 성 니콜라스(산타클로스)로 변형되었다.

시바의 활은 과거에 유명한 업적을 세우기도 하였다. 예를 들면 피조물들의 태초의 아버지인 프라자파티(Prājapati)가 그의 사랑스런 딸 새벽과 근친상간 죄를 범하려 들었을 때(이 이야기는 아주 오래된 것으로 최초의 어버이와 최초의 딸에 대한 이야기이다.) 시바는 신들로부터 이 활을 이용하여 불쾌한 어버이를 제재하고 벌을 주도록 요청받았다. 그래서 이제 다시 시바는 우주의 신적인 질서를 재확립하는 데 개입해 달라는 청원을 받는다. 이번에 그가 할 일은 단 한 방의 화살로 악마의 우주 요새인 트리푸라를 절멸시키는 것이다.

엘로라의 부조는 달리는 준마들이 이끄는 하늘마차를 타고 앞으로 솟아오르는 신적인 궁사를 보여 준다. 왼손은 활을 들어올리고 오른손은 팔꿈치를 구부려 시위를 오른쪽 귓불까지 화살의 길이만큼 잡아당겨 이제 막 강력한 화살을 날렸다. 그 동작의 당당함은 멋진 결과를 예고한다. 시바의 마부는 네 개의 머리를 가진 브라마로서 당당하고 아름답다. 그는 진지하게 살피며 배짱을 가진 매혹적인 표정을 지으며 자기의 과업에 열중하고 있다. 그러는 동안 지상의 무사들처럼 꽉 짜인 육중한 체격을 지니지는 못했지만 맹렬하고 정력적인 초인적 힘을 가진 영웅은 부조의 뒷배경에서부터 날렵하고 번개 같은 섬광의 저항할 수 없는 힘을 가지고 재빠르며 득의에 찬 동작으로 앞으로 치닫는데 그에게선 정적인 우둔함을 찾아볼 수 없다. 주술적인 악마의 성은 무너지고 그 성의 주민들은 다시 망각속으로 사라진다. 세계는 다시 악의 올가미로부터 해방되고 역사의 순환은 제 방향을 찾았다. 당치도 않은 야망과 열망으로 이 무섭고도 소름이 끼치는 개아의 폭정은 일격에 무너져 버리고 만다. 우주적 존재의 에너지들은 초월적 근원으로부터 자유로이 쏟아져 나와 온 누리에 퍼지고 우주는 거듭난 생명의 설레이는 홍분 속에 노래를 부른다. 시바의 화살은 남근에 못지 않은 그의 에너지의 운반구이다. 즉 그 둘은 동일한 것이다.

그의 주요 사원의 벽에는 이 위대한 신의 영웅적인 행적이 그려져 있다. 구전과 문학적 전통 속에서 이 이야기는 되풀이되고 있다. 순례의 중심지인 사원과 신전에서 사제들과 현자들은 세계의 신화적인 역사의 과정을 통해 나타난 신의 생애의 일대기를 펼쳐 보여 준다. 평온과 행복을 초월하여 평온하고 행복하게 신과 여신, 남근과 여근, 화살과 삼계의 이중적인 기적조차 초월하여 탁월하게, 알려지지 않게 또 알 수조차 없게, 유일무이한 자 즉 절대자는 거한다. 이것이 바로 모든 상들과 이야기들이 알려 주고자 하는 브라만 아트만(梵我)이다. 이것이 바로 보이지는 않으나 부조상에 나타난 삼각형들의 일체 가시적인 착종들을 통해 가르쳐 주고 있는 빈두(Bindu)이다.[57] 이것이 팽창하고 있는 형상의 현상이 억누를 수 없는 힘으로 밀고 나아가는 활력인 것이다. 브라만 즉 비옥한 중성은 남성이나 여성도 아니고 선이나 악도 아니며 남성인 동시에 여성이며 선인 동시에 악인 풍만함이다. 시바는 그것의 의인화이다. 소용돌이치듯 춤추는 행자 신의 사지로부터 발산되는 모든 섬광과, 시바의 활로부터 날아가는 모든 화살은 영원한 안식과 평화의 신적인 본질과 근본적으로 동일한 것이다.

---

57) 앞의 p. 184를 참고할 것.

제5장
여신

1. 여신의 기원

키르티무카(Kīrttimukha)의 이야기는 한 신의 난폭한 감정이 자주적인 괴물의 형태로 투사되거나 객관화(externalization)될 수 있음을 보여준다. 그러한 허깨비들은 인도의 신화적인 기록에서 자주 나타난다. 시바의 파괴력은 그의 격노한 무리들의 떼 즉 베다적인 신의 명칭을 따라 '루드라들(Rudras)'로 알려진 작은 시바의 떼를 통해서 사방으로 내몰아쳐진다. 데비(Devī) 즉 지고한 여신의 노여움은 굶주린 사자나 호랑이로 투사되기도 한다. 그림 57에서 그녀는 인간을 파괴하는 분노로 가득 찬 싸움터에서 군침을 흘리고 있는 검은 마녀의 형태로 나타난다. 이것은 세계의 어머니가 가진 파괴적인 측면의 구체화(Materialization)이다. 이와 같이 저주 또한 의인화될 수 있다. 후기 베다 시대의 바라문교 신학자들의 영향 아래 있던 인도에서 발전을 본 유명한 한 신화에 따르면 신들의 왕 인드라가 수족이 없는 용 브리트라(Vritra)를 죽이고 그 용의 사리 속에 붙잡혀 있던 우주의 물을 해방시키려고 했을 때 그는 가공할 죄를 짓게 된다. 신들과 거인들을 바라문 계급의 일원으로 생각하는 후대의 주석자들은 주장하기를 브리트라를 죽임으로써 죄악 중에서 가장 흉악한 죄라 할 수 있는 죄 즉 바라문을 죽이는 죄를 범하였다고 한다. 자기가 지은 죄의 저주를 의인화하는 무자비한 식인 도깨비에 의해 영웅신이 쫓겨다님을 나타내는 한 신화가 발전되었다.[1]

투사(projection) 또는 객관화의 이 원리는 '여신의 신비한 본질에 관한 경전(The Text of the Wondrous Essence of the Goddess, devī-māhātmya)'에[2] 수록된 장엄한 신화 속에 여신 자신의 첫 출현을 설명하기 위해 원용된다. 그 여신은 무적의 뛰어난 여전사(warrior-maid)로서 묘사되며 그녀는 공회에 모인 모든 신들의 응집된 분노에서 생겨났다. 이 기적의 사건은 신들에게 암흑의 시기에 발생했던 일 가운데 하나였으며 그때 한 악마의 폭군이 세계를 망치려 위협하였다. 이번엔 비쉬누나 시바조차 아무런 도움이 될 수 없었다. 그 거인은 마히샤(Mahisha)라고 불리는 거대한 괴물로서 엄청나게 큰 수놈 물소의 형태를 띠고 있다.

브라마의 지휘하에 있는 신들은 비쉬누와 시바에게로 피신한다. 그들은 승승장구하는 악마의 진상을 낱낱이 고하고 두 분의 지극히

---

1) 〔창조행위가 할 수 있었던 최초의 희생 제사에서 브리트라를 토막내어 죽임으로써 한 마리의 브리트라가 여러 마리가 되었는데, 브리트라를 죽인 것은 인드라와 신들의 원죄(Kilbiṣa)이다. 그 때문에 그 군주(Regnum)는 그때 이후로 "바라문들이 이르는 바 지상에서 아무도 맛본 적이 없는 소마(Soma, 증류 주스)를 마실 수가 없었다. 다만 유사한 것을 한 모금 마셔 화체(化體, transubstantiation)시키는 도리밖에 없었다. 소마를 마시기 위해선 여럿이 하나가 되는 궁극적인 재통합에 의한 속죄가 이루어져야 한다. 진화와 퇴화의 양 과정들은 제의적으로 뚜렷이 의식을 행하는 것으로든지 아니면 한 사람의 일생을 통하여 정신적으로 수행하는 것으로든지간에 영속적으로 희생으로 재연된다.――AKC〕
2) *Mārkandeya Purāṇa*, 81~93, 이 경전은 여신의 성격과 행적을 묘사하는 수많은 신화들 중 가장 유명한 것이다.

높으신 분들께 도와줄 것을 탄원한다. 비쉬누와 시바는 분해서 감정을 억누를 수 없었다. 다른 신들도 치밀어오르는 분노를 자제하지 못하고 잔뜩 부어올라 둘러서 있다. 그리곤 이내 격렬한 분노의 힘이 신들의 입으로부터 불이 되어 토해져 나온다. 비쉬누와 시바 그리고 모든 신들은 나름대로의 성격에 따라 널름거리는 불꽃을 나누어 가며 힘을 전방으로 토해 낸다. 이 불꽃들은 한데 뭉쳐 불꽃 구름을 이루고 점점 커져가는 동안 서서히 응축되어 간다. 마침내 그것은 열여덟 개의 팔을 가지고 있는 여신의 모습을 취한다.

우주의 지고한 에너지의 이같은 가장 상서로운 의인화 즉 저들이 가진 모든 힘의 기적적인 혼연일치를 보고서 신들은 기뻐하며 한결같은 마음으로 그녀에게 경배를 올렸다. '세 마을 중에서 가장 어여쁜 처녀(tripura-sundarī)'이며 영원한 태초의 여성인 그녀를 중심으로 다양한 개성의 특별하고 한정된 힘들이 강력하게 통합되었다. 그러한 거대한 통합(totalization)은 전능을 의미한다. 순전한 의탁과 전적인 자기희생의 표정으로 그들은 그들의 에너지를 하나의 힘 즉 본래 모든 것이 비롯하여 생겨난 근원인 태초의 샤크티(Shakti)에게 되돌렸다. 그리고 그 결과 이제 우주적인 잠재력의 본래 상태에 대한 일대 개혁이 일어났다. 처음 우주가 엄격히 분화된 영역들과 힘들의 체계로 전개되었을 때 생명의 에너지는 수많은 개체화된 현현들 속으로 분배되었다. 그러나 이제 그것들은 그들의 힘을 잃어버렸다. 그들 모두의 어머니인 생명의 에너지 그 자체는 태초의 모성적 원리로서 저들을 다시 흡수하여 우주의 자궁 속으로 삼켜 버린다. 그녀는 이제 자기 존재의 충만함 속에 전진할 준비가 되어 있었다.

그림 56은 데비 마하트미아에 대한 후기의 사본으로부터 나온 그림인데 일단의 신들이 거인 악마가 파멸되도록 하기 위하여 당당함과 용맹 그리고 영웅적인 다양한 남성적인 면모를 이양하되 자발적으로

이양하는, 어마어마하다고 할 정도로 의미심장한 표정을 짓는 모습을 나타내고 있다. 지고한 여신의 손에 자신들이 가지고 있던 여러 가지의 무기들과 도구, 장신구 및 문장들을 넘겨 주는데 이것들은 특유의 힘과 특수한 기능을 갖고 있다. 이것들은 본래 자신들이 전개되어 나왔던 일체를 포함하는 원천에다 이제 전혀 종류가 다른 본성과, 종류가 다른 행위의 힘들을 몰입시킨다. 금욕주의자인 시바는 그림의 위편 왼쪽 모퉁이에 나타나 있는데 삼지창을 쥐고 서 있다. 위쪽 오른편에는 네 개의 머리를 가진 브라마가 그를 마주 바라보고 있으며 자기의 시주 단지와 베다의 주술적인 지혜의 사본을 넘겨 주고 있다. 중앙의 정면에는 시간의 신인 칼라(Kāla)가 여신에게 칼과 방패를 건네주고 있다. 그의 오른쪽에는 여신의 전설적인 아버지인 산의 왕 히말라야가 여신이 탈 사자를 데리고 서 있다.

그림 59는 여신이 물소의 악마(devī mahiṣāsura-mārdinī)를 죽이는 장면을 보여 준다. 그것은 마말라푸람(Māmallapuram)에서 출토된 7세기의 부조상이며 섬세하고 생동감 넘치는 팔라바 양식(Pallava style)을 띠고 있다. 이 팔라바 시기의 작품들은 정력적이면서도 매우 부드럽다. 바로 이 싸움과 같은 그러한 잔인하고 극적인 장면을 표상하는 데에도 절정의 순간을 피하고 신중하고 간접적인 면을 보여 주려고 추구한다. 여기서 여신은 사자의 등에 앉아 의기양양한 신들을 거느리고 전진하는 것으로 나타난다. 거대하고 괴상 망측하게 생겨먹은 적수는 기분이 상해 땅을 양도한다. 최후의 승리는 표현되지 않고 있다. 그러나 그것은 의문의 여지가 없다. 탁월한 여장부는 제신의 무기를 제공받고 그들의 찬양하는 노래에 고조되어 있는데 그녀는 바로 우주의 모든 긍정적인 힘의 표상이다. 악마는 이미 절망적이며 그의 헝클어진 머리와 몸뚱이는 어두움과 난폭성과 원한을 의미하는데, 바야흐로 쓰러지려 하고 있다.

우선 거인의 군대를 절멸시킨 후 여신은 힘센 물소 모양의 악마를 올가미로 묶는다. 그러나 악마는 물소의 몸으로부터 빠져나와 사자의 형태를 띠고 도망간다. 여신은 그 즉시 사자의 목을 베지만 이에 대해 마히샤는 자신을 변형하는 마야 에너지의 덕분으로 다시 도망가는데 이번에는 칼을 든 영웅의 모습으로 탈바꿈한다. 여신은 사정없이 화살을 쏘아 날려 그를 벌집으로 만들어 놓는다. 그러나 그때 악마는 그녀 앞에 코끼리로 변하여 서 있으며 여신을 잡으려고 코를 내민다. 악마는 코로 여신을 잡아 끌지만 여신은 단칼에 그 코를 잘라 버린다. 악마는 이제 자기가 가장 잘 사용하는 모습으로 돌아간다.──즉 발굽을 쾅쾅 참으로 해서 우주를 뒤흔들어 놓는 거대한 물소의 모습이 그것이다. 그러나 여신은 경멸하는 조로 웃음을 짓고 다시금 악마의 모든 책략과 잔재주에 커다란 소리를 내어 웃으며 으르렁거린다. 분노에 가득 차서 잠시 멈춘 그녀는, 취기와 활기를 돋게 하는 신적인 생명력의 음료수가 가득 채워진 그릇을 입술에 조용히 갖다 댄다. 그리고 비길 데 없이 달콤한 음료수를 한 모금씩 마시는 동안 그녀의 눈은 붉게 충혈된다. 물소 악마는 산을 뿔로 받아 뒤엎고 도전적으로 소리지르며 그녀를 향해 산들을 내던진다. 하지만 여신은 화살로 그 산들을 박살내 버린다. 그녀는 소리지르는 괴물에게 외쳐 댄다. "그래 마음껏 소리질러 봐라. 이 바보 같은 녀석아, 계속해서 한 번 더 소리질러 보아라. 나는 그 동안 이 달콤한 음료수를 마실 테니까. 신들은 곧 기뻐 날뛸 것이고 너는 죽어서 내 발밑에 눕게 될 것이다."

그렇게 말을 하는 동안에도 그녀는 공중으로 몸을 획 날려 위에서부터 악마의 목을 겨누어 내려온다. 그녀는 악마를 바닥에 패대기치고 삼지창으로 악마의 목을 꿰뚫는다. 이 적수는 다시 한번 물소의 모습을 버리려고 칼을 가진 영웅의 형태를 입으로부터 뽑아 내고 있는데 그 영웅이 채 반도 빠져나오기 전에 그만 잡혀 버리고 말았다. 영웅의 반신이 아직 물소의 몸 속에 있고 반신이 물소의 입 밖에 있을 적에 여신은 재빠르고 날쌔게 일격을 가하여 악마의 목을 베어 악마는 죽게 된다.

이같이 생생한 일련의 변형은 객관화 혹은 투사에 대한 신화적 특성의 아주 좋은 실례이다. 물소 악마는 마야의 힘을 빌려 생명의 에너지를 새로운 형태로 바꾼다. 살아 남기 위하여 모습을 하나씩 바꿔갈 때마다 그의 공격성, 그의 야망, 승리에 대한 의지를 그는 포기하고 만다. 투사의 특성은 극중의 에너지의 본성에서 파생된다. 시바의 분노는 키르티무카의 형식을 취했다. 제신의 집단의 분노는 많은 팔을 가진 무적의 여신을 만들어 낸다. 그리하여 이제 오랜 세월 냉혹한 정도의 근검과 자기 제어 능력을 길러 신들의 자리를 박탈하고 우주를 자기의 발밑에 깔아뭉갤 만큼 막강해진 세계 폭군의 비상한 에너지들은, 재빠르고 영리하게 이 형상에서 저 형상으로 자기의 모습을 바꾼다.

육체와 영혼에 깃든 생명 에너지는 자극을 받게 되면 흘러 넘치며 상황 여하에 따라 악마적 혹은 신적으로 분노를 띠거나 자애스러운 모습으로 객관화된다. 우주의 전쟁터는 그러한 일시적인 객관화 혹은 투사된 신들로 가득 차 있다. 더 나아가서 우주 자체는 기껏해야 그러한 변형——절대자의 변형 혹은 객관화——에 지나지 않는다. 시바를 찬양하는 신화들에서 샤크티는 자기 배우자의 생명력에 대한 물질화 (materialization)이다. 비쉬누 문구(formula)에 의하면 그 여신은 우주적인 황금 연화의 신인동형적인 대응자이다. 비쉬누가 연화배를 내밂으로 해서 진화의 시작 즉 세계의 영역들이 전개된다.——이 영역들은 목하 에너지의 변형들에 지나지 않는 피조물들에 의해 채워진다. 비쉬누는 옆으로 비스듬히 누워서 공간을 자기 앞으로 내보내며 그 공간을 우주의 과정으로 채우는데 그저 자기 뱃속에 간직해 두었던 힘들을 투사할 뿐이다. 세계의 과정이란 비쉬누의 꿈의 물질화인 것이다.

신이 아닌 제한된 존재에 지나지 않는 우리들 자신에 비추어 볼 때 이 교훈은 심리학적으로 해석되어야 할 것이다. 우리의 특수한 샤크티(생명의 에너지)의 끊임없는 투사와 객관화는 그것이 설령 우리들에게 어떤 관련을 맺고 어떤 영향을 미친다고 할지라도 모두 우리들의 '작은 우주'이며 우리들의 제한된 영역이고 직접적인 환경이다. 우리는 이 무심하고 중성적인 영사막을 우리들 영혼의 내부로 향한 꿈의 드라마와 영상의 인물들로 채색하고 등장시키고 나서는 그 속에서 일어나는 극적인 사건과 기쁨과 재난에 울고 웃는 밥이 되고 만다. 세계는 그 자체로서가 아니라 우리가 감지하고 또 그것에 반응을 하는 세계로서, 우리 자신의 마야 혹은 망상의 산물이다. 그것은 악마적이면서 자애스런 형상과 현상들을 만들어 내고 투사하는 우리들 자신의 다소 맹목적인 생명의 에너지로서 묘사될 수 있다. 따라서 우리들은 우리들 자신의 생명의 에너지로서 묘사될 수 있다. 따라서 우리들은 우리들 자신의 생명의 에너지가 끊임없이 만들어 내고 있는 마야 샤크티와 그 활동 사진의 포로들이다. 우리가 지극히 중대한 격정적인 사건에 휘말려들거나 걸려들 때 우리는 우리들 자신의 본질의 투사와 관계하고 있는 것이다. 그것이 마야의 주문이다. 그것은 삶을 창조하고 삶을 유지하는 창조적인 에너지의 주문이다. 그것은 '보다 나은 것을 모르는' 무지의 주문이다.

이것이 사실인 이상 성난 임전 태세를 갖춘 힌두인의 신들에 의해 투사된 형상들과 모습들은 매우 암시적인 심리학적 통찰력을 보여 주는데 사실 그들은 철학과 형이상학에까지 다다르고 있는 것이다. 가장 높은 존재는 마야의 군주이며 주인이다. 우리들 나머지 모두는 ——즉 보다 낮은 신들과 악마들과 인간들——우리들 자신의 개체적인 마야의 희생자들이다. 우리들은 자신의 생명력의 주문에 희생된다. 우리의 생명력이 자체의 맹목성과 욕망과 망상으로 우리를 감염시키기 때문이다. 우리의 영혼 속에서 생명력의 과정은 자율적이며 우리의 통제력을 넘어서 있다. 저들에 대한 우리의 반응은 강요되고 있다. 이런 까닭으로 해서 우리의 상태는 마야 샤크티의 삶을 지탱하고 삶을 재촉하는 주술에 대해서 농노의 신분과 노예 신분의 그것이다. 그렇지 않다면 우리들은 전혀 개체들일 수 없으며 우리들은 역사나 전기를 가질 수 없었을 것이다. 우리 개인적인 생활의 본질은 바로 우리 생명의 환상(life-illusion)이다.

인드라는 그의 개인적인 마야에 의해 자극을 받아 자신의 당당함을 믿게 되고, 그리하여 그칠 줄 모르고 규모가 커져 가는 설계도상에 그려진 자신의 궁전을 짓지 않으면 안된다고 느낀다. 그러한 주문 즉 자신의 타고난 샤크티의 속박, 자기 존재의 목적과 추구하는 것들에 대한 마야, 자신을 위해 자기 환경의 대상들을 착색하는 원망과 공포, 두려움과 즐거움의 강렬한 색조들로부터 인간을 해방시키는 것이 모든 위대한 인도 철학의 주요 목표이다. 인간 사고의 내용들을 해명하고 명명하고 체계화하는, 순전히 지적으로만 탐구하는 현대 서양의 철학들과 대조적으로 인도인의 예지는 요가의 초사고적인 경험들에 입각해 인간 본성의 완전한 변형을 노리고 자신과 세계 모두에 대한 완전히 새로운 자각을 목표로 한다. 인도인의 사상은 자신의 샤크티의 투사들과 객관화된 것들——저들 자신의 마야 즉 저들 자신의 주관적이며 현상적이고 정서적인 '실재'의 산물들——을 넋을 잃고 수용하는 데서 인간을 해방하는 것을 목표로 한다. 인도 사상이 추구하는 바는 마야의 노예를 가장 높은 존재, 비쉬누나 시바에게서 의인화된 신에 견줄 만한 마야의 주인으로 바꾸는 것이다. 인도의 철학은 아주 진지하게——결코 끝을 보고야 말겠다는 의지로——요가와 깨달음을 통해서 인간을 신성하게 즉 자기 자신의 마야의 그물에 걸릴 가능성을 안고 있는 인드라와 같은 신들보다 더 우위에 있는 신들만큼 신성하게 만들겠다는 것이다.

  인도 예술의 상징들은 인도의 철학과 신화와 꼭 같은 진실을 말하고 있다. 저들 상징들은 같은 순례의 길을 따라 인간적인 에너지들을 변화(Transmutation)의 같은 목표를 향해 이끌어 가는 신호들이다. 그러므로 인도인의 신화와 상징들을 다루는 연구자로서 우리들의 과업은 인도의 철학적인 교리들의 추상적인 개념들을, 상징과 예술의 형태와 유형들 속에서 구체화되고 전개되고 있는 것들에 대한 일종의 지적인 주석으로서 이해하는 것, 다시 말하면 그 상징들을 인도의 궁극적인 불변의 지혜에 대한 그림 같은 문헌으로서 해석하는 것이다.

  예를 들어 그림 58과 같은 경우에서 우리들은 여신이 물소 악마를 쳐 죽이는 동안에 그녀가 보여 주는 독특한 태도의 의미를 파악하려 힘써야 할 것이다. 이것은 두르가 마히샷수라 마르디니(Durgā Mahishāsura-Mārdini)의 표상들 중 가장 훌륭한 것일 게다. 서기 8세기와 그 후 몇 세기 동안 계속된 자바의 고전 예술은 남부 인도로부터 유래한다. 그 예술의 씨앗은 말라바(Malabar) 해안으로부터 배를 타고 건너온 이민들에 의해 파종되었다. 자바의 예술뿐 아니라 초기 캄보디아 크메르 예술의 표본은 인도 본토의 팔라바 양식에 의해 결정되었으며 가장 정교한 식민지의 걸작품들은 본토의 그것들에 필적한다. 더 나아가 팔라바 예술의 특수한 경향은 자바의 고전적인 힌두 예술이 추구하는 바와 양식 속에서 면면히 이어져 오고 있다. 무력과 잔인한 요소들은 되도록 제외되었고 경감되었으며 정도가 낮아졌다. 극적이며 최고조에 달하는 요소는 평온한 숭엄함으로 승화되었고 관능은 정신적인 매력과 우아함으로 정묘하게 다듬어졌다. 맹렬한 물소 악마 같은 그러한 악마의 거대한 몸집이 여기서는 전혀 위협적인 흉포함을 나타내지 않고 있다. 그것은 거의 친근한 모습으로까지 완화되어 표현되고 있다. 그 거대한 동물은 유순하고 무기력한 반추운동을 하는 소과 동물의 멋진 가축으로 축소되어져 있다. 그리고 황소의 모습으로부터 마지막 저항의 표시로서 나타난 필사적인 악마 영웅은 아주 잘 다듬은 헤어스타일을 하고 나타남으로써 기괴할 정도의 여성적 사랑스러움마저 보여주고 있다. 그는 여신의 손에 자기 운명을 완전히 내맡기고 있다.

여신은 악마의 머리채를 잡고 죽음의 일격 즉 세상을 구원하게 될 일격을 가하려는 중이다. 그러나 위대한 승리자로서의 그녀의 표정엔 아무런 분노의 감정도 나타나 보이지 않는다. 그녀는 영원한 침묵의 명정 속에 빠져 있다. 시간과 공간 속에서 공적이 이루어지려는 찰나인데도 불구하고 여신의 안색은 그 공적의 중요성을 축소, 아니 거의 말살하고 있다. 그녀에게 이 우주의 전체 과정은 우주의 구원자로서의 역할에 나타나는 그녀 자신의 환영을 포함하여 우주적인 꿈의 부분에 지나지 않는다. 그것은 마야의 우주적인 표현의 특징일 뿐이다. 여신은 지고한 신적 존재로서 우주가 펼치는 꿈의 연극 속에서 형체를 띠고 역할을 맡아 그 작품의 위대한 절정에서 주인공 역을 유쾌하게 해내고 있지만 그럼에도 불구하고 그녀 자신은, 우리가 꿈속에서 우리가 꿈을 꾸고 있다는 사실을 잘 알고 있으면서 영웅적인 역할을 하는 것처럼 행동하고 있다. 근본적으로 그리고 의식적으로 이것이 풍겨주는 모습에서 그녀 자신의 승리의 현현과는 전혀 무관한 것 같은 인상이 엿보인다. 그녀의 장엄한 표정은 생동감 넘치고 우아하며 꿈을 꾸는 듯 아련하여 이 점에 있어선 시바의 수수께끼 같은 탈과 비교할 수 있을 것 같다.

2. 보석의 섬

시바와 데비 즉 시바와 많은 이름들을 가진──칼리, 두르가, 파르바티, 찬디, 찬문다, 우마, 사티 등──그의 배우자는 절대자의 원초적 이인화(twofold-personalization)로서 간주된다. 그들은 중성적인 브라만이 상반되는 남성과 여성의 원리가 되는 최초의 근원적 전개이다. 탄트라(tantra)의 문학적인 종교적 전승은 이 두 부부가 서로 번갈아가며 가르치고 질문도 하는 끝없는 대화를 연출한다. 이 대화를 통해 브라만의 숨겨진 본질이 인간의 오성(Understanding)에 알려지며 제의와 요가에 의해 브라만의 본질에 접근하기 위한 방책으로 가르침이 주어진다.──제의(祭儀)는 마야의 샤크티에 의해 가려진 개체화된 인간 의식의 자연적인 타고난 한계의 범위 내에 머무르고 요가는 그 한계를 넘어선다.

둘이 하나 속에 존재하는 신성한 합일의 표현은 많이 볼 수 있다. 우리는 이미 그림 34에 대해 논의하였다. 그림 60은 시바와 그의 아내인 여왕이 당당하게 카일라사 산 위 궁성에 앉아 있는 것을 보여 준다. 이 한 쌍의 부부가 보여 주는 완전한 평온과 시간을 초월한 조화는, 아래에서부터 저들의 올림포스를 뒤흔들려고 하는 악마의 시도에 대한 그들의 반응에 의해 이 부조 속에서 강조되고 있다. 이 작품 속의 악당은 라바나(Rāvana)이며, 라마야나(Rāmāyaṇa)에서는 라마(Rāma)의 적수로서 나타나는데 신적인 힘들에 대한 거대한 적수로서 지옥에 갇혀 있으며 하늘 높이 솟은 시바 산의 무게에 짓눌려 있다. 여기서 그는 갑자기 벗어나려고 애를 쓴다. 그는 그 산을 흔들어 대기 시작했으며 그때의 진동을 피부로 느낄 수 있었다. 우아하게 반쯤 누운 자세의 여신은 갑자기 두려움에 접한 듯 시바에게 눈을 돌려 그의 팔을 잡는다. 그러나 그 위대한 신은 꼼짝도 하지 않고 조용히 발로 땅을 눌러 디딤으로써 모든 것을 편안하게 만든다. 프라바티의 불안감을 나타내는 생생한 표정에도 불구하고 안전한 분위기가 감돌고 있어 스무 개의 팔로 우주를 흔들어 대는, 세계를 뒤흔드는 악마에 의해서 훼방을 받지 않는다. 신적인 부부가 지니는 특징의 믿을 만한 근거로 우리는 우주 발생적 순환의 생생하고 회귀적인 전투들 가운데 있었던 어떤 전투에서 한 영웅의 현현을 통한 신적인 원리의 극적인 승리를 취하는 것이 아니라 극적이라 할 수 없는, 아니 거의 반(反) 극적이라 할 정복할 수 없는 위엄에 대한 장면을 취한다. 그들은 모든 세속적인 공격에 초월하여——초인간적인 악마의 공격에 대해서조차 초월하여——절대 안전하다. 이것은 엘로라에 있는 카일라사나타 사원(Kailāsanātha Temple)에서 나온 8세기의 작품이다.

그림 61에 재생된 18세기 세밀화에서 시바와 파르바티는 다시 그들의 외딴 안식처에 있다. 이번에는 밀월 여행의 전원적 풍경을 엿볼 수 있다. 시바의 동물적 상징과 탈것인 우유빛처럼 하얀 황소 난디가 전면에 있고 삼지창을 든 시바의 부하는 뒤편에 있다. 신은 바라문 고행자의 전형적인 허리수건으로 검은 들소 가죽을 허리춤에 두르고 있고 헝클어진 머리에는 초승달을 꽂고 있다. 팔찌 대신에 뱀들을 찼고 그 밖에 흔히 볼 수 있는 장신구들을 차고 있다. 여인들이 앉는 보료는 행자의 고전적 방석인 호랑이 가죽이다. 남성과 여성의 대립뿐 아니라 고행자의 완전한 남편의 연인의 대립도 여기서 초월되어 있음을 우리는 발견한다. 모든 양극성은 그것이 무엇이 되었든, 이 시간을 초월한 지복의 세계 중심적인 무대의 천상적인 비이원의 이원성(non-dual duality)으로부터 비롯된다. 카일라사는 심장의 산이며 그곳에선 생명의 불 즉 창조자의 에너지가 그의 영원한 원천에서 발산되는 열정으로 생동적이며 동시에 시간의 박동에 맞추어 고동을 치고 있다. 여기서

신과 피조물은 동체이고 영원과 생명은 하나이며 같은 것이다. 이것은 환희, 우주발생적 환희의 산――동굴 침상――즉 세계와 결코 둘이었던 적이 없는 하나의 재결합(re-conjuncture)으로부터 진행해 나오는 세계의 무수한 것들이다. 이 완전한 사랑, 목가시의 부드러운 분위기는 힌두신과 배우자가 등장하는 정경의 전형이다. 원초적인 쌍으로서 시바와 데비가 서로 끌어안고 있는 모습은 수많은 유사한 연인들의 본보기가 된다. 또한 우리는 시바와 데비로부터 시바를 숭배하는 불교와 티베트의 라마교(Lamaism)에서 신들과 그 신들의 샤크티의 표상을 위한 일반적인 유형이 비롯되었음을 발견한다.

시바와 여신은 단일 본질의 양극적인 측면들을 표상하므로 모순이 될 수 없다. 여신은 시바의 은밀한 본성을 표현하고 그의 특성을 전개한다. 이러한 관념에 대한 한 놀라운 표현이 후기 캄보디아에서 발전된 시바교의 전통 가운데 나타나는데 거기서 남근의 상징은 사면에서 입체적으로 볼 수 있게 드러나 있고, 그 힘을 상징하는 여러 모습이 있음에도 불구하고 여신 자신이 모습을 드러낸다. 그림 64는 좋은 예이다. 여기서 여신은 열 개의 팔과 다섯의 머리를 가지고 있으며 머리가 다섯 있다는 것은 시바의 우주적 대권을 상징한다. 왜냐하면 다섯 개의 머리를 가짐으로써 시바는 네 개의 머리를 가진 브라마보다 한 수 높은 자리를 차지하기 때문이다. 이 여성의 모습은 남근을 표현하는 기둥의 본질이며 창조적 에너지이고 샤크티이다.

이러한 후기의 발전은 가장 불교적인 상징인 탑(Stupa)의 유사한 발전 과정에 의해 영감을 받았을 가능성도 있다. 수세기 동안 불교와 힌두교는 동일한 외부의 영향을 감수하고 서로 영향을 주고받으며, 동일한 사상을 다양한 초상화법의 체계로 표현하면서 나란히 어깨를 겨루며 꽃피우고 발전시켰다. 탑은 남근과는 매우 다르다. 탑은 유품을 모시는 사당으로 간혹 부처의 뼈를 소장하고 있으며 부처가 깨달음에 의해 멸도에 도달했음을 상징한다. 하나의 수수한, 완전히 이름 모를 구조물이 우주적인 정신적 황제의 우산을 장식으로 받쳐 쓰고 있는데 그것은 모든 개념과 형식을 초월한 열반의 경지를 나타낸다. 그림 62는 기원전 175년경으로 추정되는 벳사(Bedsā)의 차이탸 홀(Chaitya hall) 혹은 불교의 교회당을 보여 준다. 이 유적은 자연석을 깎아 만든 것이다. 그것은 실제 기록이 남아 있지 않은 이보다 훨씬 앞선 세기의 목조 영조물을 본뜬 것으로 통로들이 측면에 접해 있고 반원형의 후진에서 끝나는 커다란 본당의 구조를 이루고 있다. 통로들은 축조한 것이 아니고 바위를 통째로 깎아서 만든 기둥들에 의해 본당으로부터 분리되며 통로들이 합쳐지는 반원형의 후진까지 둥그렇게 이어진다. 제단의 자리에는 단순한 탑이 서 있음을 보게 되는데 검소하고 꾸밈이 없으며 태연하고 당당하여 위엄을 풍기고 있다. 홀 자체는 전혀 장식을 하지 않았다. 여기엔 초기 불교 통치의 금욕적인 준엄함이 강력히 반영되어 있다. 이상과 열반의 체험에 대한 강렬한 집중은 여타의 산만하고 무의미한 형상 세계의 유희에 관한 어떠한 암시도 받아들이지 않는다. 이에 반하여 후대의 탑들은 화려함을 보여 준다. 그림 65는 7세기 초의 아잔타에 있는 영조물을 보여 준다. 인간의 개념과 모든 세속적인 형식과 천상적인 형식을 초월한 열반의 부정적이고 가까이하기 어려운 껍질은 이제 벗겨져 자체의 긍정적인 알맹이를 드러내는데 이는 깨달은 자 즉 절대자의 구체화되고 인격화된 실체인 초월적인 구세주의 출현인 것이다. 제한하고 한정하는 속성들과 특성들을 초월한, 순수한 그러함(Such-ness)과 저러 함(That-ness)은 그가 아직 육체에 머물러 있는 동안에 그것과 하나가 되신 그분(Him) 속에 반영되었다. 그리고 남성에 대한 극단적인 상징인 링감(남근)으로부터 데비의 출현이 새로운 자각(즉 신과 여신, 절대자와 현상적인 자연 속에 비추인 절대자의 반영은 궁극적으로 하나라는 자각)의 충격을 가져다 주는 것과 마찬가지로,

이 스투파에서 미지의 공허인 니르바나(열반)로부터 신인동형적인 부처의 갑작스런 출현으로 인한 궁극적인 깨달음, 다시 말해서 '피안의 지혜(prajñā-pāramitā)'에 대한 사고를 초월하는 경험에 비추어 볼 때, 궁극적인 양극성──니르바나와 삼사라, 자유와 속박의 양극성──은 완전히 무너지고 만다는 것을 알게 된다. 열반의 평온과 형상 세계들의 소란스런 유희는 하나이며 같은 것이다. 분명히 말해서 이것은 시바 교인들의 깨달음과 대등한 불교도의 깨달음이다. 중세 인도의 풍요로운 정신적 풍토 속에서 수세기 간에 걸쳐 서로 이웃하면서 이룩된 공동의 발전 과정에서 적지 않게 상호 작용하였을 것으로 짐작이 간다.

엄격한 전통 속에서 풍류를 길러온 사람들에게는 너무 화려하고 애매모호하게 보일지 모르나 후기의 상징들은 많은 것을 우리에게 이야기해 준다. 심오하고 풍부한 의미와 암시가 거죽이 터져 썩음을 통해 나오듯이 이 상징들을 통해 빛을 보게 된다. 이제까지 우리의 정신에 금지되었던 심오한 것에서부터 나타나는 환영들 앞에 우리는 놀라 서 있다. 감상과 판단력을, 이제까지 불쾌하거나 부조리한 것으로 보였을 모든 것들과 더불어 관대하게 화해시킴으로써 살아있는 개아(個我)의 모든 것을 포함하고, 모든 것을 긍정하고, 모든 것을 절멸시키는 죽음과 삶의 궁극적 평화에 대한 마지막 저항을 누그러뜨린다.

시바의 상징은 샤크티를 숭배하는 다른 어떤 힌두교의 전통보다도 하나 속에 있는 둘(Two in One)의 신비 속에 깊이 파고들어가 있다. 바로 그 점이 시바의 상징에 특별히 흥미로운 빛을 더해 주는 것이다. 반대되는 것들이 합일하는 동기는 여기서 아주 명확한 조화를 이루도록 맞추어졌다. 그러나 암시하는 것들을 충분히 파악하기 위해서 우리의 자료에만 의존해서는 안된다. 우리는 어떤 세밀화들과 그것들에 상응하는 문헌들 속에 나타나 있는 매우 심원한 시바교의 **탄트라**

전승을 연구하지 않으면 안된다. 그림 66은 이른바 '보석의 섬(maṇi-dvipa)'을 표현한 것이다. 그 그림은 모든 세밀한 부분에 이르기까지 비유적 의미로 가득 차 있다. 이 그림은 한 쌍의 반대되는 것들이 서로 하나가 되어 서로를 통해 성장하며 서로를 지탱하고 견제함을 보여준다. 이 그림은 초심 참배자가 내면을 향해 명상을 하는 데 지침이 될 수 있는 모델 혹은 유형으로 이바지하도록 의도된 것이다. 그것은 하나의 얀트라(yantra)이다. 이 참배자는 이 모델이 그 내면의 시야에 펼쳐지도록 해야 하며 그런 후 그것에 주의를 집중해야 한다. 그는 그림에 나타난 의미있는 중요한 부분들에 몰입하여 그것들이 밝혀주는 우주와 자기 자신의 존재의 본성에 대한 비밀스런 본질, 진리, 오묘한 실재를 깨달아야 한다.

첫째, 이 그림에는 생명 본체의 대양의 암청색의 고요한 바다가 있다. 이 바다의 음향은 바그너의 〈라인골트(Rheingold)의 서곡〉에서와 그 물이 우주적인 큰 불을 집어삼키는 장면이 나오는 〈신들의 황혼(Götterdämmerung)〉 중 마지막에서 두 번째의, 진정시키는 듯한 악절에서 잘 표현되어 있다. 이 바다는 원초적 상태에 있는 영원한 생명의 대양이다. 비쉬누의 신화에서 우주적인 뱀과, 옆으로 드러누워 쉬고 있는 비쉬누로 표상된 태양이 출렁이는 물결 위를 떠다니는 우주의 연꽃을 낳듯이, 여기서도 무한한 생명의 에너지를 간직한 거대한 바다, 신주와 불사의 불로장수약(amṛita-ārṇava)의 이 대양은 그 한가운데에 있는 신비에 싸인 섬을 들춰 내고 있다.

대양은 '불합리한 무한(Alogical Immense)'을 나타낸다. 대양은 그 자체가 잠자는 거대한 공간이며 모든 잠재력으로 가득 차 있다. 대양은 일체의 갈등을 일으키는 반대되는 것들의 씨앗과 일체의 에너지들 그리고 함께 작용하는 적대자들의 모든 쌍이 갖는 특징들을 담고 있다. 그리고 이들 에너지들은 이 그림의 중심인 섬에 집중되며 그리고 방출된다. 잠자는 고요한 상태로부터 여기서 창조를 위해 움직이고 있다.

우주적인 의식을 상징하는 대양은 실질적으로 모든 공간을 구성하고 또 계속하여 일어나는 모든 진화와 발전을 위한 무대를 제공하는 두루 편재하고 있는 영묘한 에테르(ākāśa)의 요소와 비교할 만한다. 섬은 그 주위를 둘러싸고 있는 물과는 대조적으로 힘의 형이상학적인 점으로 간주된다. 그것은 우리의 제한된 의식과 우주의 유형적인 영역으로 퍼지고 전개되며 확산되고 변화되어 들어가는 '물방울(bindu)' 즉 최초의 물방울로 불린다.

섬은 황금 원형으로 표현되어 있다. 해안은 분말을 칠한 주옥(Maṇi)으로 이루어졌는데 그렇기 때문에 이 섬의 이름을 마니 드비파(Ma-ni-dvipa)라 한다. 이 섬에는 꽃피는 향기로운 나무들이 울창하고 중앙에는 일체의 욕망들(cintāmaṇi)을 허락하는 귀금석——일종의 철학자의 돌(lapis philosophorum)——으로 만든 한 궁전이 서있다. 궁전 안에는 보석을 단 차양(mandapa)이 있고 그 밑에는 보석이 박힌 황금의 왕좌가 있는데 거기에는 우주의 어머니(jagad-ambā, mātar) 즉 '세 개의 세계 또는 세 마을(tripura-sundarī, 三界) 중 가장 아름다운 여인'이 앉아 있다. 그 여자는 신으로 빈두의 에너지이며 그것은 우주의 신적 본질의 역동적인 힘이 첫번째로 응축되어진 물방울이다. 여신으로부터 하늘과 땅과 그 사이 공간의 삼계 영역이 존재하게 된다.

여신은 붉은 색조를 띠는데 여기서 그녀가 창조적이기 때문이다. 붉은 색은 적극적인 색이다. 그녀는 원초적인 에너지이며 우주의 진화를 계획하고 만들어 낸다. 그녀는 비마르사 샤크티(vimarsa-śakti)라 불리는데 비마르사는 '숙고, 추리, 계획'을 의미하고 샤크티는 에너지를 의미한다. 여신은 우리의 친밀한 마야(Māyā)이다. 마(mā)는 '측량한다, 계획한다(목수와 건축가가 하는 방식을 좇아)'는 것을 의미한다. 그녀는 세계의 잠재력이며 모성적 표준이다. 일체를 포함하는 신적인 본질의 관점에서 볼 때 그녀는 단순한 '이것'이다. 그녀는 무차별한, 잠재적인 전체성으로부터 나온, 진정 최초로 탄생한 '이것'이다. '이것'의 정수 즉 최상의 신적인 자기 체험에 알려진 최초의 순수한 체험의 대상으로부터 그녀 자신이 나타났다. 사람이 나중에(진화의 연쇄에서 후기의 소산이며 하나의 고리로서) '물질'이라 부르는 것은 단순한 '이것' 또는 '다른 것'으로서 최초에 체험된 신적인 의식이지만 그럼에도 그것은 지고한 자아와 동일한 것이었다. 그러나 점차로 마야의 작용에 의해 바로 이 '이것'은 정신에 의하여 그것 자체로부터 분리되고 그것 자체와 다른 그리고 그것 자체의 외부로서 체험하게 되었다. 그것은 전혀 '다른 것'으로서 체험되었다. 이 체험은 세계의 창조와 동일한 것이었다.

보석 섬의 왕좌가 있는 방에서는 여신이 손에 네 개의 친숙한 무기들 또는 도구들을 들고 있는데, 그녀의 호전적인 악마를 죽이는 신의 표상들에서도 익히 보았던 것들이다. 여기서 그것들은 심리학적인 의미를 가지고 있으며 정신적인 면에서 이해되어야 한다. 즉 여신은 활과 화살 그리고 올가미와 작대기를 지니고 있다. 활과 화살은 의지의 힘을 나타낸다. 올가미는——야생동물을 잡고 전쟁터에서 갑작스런 공격을 감행할 때 적을 졸라매는 올가미 밧줄——지식 즉 자기의 대상을 꼭 붙잡고 확인하는 지성의 탁월한 능력을 나타낸다. 작대기는 노새나 짐 싣는 짐승들을 몰기 위한 것으로 행동을 의미한다.[3]

---

3) 활과 화살에 대해선 다른 우화적인 이야기가 있다. 활은 정신을 의미하며 활에선 다섯 개의 화살—즉 오관의 능력—이 발사된다. 이들은 제각기 소리, 촉각, 빛, 맛, 냄새에 대한 자기들 능력에 상응하는 대상을 찾도록 보내진다. 감각들과 저들 각기 대상들은 동일한 요소들 즉 에테르(청각-소리), 공기(촉각-촉감), 불(시각-빛), 물(미각-맛), 흙(후각-향기)으로 이루어져 있다. 오관에 자리잡고 있는 이들 요소들은 '정묘한 물질(sūkṣma)'의 상태에 있는 반면에 이것들이 물질적, 유형적인 영역에

보석 섬의 왕좌가 있는 방 안에는 붉은 색조의 여신이 꼼짝도 하지 않는, 아니 오히려 시체와 같은 두 남성의 형체 위에 앉아 있는데 한 남자가 또 한 남자 위에 겹쳐서 육면으로 된 옥좌 위에 누워 있다. 그 둘은 절대자로서의 시바를 나타낸다. 위편의 인물은 사칼라 시바 (Sakala Shiva)라 불린다. 사칼라는 'Sa-Kala'의 합성어인데, Kalā는 '어느 것의 조그만 부분, 한 줌, 한 입, 원자', 특별히 '달의 한 식분 (蝕分)'을 의미한다. Sa는 '함께'를 의미한다. 달의 식분은 열여섯 부분으로 나뉜다. 그러므로 사칼라는 모든 식분들을 소유한 달 즉 '전체, 완전, 모두'—보름달을 의미한다. 사칼라의 반대는 니스칼라(Niṣ-kala)이며 '식분들, 혹은 구성 부분들을 결한' 것을 즉 실제로는 존재하지만 감지할 수 없고, 볼 수 없는, 외견상 존재하지 않는 초승달을 의미한다. 그러면 위에 누워 있는 인물은 사칼라 시바이고 그 아래 인물은 니스칼라 시바이다. 위의 인물은 현존 그대로의 절대자이고 밑의 인물은 초월적이며 잠자고 있는 침묵 상태에 있는 단순한 잠재력의 절대자이다.

심리학적인 용어로 풀이할 때 윗부분의 시바는 일체를 포함하는 전지의 초의식(supra-consciousness)이며 아래의 시바는 역시 일체를 포함하나 외견상 공허한 완전히 침묵 상태에 있는 가장 깊은 무의식이다. 그 둘은 상호 적대적이지만 일체와 모든 것을 포함하고 투영하며 그리고 그 속에서 모든 차이와 대립이 사라져 휴지 상태로 돌아가는 절대자의 똑같이 타당한 측면들이다. 절대자는 풍만함인 동시에 공허함이며 모든 것인 동시에 무(無)이다. 그것은 모든 에너지의 원천이며 저장소인 동시에 완전 타성, 가장 깊고, 고요한 혼수 상태이다.

부딪치게 될 때 저들은 '조야한 물질(sthūla)'의 상태에 있다고 한다. 이 실질적인 유사성과 공통의 기원을 통해서 개개의 감각능력들은 자기의 고유한 대상들을 파악할 수 있다.

두 인물 중 위에 있는 사칼라 시바는 그가 자신의 우주적 에너지인 샤크티, 여신 즉 여성의 적극적 원리, 가지각색의 분화된 요소들과 존재들이 전개되는 우주 즉 마야의 기성인과 질료인과 육체적으로 접촉하고 있기 때문에 바야흐로 현실화할 상태에 놓여 있다. 사칼라 시바는 머리에 초승달을 얹고 있다. 이 달은 작은 낫처럼 생긴 초승달로 소리의 최초의 발성을 상징하는 것으로서 말하자면, 음의 자질을 통해 감지되는 요소의 최초의 현현으로서 이해되어져야 한다. 음성의 자질인 에테르와 공간은 다섯 요소 중 최초로 탄생된 가장 정묘한 것이다. 원초적인 에테르와 관련된 최초의 감각 요소로서 이 '소리 (nāda)'는 힘의 상태를 나타낸다. 그것은 행자가 자기 자신의 깊은 곳에 뛰어들었을 때 체험된다. 그것은 심장박동에서 현현되어진다. 그리고 소우주는 궁극적으로 대우주와 동일한 것이므로 행자가 나다 즉 이 힘의 소리를 들을 때, 그는 절대자의 심장박동을 듣는 것이다. 이것은 그 자신의 하루살이 같은 육체의 틀 속에 현현된 것으로서 우주적인 생명력이다. 그는 절대자 자체에 대한 궁극적인 체험에 한 발자국 더 가까이 다가가고 있는 것이다.

보석의 섬에 나타난 모든 세부의 그림들은 심장의 가장 깊숙한 곳의 한 측면으로서 가시화되고, 이해되도록 하기 위해서 꾸며졌다. 사칼라 시바의 가슴은 힘의 공명하는 소리를 내며 고동치고 있는데 이는 그가 적극적이고 창조적인 여성적 원리와 직접 접촉을 하고 있기 때문이다. 그는 순수한 의식, 자발적인 자기 해명(sva-prakāśa)이므로 흰색을 띤다. 그의 위에 있는 여신은 그 자신의 에너지(śakti)로서 그가 존재인 동시에 생성인 우주로서 그 자신을 펼쳐 보이도록 그를 돕는다. 그는 자아의 청정한 여성으로서 스스로 빛을 발한다. 그녀는 형식들의 형성자이며 그녀가 전개시킨 형식들을 조명하는 자는 바로 그이다.

그러나 이제 사칼라 시바 밑에 다른 자가 누워 있으니 그는 니스칼라 시바로서 그의 쌍둥이 아니면 복사체이다. 그의 눈은 감겨 있고 그의 모습은 흰색이라기보다 색깔이 없다고 하겠다. 니스칼라는 '부분들이 없다'는 것을 의미한다. 한 남성에게 적용할 때 그 의미는 '쇠약해진, 노쇠한, 늙은'이라는 뜻이 된다. 한 여성에게 적용하면 그것은 '아이를 낳을 수 없는, 석녀'라는 뜻이 된다. 이제 그것을 시바에게 적용하면 그것은 아무 것도 일어나지 않는 상태에 있는 절대자를 나타낸다. 니스칼라 시바는 생식과 우주 발생적 변화를 향한 어떠한 에너지의 충동도 가지지 않은 불변하는, 불임증의 절대자이다. 이것은 도대체 생명이라고는 그림자도 보이지 않는 원초적인 그리고 궁극적인 무기력으로서 지고의 공허로서의 절대자이다. 여기서는 어떠한 것도 생동하거나 움직이지 않는다.

니스칼라 시바는 '죽은 몸뚱이, 시체(śava)'라 불린다. 산스크리트어에는 샤바와 시바 두 이름을 병렬하는 데 암시된 의미있는 글자의 획놀음이 있다. 이 놀음은 산스크리트어의 독특한 필기법에서 기인한 것으로 그것이 파악되면 보석의 섬에 등장하는 세 명의 상징적 인물들의 의미에 대한 아주 명쾌한 형성 과정을 알 수 있다. 고전 데바나가리(Devānagari) 원본에선 기본 문자들을 자음들에 모음 a를 붙여서 나타내고 있다. 예를 들어 श=śa, व=va 같은 것이 그것이다. a를 i로 바꾸려면 ि를 붙이면 되는데 그렇게 하면 शि=śi, वि=vi가 된다. 따라서 시바는 शिव로 표기하고 샤바는 शव로 표기한다. 다시 말해서 시바라고 쓴 이름 글자에서 ि자가 빠지면 샤바에 해당하는 글자가 남는다. 시바라는 글자에서 ि자 혹은 i자가 없다면 사바는 시체를 의미하는 샤바에 지나지 않는다. 그러면 이 생기를 불어넣어 주는 모음 글자 혹은 i가 삶과 운동에 대한 최상의 표상인 여신 즉 샤크티가 아니라면 도대체 누구이며 무엇이란 말인가? 이러한 활성화 시키고 생동감을 주는 에너지와 자체의 생식적, 우주 발생적 충동(마야)에 대한 이 기호를 결한 것으로 그 자체, 스스로 간주되는 절대자(브라만)는 시체에 지나지 않는다. 독일의 철학자 헤겔(Hegel)은 그의 위대한 작품 〈우주적 정신 원리의 현상학 Die Phaenomenologie des Geistes 의 마지막을 장식하는 구절에서 이 동일한 궁극을 '생기없는 고독자(das leblose Einsame)'로서 언급한다. 이렇게 해서 샤바로서, 마야를 결핍한 브라만으로서 간주된 시바는(현현과 관련되는 한) 아무 것도 할 수 없다. 그는 아무 것도 아닌 순수한 무이다.

보석의 섬의 왕좌가 있는 방의 그림에서 니스칼라 시바는, 위의 여성적 인물과 육체적으로 접촉을 하고 있는 사칼라 시바와는 대조적으로 생명의 붉은 에너지와 분리되어 있다. 그가 그녀로부터 분리되어 있기 때문에 그는 i가 없는 시바 즉 샤바, 시체인 것이다. 이 점은 그 그림과 그림의 가르침 속에 강조되어 있다. 그 같은 강조는 여신의 위엄과 최고의 덕성에 역점을 둔다. 그녀는 세계를 생산하는 마야이며 우리의 개체적인 삶과 살같이 흘러가는 덧없는 인생들의 어머니이다. 그것이 의미하는 뜻은 이렇다. 즉 우리들의 인생이 결코 목표에 도달하지 못하는 환생의 회전 운동에 붙잡혀 있고 고통과 죄악, 결점과 잔인성 그리고 부조리한 편견으로 가득 차 있다고 할지라도 우리들의 인생은 신적인 에너지의 유일무이한 현현이라는 것이다. 우주적인 삶의 과정을 통해서 신은 현상적인 실재가 되었다. 우리가 무엇을 지각하거나 체험하거나간에 그리고 우리가 그것을 어떻게 지각하거나간에——밝게 또는 어둡게——모든 것 즉 우리 자신과 우리의 세계 모두는 사실상 무한한 신적인 에너지의 한 계시인 것이다. 이런고로 마야의 존엄성은——그녀가 무엇을 의미하건 혹은 무엇이 되었건간에——지고한 것이다.

우리는 우리의 모든 결함 때문에 괴로워할 수밖에 없을지라도 우리들은 어쨌든 풍성한 합성물의 분자들을 이룬다. 우리들은 절대자의 방사물이며 아이들이다. 우리는 절대자의 울안에 있는 양떼들이다. 우리는 그의 품안에 있기 때문에 잃어버리게 될 수가 없다. 개체적으로 볼 때 우리들은 온갖 종류의 재난을 경험하고 끝내는 고통과 파멸을 경험한다. 그와 동시에 우리들은 신의 이미지의 반영들이다. 우리들은 그 자체로서 그리고 본질에서 처음이나, 궁극에 가서나, 타성에 젖은 듯 죽은 자처럼 지친 상태로 누워 잠자고 있는 절대자를 찾아 나설 필요가 없다. 왜냐하면 바로 절대자의 생명의 본질 즉 에너지는 우리들 주변의 어느 것에나 현현되어 있고 그것은 어머니인 여신 샤크티의 변형시키는 힘의 덕분으로 우리들 눈앞 도처에 존재하기 때문이다. 모든 사물은 광란적으로 죽음의 망각 속으로 빨려들어간다. 여신은 그녀의 무진장한 자궁으로부터 다시 새로운 생명을 쏟아 낸다. 철학자들은 존재에 대하여 당치도 않은 궤변을 늘어놓는다. 금욕주의자들은 존재를 경멸하며 포기하고 시신을 찾아 엄청난 고행의 길을 떠난다. 그러나 바로 그 절대자는 우리의 인생이 익살스럽고 잔인한 에너지인 것처럼 그 같은 자기의 역동적인 양상을 띠고 우리에게 변형되어 들어와 우리의 얼떨떨한 사고와 행위에 영향을 미친다. 우리가 믿음이 깊은 세계의 어린이들처럼 여신에게 경배를 표할 때 우리는 신으로부터 행자들보다 더 멀리 있는 것은 아니다. 행자들은 가장 깊은 자아에서 평온한 휴지와 지고의 적막, 초월적인 평화의 상태에서 절대자를 깨닫는다. 그러나 우리가 마야 즉 세계의 어린이들인 이상 우리는 바로 그 절대자이다.

보석의 섬의 이러한 교훈은 일견 우리의 비정신적인 성향들에 대하여 그것이 보여 주는 그럴듯한 주장 때문에 우리를 즐겁게 해 주긴 하겠지만 그것을 제고하고 또 그것의 전적인 수용적 태도에서 우리가 알아차리게 되는 것은 이러한 대단히 디오니소스적이고 초도덕적인 일괄적 긍정은 결과적으로 금욕주의자의 전적인 삶의 부정처럼 아주 거칠고 황량한 것이라는 것이다. 인도에서 사고의 추는 양극 즉 비인간적인 태도를 내포하고 인간 외적인(extra-human) 목표를 가리키는 비인간적인 극단들 사이를 왔다갔다 한다. 한편으로 가장 냉엄한 금욕주의적 성격을 띤 교리와 관행들에서 삶에 대한 비관적 비평을 볼 수 있는데 거기선 삶의 꿈이란 잠에서 깨어나자마자 떨쳐 버려야 할 무서운 악몽으로 간주된다. 인간의 존재는 주문과 세계의 장막을 초월해 있는 초인간적, 초신적, 우주 외적 공간의 존재에로 숭고한 도약을 할 때 뒤에 남게 될 도약의 발판에 지나지 않는다. 그러나 여기 다른 한편, 탄트라의 이 상징 속에서 참된 신적인 현실을 가리고 개체 인격의 신기루 밑에 그리고 소멸해 갈 수밖에 없는 우주의 현상 속에 자아를 가리고 있는 동일한 마야는 어쨌건——순수 정신이며 순수 지복인——절대자의 자아이다. 마야는 단순히 절대자의 역동적인 측면이다. 따라서 일체와 모든 것은 유일자와 유일한 신적 본질의 한 계시이고 한 현현이며 한 특수화이다. 이는 결국 이 땅 위의 모든 것에 대한 일괄적 무차별한 신성화와 다를 바 없기 때문에 요가라든가 금욕을 통한 승화라는 것이 더 이상 필요치 않다. 세계의 어린이들은 만일 저들이 모든 것을 무한히 변하면서 무한히 지속되는 자기 계시의 일부분으로서 여기고 대할 수 있다면 저들은 신적인 것과 직접 접촉하고 있는 것이다. 시바교의 탄트라 철학에 의해 만들어진 이러한 것의 상징들에서, 비쉬누가 나라다로 하여금 열렬하고 높은 수준에 달한 성자들조차 그 힘을 극복하기 어려운 여신의 주문 즉 마야를 체험하게 했을 때 비쉬누 자신이 그녀를 칭했던 것처럼 그 오랜 '침울하고 비참한 모습의 마야'는 놀라운 양상을 보인다. 그녀는 갑자기 절대의 신적인 에너지의 계시 즉 현신이 된다. 모든 특징들과 체험들을 가지고 있는 생명과 쇠퇴와 투쟁 속에 있는 우주는 비록 우리 속에 있는 신적인 자아를 가리고 있긴 하지만 거룩하고 신성하다. 우주의 주술적인 신기루인 마야의 장막 바로 아래엔 절대자가 자리잡고 있다. 마야의 에너지는 바로 곧 역동적인 양상을 하고 있는 절대자의 에너지이다. 니스칼라 시바로부터 샤크티 즉 여신이 출현하므로 니스칼라 시바는 달이 서서히 자기의 전체적인 구체를 보여 주는 것처럼 자기 잠재력의 총체를 보여 줄 수 있게 된다.

세 인물들은——니스칼라, 시바, 사칼라 시바, 샤크티 마야——각기 다른 것 위에 하나가 놓여 있는 것처럼 포개져 있으며 위로부터나 아래로부터 어느 쪽으로부터든 보아 나갈 수 있는데 그것은 각기 우주의 전개와 재흡수 과정에 있는 절대자의 진화와 퇴화로 해석될 수 있다. 니스칼라 시바는 절대자이며 그 자체가 신적인 본질로서 사건과 변화를 초월한 불활성의 잠자고 있는 공허이다. 사칼라 시바는 절대자가 우주에로 미분화(微分化)되어 가는 자기의 무한한 잠재력을 보여 주는 상태이다. 샤크티 마야는 자체를 현현하고 자기의 정적인 휴면을 출산력 있는 에너지로 변화시키는 절대자의 에너지이다. 이렇게 해서 그림을 밑으로부터 위로 올라가며 해석하게 되면 절대자는 세 개의 국면 또는 단계들 즉 무기력과 완전 불활성 그리고 공허의 극으로부터 무한한 활성과 역동적인 미분화 즉 피조물이 우글거리고 다양한 형상들로 가득 찬 우주의 극에 이르는 단계들을 통하여 전개된다. 한편 위에서부터 아래로 내려가며 해석하게 되면 세 인물은 초심의 행자가 평상의 의식에서 자아의 깨달음에 이르는 과정을 간략하게 표현한다. 그들은 오감의 경험과 지성의 자각으로부터 우선 충만한 탈개체적인 의식 즉 찬란하고 순수한 사칼라 시바의 본질에 도달하고 그런 다음 최종적으로 지고의 정적 속에서 자체를 의식하지 못하는 니스칼라 시바 즉 순전한 공허에서 완전한 자기몰입에 이르는 복귀 과정의 전체적인 윤곽을 나타내고 있다.

그 상징적 유형은 일체의 속성들과 한계들 그리고 구체화들을 초월한 상태로의 내향적 복귀 과정에서 초심자를 안내코자 의도되었다. 이 심리학적인 과정은 시간과 공간 속에서 일어난다. 그러나 시간과 공간은 우리의 개체적, 한정된 의식의 범주들 즉 우리 인간의 지각과 개념의 가장 기초적인 한계들 또는 틀에 지나지 않으며 그것들은 선험적인 절대자에게는 적용되지 않는다. 숙달된 행자의 인간적인 마음에는 서로 상반되는 상태들——평상의 개체적인 의식(맨 위의 샤크티)으로부터 시작해서 가장 높은 자아(밑에 있는 샤바)의 체험에 이르는——의 계기나 단계로 나타나 보이는 것이 실은 절대자의 관점에서 본다면 결코 하나의 계기일 수 없다. 그 셋은 단 하나의 유일무이한 영원한 본질의 측면들일 뿐이다. 진리는 공허하면서 충만한 것이고 모든 것인 동시에 무인 것이다. 이 진리에 정신을 집중함으로써 초심자는 우주적 자아와 개체적인 인격의 기본적인 동일성을 깨닫게 된다. 자신 속에 있는 유한한 것과 불멸하는 것이 하나라는 것을 그는 알아야 한다. 변화하는 것과 변화를 초월하는 것이 일치된다는 것을 그는 발견해야 한다. 이렇게 해서 결국 그는 자기의 스쳐지나는 덧없는 존재의 마야를 영원한 자아의 역동적인 발광(Radiation)으로서 받아들이도록 배워야 한다.

　보석의 섬의 그림에서 신적인 에너지인 샤크티는 브라마가 취하는 자세로 앉아 있는데 브라마는 조물주인 창조자로서 자기 손에 쥐고 있는 베다의 성스러운 지혜의 명령에 따라 우주를 펼쳐 나간다. 이런 까닭으로 해서 여신은 이 그림에서 지고한 삶의 에너지에 대한 매우 긍정적이며 지극히 자비롭고 순수하게 창조적인 모습을 보여 준다. 그녀는 이른바 '사려깊은 샤크티(vimarśa-śakti)'로서 우주의 점진적인 진화를 생각해 내고 계획한다. 그러나 생명의 에너지는 결국 창조적일 뿐 아니라 파괴적이기도 하며 여신 또한 그러하다. 생명은 생명을 먹고 산다. 결국 모든 생물은 다른 생물의 먹이가 되고 만다. 나이 들어 죽어 가는 세대는 보다 젊고 활기있는 세대에게 자리를 물려 주어야 한다. 여신이 어느 누구에게 인자하게 베풀어 주는 것은 바로 그녀가 다른 자에게서 잔인하게 빼앗아 온 것이다. 이 마니 드비파(Mani-dvīpa) 유형 즉 보석의 섬의 이 여신에 대한 풍부하고 의미가 가득 담긴 상징을 연구할 때 거기엔 무언가 빠진 게 있다고——적어도 절대자의 관점에서 볼 때——말하고 싶을 것이다. 왜냐하면 브라마 같은 비마르샤 측면(Vimarsha-aspect)에서 그 여신은 너무나 자비롭고 인자하며 밝기 때문이다. 그녀는 샤크티 마야의 생명력의 긍정적인 면만을 나타낸다. 우리는 이제 인도의 신화와 예술의 두려움 없는 세계에서 동전의 뒷면이 어떤 모습으로 나타나는지 알아보아야 할 것이다.

그 여신은 자기의 여성적 본성으로 생명을 낳고 생명을 양육하는 모성적 원리를 아주 분명하게 나타내고 있다고 말할 수 있을 것이다. 이같은 그녀의 긍정적인 측면에 대해서 더 이상 강조할 필요는 없을 것이다. 그러나 이를 상쇄시킬 만한 부정적인 측면 즉 생겨난 생물들을 다시 붙잡아 삼켜 버리는 그녀의 되풀이되는 파괴의 기능은 충분히 표현하려 할 경우 몸서리칠 정도의 충격을 안겨 주고도 남음이 있을 것이다. 이러한 목적으로 그녀는 칼리(Kālī)인 흑인으로서 표상된다. 칼리는 '시간'을 의미하는 칼라(Kāla)라는 말의 여성형이다. 일체를 생산하며 일체를 절멸시키는 원리인 시간의 흐름 속에서 존재하게 되는 모든 것들은 할당된 생명의 지극히 짧은 주문의 시효가 지나면 다시 사라지게 된다.

정통 베단타 이원론의 토머스 아퀴나스(Thomas Aquinas)라 할 수 있는, 서기 800년경 이름을 떨친 위대한 철학자이자 성직자인 유명한 샨카라카리야(Shankarāchārya)가 지은 여신 칼리에 대한 유명한 찬가가 있다. 그는 그 여신의 열렬한 참배자였다. 이 찬가에서 그는 우선 전아

한 태도로 여신에게 말을 거는데 여신이 갖는 본질의 충만함을 '에너지와 형상으로 모든 스러져 가는 존재들 속에 자리를 차지하고 계신 여신'이라 하며 칭송해 마지않는다.[4] 반면에 여신은 자신에 대해 다음과 같이 말한다.

> 누구든 식물을 먹는 자는, 나로 말미암아 식물을 먹는 것이요.
> 누구든 자기 눈으로 앞을 보는 자나,
> 누구든 숨을 쉬는 자는,
> 진실로 말하노니, 누구든 말하여진 것을 듣는 자는
> 나로 말미암아 그리 하는 것이니라.

그녀에겐 "먹을 수 있는 재료가 듬뿍한 음식물이 풍성하다(anna-pūrna)." 그녀는 오른손에 진귀한 보석으로 장식된 황금의 국자를[5] 들고 왼손에는 풍성한 그릇을 들고 있는데 이 그릇으로부터 그녀는 우주 가운데 있는 그녀의 모든 어린 것들에게 '가장 좋은 음식물(Parama-anna)'인 달콤한 우유 쌀죽을 나누어 준다. 그러나 이제 바로 다음 소절에서 샨카라카리야는 이 여신을 또 다른 측면에서 다음과 같이 묘사하고 있다. 즉 그녀의 네 손은 풍요함의 상징이 아니라 죽음과 포기 그리고 영적인 헌신의 행로에 대한 상징을 쥐고 있다. 그것들은 올가미(희생물을 잡고 졸라매는 오랏줄), 쇠갈고리(희생물을 죽음으로 끌고 가는), 염주와 기도서이다. 샨카라카리야는 그녀를 향해 말한다.

> 그대는 뉘시오니까? 가장 아름답고 상서로우신 이시여!
> 그대, 당신의 손엔 기쁨과 동시에 고통이 쥐어져 있고

---

4) Yā devī sarvabhūteṣu śakti-rūpena samsthitā.
5) 녹이 슬지 않는 황금은 생명과 빛과 불멸 그리고 진리의 상징이다.

또한 죽음의 그림자와 동시에 불멸의 불로장수 생약이 쥐어 있으니
이 모두가 다 그대의 은총이어라,
오, 어머니시여!

이것은 다시 말해서 창조적인 원리와 파괴적인 원리는 하나인 동시에 같다는 것을 의미한다. 둘 다 신의 우주적인 에너지 속에서 화합하고 있으며 이 신의 우주적인 에너지는 우주의 전기와 역사의 과정 속에 현현된다.

게걸스런 까만 칼리에 대한 수많은 표상들은 이렇듯 우주적인 어머니, 양육하는 어머니의 완전히 부정적인 측면 즉 '죽음의 그림자'를 묘사한다. 그림 68에서 그녀는 뼈마디만 앙상한 손가락을 지니고 게다가 뻐드렁니에 벗어날 수 없는 굶주림과 냉혈적이고 자기 중심적이며 비열한 할망구의 고집스런 노망과 망상에 사로잡힌 탐욕으로 가득 찬 야위고 무시무시한 마녀로 나타난다. 우리 모두가 살아 가는 동안 우리를 줄곧 몰아붙이는 생명에 대한 굶주림은 귀여운 젖먹이로 하여금 울어대다가 엄마의 젖꼭지를 움켜쥐고 달콤한 우유빛 젖가슴의 피를 빨도록 만든다. 여기서 끔찍스럽지만 그러나 연약한 어린아이의 사랑스런 몸짓처럼 자발적이며, '자연스럽고' 천진난만한 것으로 가장 불쾌한 변형으로 실체를 보여 준다. 여신은 자기 희생물의 내장을 먹고 산다. 이 세상에 태어난 존재로 그녀의 제물이 아닌 자가 그 누구인가? 그녀는 배를 가르고 창자를 끄집어 내어 마구 먹어 치운다. 그녀가 가장 좋아하는 것은 꺼져 가는 마지막 숨소리와 함께 김이 모락모락 피어오르는 창자인 것이다. 그리고 그녀는 춤추는 시바의 후광인 불꽃의 후광에 둘러싸여 있다. 이 불꽃들은 세계의 기간(kalpa)이 끝날 때 모든 것을 재로 날려 버리는 우주의 대 화재의 혓바닥들이다. 그러나 이 혓바닥들은 한술 더 떠 끊임없이 날름거리고 있다. 왜냐하면

생명은 생명을 먹고 살기 때문이다. 모든 새로 탄생한 생물들이 세계에 등장하면서 다른 생물들은 진흙으로 돌아간다.

여성 창조자(Creatrix)가 대양에 의해 둘러싸이고 떠받쳐지는 것으로 눈앞에 생생하게 그려지는 것처럼 어머니 샤크티의 이러한 부정적인 절멸의 측면도 그렇게 그려지고 있다. 탄트라 원전에는 그녀에 대해서 알려 주는 형상의 상세한 부분들을 하나하나 열거하는 생생한 묘사가 나온다. 그녀는 피의 바다 위에 떠 있는 배 안에 서있다. 그 피는 그녀가 낳고 돌봐주고 그리곤 되잡아먹는 어린 것들 세계의 생명의 피다. 그녀는 거기 서서 자기가 들고 있는 두개골 바가지를 그녀의 탐욕스런 입술에 갖다 대고, 취기를 돌게 하는 따뜻한 피의 술을 들이마신다. 이것은 보석의 섬과 수정같이 맑은 푸른 바다에 있는 붉은 여인의 '또 다른 측면'이다.

여신의 본질에 대해 단일의 측면보다 전체성이 표상의 주제가 될 때에는, 그녀의 양면적 특성이 그녀의 형상 가운데 분명히 밝혀져야 한다는 것은 필연적이다. 이는 다시 말해서 부정적이고 치명적인 특징들이 강조되지 않으면 안된다는 것을 말한다. 왜냐하면 모성적이고 긍정적·매력적인 면은 바로 그녀가 여성이라는 점에서 명백하기 때문이다. '우주의 삼계에서 가장 아름다운' 자로서 단 하나의 유일한 '그녀', 이 당당하고 멋진 인물은 남자의 욕망과 즐거움의 화신이며 모든 그리움과 모든 사고의 원형적 대상이다. 그녀가 샤크티 마야의 완전한 의미를 나타내기 위해서, 우리 영혼의 유혹적이며 언제나 매력적인 영원한 여성은 검게 칠해져야 하고 생명의 상징들은 물론 파괴와 죽음의 상징들로 옷입혀져야 한다.

그림 67에서 나타난 시바-샤바 위에 서있는 칼리에 대한 탄트라적 표현에서 이 여신의 전체적인 측면이 나타난다. 보석의 섬에서의 그림에서와 같이 육각형의 연단은 있지만 이번에는 보석의 섬이나 무궁한

생명의 수정 바다는 없다. 대신에 해골과 뼈들이 주위에 널려 있고 맹수들이 유골을 뜯고 있으며 황무지의 사슴들이 돌아다니고 있다. 좌측 뒷부분엔 힌두 올림포스의 신들의 무리가 공포에 질려 몰려 서있고 이 세계의 어둠의 숙녀의 출현을 놀란 듯 바라보고 있다. 그녀는 몸 전체가 까맣다. 화환 대신에 그녀는 잘려진 머리들로 만든 화환을 걸치고 있는데 그것은 그녀의 목으로부터 무릎까지 치렁치렁 걸쳐져 있다. 오른쪽 한 손에는 칼을 들고 있는데 그것은 육체적 살육과 정신적 결단을 상징한다. 이 칼은 착오와 무지를 꿰뚫고 개체적인 의식의 장막을 가른다. 다른 오른손은 유별난 상징을 쥐고 있는데 그것은 생명의 실을 자르는 가위이다. 그러나 그녀의 두 왼손엔 풍성한 음식을 내는 그릇과 영원한 생식의 의미인 연꽃 상징이 나타나 있다.

이 여신의 발밑에는 다시 두 시바가 있다. 맨 아래 있는 시바는 죽은 듯 잠자는 턱수염이 달린 나신의 금욕주의자로 표현되어 있는데 이는 그가 생명을 앗아가는 에너지인 샤크티와 접해 있지 않기 때문이다. 이것은 완전 공허로서 절대자의 풍만함이며 니체의 〈차라투스트라는 이렇게 말했다〉에 나오는 문구를 인용하면 완전히 "불멸을 위해 죽은 (tot vor Unsterblichkeit)" 샤바이며 그 위에는 꿈속에서처럼, 아니 이제 막 잠에서 깨어나려는 듯이 가볍게 몸을 놀리는 그의 아름다운 젊은 복사체가 누워 있다. 이 살아있는 시바는 바로 그 자신의 본질의 구현이며 또 그런 만큼 파괴자로서 자신을 계시하는 여신의 발과 접촉함으로써 활력을 얻어 머리를 들고 자기 왼팔을 들기 시작한다. 그녀는 파괴——즉 생산하고 생명을 낳는 영원히 여성적인 것(Ewig-Weibliche), 영원한 아름다움(Le Charme éternel)에 의해 만들어진 끊임없는 파괴——의 화신이다.

신과 그의 배우자의 항구적인 사랑의 결합에 대한 가장 통속적인 상징들 가운데 하나는, 풀이 죽어 쓰러진 시체 같은 자기 주의 몸을 디디고 서서 그녀의 희생자들의 피를 뚝뚝 흘리는 손들과 머리들로 장식한 흑인 여신 칼리의 상징이다.(그림 69) 이 여신은 둘이 하나인 자(the Two-in-One)의 여성쪽 배우자로서, 힌두 신화와 문명에 있어 절개가 곧은 배우자이며 이상적인 아내지만 그녀는 자기가 사랑하는 오직 하나뿐인 남편의 생명 없는 몸뚱이를 밟고 서있다. 그녀는 죽음 때문에 검은 빛을 띠고 혀는 세상을 핥느라 나와 있으며 그녀의 이는 끔찍스런 독아들이다. 그녀의 몸은 나긋나긋하고 아름다우며 그녀의 젖가슴은 부풀어 크다. 역설적이며 소름끼치는 일이긴 하지만 그녀는 오늘날 인도인의 제의에 대해 의인화된 것들 중에서 가장 소중히 다루어지고 널리 퍼진 것 중의 하나이다. 서양인에게——순결한 성모 마리아의 자애스런 모습 아래, 그녀가 머리를 짓밟게 될 어둠의 원리와 독사의 무리들에 의해 그리고 외부의 담장과 첨탑 위에서 우글거리는 지옥의 무리와 괴수의 무리들에 의해 오염되지 않은 고딕 성당의 그림자 밑에서 자라난——인도의 어머니 즉 세계를 창조하고 파괴하면서 먹고, 먹히는 자의 전체 모습을 띠는 영원한 인도의 무시무시하면서 아름답고, 애무하면서 살해하는 상징화를 사랑하게 하는 것은 매우 어려울 것 같아 보인다. 그럼에도 불구하고 그녀의 변증법에 대해서 풍부한 헤겔 학파식의 포괄성을 전개하는 인도의 탄트라 철학과 예술로부터 배울 바가 있을 것이다. 완전한 환멸을 느끼면서도 세계를 긍정하는, 인도의 창조적 사상이 배인 지나간 위대한 시기의 심오함이 살아있는 작품을 통해, 여신은 그녀의 무시무시한 아름다움의 충만된 모습을 하고 서서 우리에게 계시를 보낸다. 원전들에 대한 보충적 설명과 얀트라처럼 탄트라 참배자의 초보적 체험을 전달하는 요가 심상화를 지도하기 위해 계획된 그림들 속에서 우리들은——잠시 곰곰히 생각한다면——아름다움과 추함을 초월한 경이로움과, 탄생과 죽음의 관계를 조종하는 평화에 대해 우리에게 말해 주는 중요한 것을 발견하게 될 것이다.

 자기의 주를 밟고 서 있는 여신의 극단적인 상징은 저들 상호 관계에 대한 또 다른 징표 즉 '반(半) 여성의 시바(śiva ardha-nārī)'에 의해 평형을 유지하게 된다.(그림 70) 여기서 적대적인 원리들은 한 겹의 우주와 그 속에 거주하는 인간의 타고난 이중적 본성에 대한 역설과 전형이라 할 단일 유기체를 구성하기 위해 결합한다.

제 6 장
결론

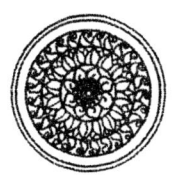

　인도의 예술과 문명에서 신화와 상징에 대한 이 짤막하고 단편적인 논의에 대해 일반적인 의견을 피력하고 또 십수 년 전부터 우연한 기회에 알게 된 짧은 우화 한 토막을 소개하면서 결론을 내리고자 한다.
　일반적인 나의 의견을 말하자면 다음과 같다.
　우리의 기독교적인 서양의 전통은, 이교도의 지혜를 자신의 것처럼 소중히 여기고 숭배해 온 계시의 체계와 동등한 수준에서 받아들이기를 오랫동안 거부해 왔다. 기독교적인 서양의 전통이 거룩하게 영감을 받은 것으로서 받아들이는 책들로는 초기 기독교 공동체의 네 사람이 쓴 복음서와 성 베드로가 살로니카와 카파도시아와 로마와 코린트의 동방 지역에 있는 조그마한 전(前) 유태 이교적 공동체들에 보낸 소책자들과 다른 사도들이 작성한 다른 공동체들에 보내는 얼마간의 편지들——사실 그 당시에는 별로 눈에 띄지도 않고 알려지지도 않았으며, 복사판이나 등사판에 지나지 않았는데도 불구하고 그 시대의 시장성 있는 베스트셀러들을 죄다 물리치고 후세에까지 남도록 운명지워진

——그리고 그 밖에도 비밀스럽고 어딘가 헛소리가 아닌가 싶은 계시록이 있다. 이 기독교 전집물에는 유랑생활에서 돌아온 유태교 지도자들에게 의해 만들어지고 채색된 것으로, 선택된 민족의 전설적인 역사——저들의 질투심 많고 노기에 찬 신의 전기를 포함한——에 대한 판이한 종족의 기록들이 추가된다. 바로 이 책들만을 서양인들은 인간의 영혼을 위한 지침에 대한 포괄적인 전거로서 기꺼이 받아들였다. 그러나 이교도의 전통 속에서도 어떤 빛 즉 '자연적인 빛', 계시의 진리에 대한 일종의 희미한 그림자가 발견될 수도 있다는 것을 인정하려는 반(半) 자유주의적이며 소심한 움직임이 조심스레 있어 왔다.

고대의 가장 현명하고 덕스럽고 경건한 영혼들은 이교도인데다 세례식과 주님의 복음을 받을 기회를 갖지 못했다 할지라도 지옥의 한가운데 살지 않는다. 단테는 지하 세계를 돌아보는 동안 사탄의 지옥, 무시무시한 내부 칩거의 입구에 가깝지만 그래도 꽤 멀리 떨어져 있다고 할 수 있는 일종의 목가적인 이상향의 방에서 저들을 만난다. 그는 그 외곽 사회에서 소크라테스, 플라톤, 데모크리투스, 디오게네스, 아낙사고라스, 탈레스, 엠페도클레스, 헤라클레이토스, 제노, 디오스코리데스, 오르페우스, 키케로, 라이비, 세네카, 유클리드, 톨레미, 히포크라테스, 갈렌과 함께 헬레니즘 철학과 과학에 대한 회교도 권위자들인 아비쎄나와 아베로에스 그리고 이들과 함께 노아, 모세, 아브라함, 아벨, 다윗, 야곱과 그의 아들들, 라헬과 게다가 현명한 회교 통치자인 살라딘과 더 나아가서 희랍 신화의 많은 영웅과 숭고한 인물들인 트로이의 헥토르, 아에네아스, 케사르, 펜테실레아, 엘렉트라, 루크레티아와 그 밖에 많은 사람들을 만난다.[1]

역사적으로 기독교의 적이라 할 수 있는 자들과 구세주를 나무에 매단 유태인들, 순교자들을 박해한 로마인들, 십자군들과 싸운 회교도들 가운데서도 덕과 지혜와 영감을 받은 사람들이 있다는 사실은 중세

기독교의 관대한 정통교리에 의해 항상 인정이 되었으며 오늘날까지도 로마 가톨릭 교회에 의해 옹호받고 있다.──그 사실은 편협한 광신적인 칼빈주의 계통의 어떤 개신교 종파들에 의해서만 배척되고 있다. 르네상스 시대에는 정통파의 배타성의 마지막 장벽이 허물어질 것 같은 순간마저 있었는데(피코 델라 미란돌라의 인물 속에 인상적으로 표현되었다.), 그 당시엔 오비드, 호머, 카발라, 코란이 기독교 운동의 성문서와 본질적으로 조화를 이룬다고 생각할 정도였다. 다양한 상징들의 배후의 보편적으로 시종여일한, 광범위하게 세련된 인간적인 지혜의 전통은 기쁘게 받아들여졌고 '하나의 참된 신앙'을 옹호하는 자들에 의해 공식적으로 인정되어지려 했던 순간도 있었다.[2]

핫시딤(Hassidim, 이것이 바로 본인이 종결을 맺고자 하는 교본이다.)의 전승 속엔 해학적인 유태인의 우화가 하나 있는데, 이 우화는 이방

---

1) *Inferno*, 지옥편 제4장
2) 〔교회 밖에서는 구원이 있을 수 없다(Extra ecclesiam nulla salus)는 문자 그대로(au pied de la lettre) 해석되서는 안되는 분명히 어려운 기독교 교리이다. '누가 말하든지간에 모든 참된 것은 성령으로부터 비롯된 것이다(고린도전서 12. 3에 대한 성 Ambrose의 해석이 성 토머스 아퀴나스에 의해 신학대전 Ⅰ~Ⅱ. 109. 1과 1에서 지지를 받았다.)'는 것을 간과해선 안된다. 그러므로 성 토머스조차 이교도 철학자들의 교리를 기독교의 진리에 대한 '외래적인 그럴듯한 증거들'을 산출하는 것으로서 말할 수 있었다. 똑같은 이야기가 그 당시엔 전혀 알려져 있지 않던 인도와 중국의 형이상학자들의 가르침에 대해서 적용될 수 있었을 것이다. 모든 근본적인 신학적 명제들, 예를 들어 '단일 본질과 두 개의 본성들(각기 감각될 수 없는 것과 감각될 수 있는 것)'에 대한 교리는 모든 정통적인 관습에 공통적이며 그 교리에 따르면 또한 '우리에겐 두 개의 본성이 존재한다(각기 불멸하는 것과 유한한 것)'. '모든 경전은 자아로부터의 자유를 소리 높여 외친다.' 종교들(인간적인 해석의 오류에 빠지기 쉬운)은 강조하는 바와 양상들이 다를 수밖에 없지만, 모든 종교들이 표현하는 무오한 진리는 하나이다. '민간전승'의 근거일지라도 물리치지 않는 모든 정통적인 근거에 입각한 항구적인(그리고 보편적인) 지혜의 대전이 쓰여지게 될 시기가 다가오고 있다. Aldous Huxley의 *Philosophia Perennis*는 이런 방향으로의 일보, 말하자면 교회들의 재연합이라는 문구가 통속적으로 받아들여지는 것보다 훨씬 넓은 의미에서 '교회들의 재연합'을 향한 일보를 나타낸다.──AKC〕

인의 신앙과 생활의 세계를 향해 넓은 도량을 지니고 대담무쌍한 모험을 벌이는 사람에게 궁극적인 의미를 부여하는 감동적인 비유를 말해 주고 있다. 십수 년 전——힌두 신화와 상징의 수천 년의 정신적 보화가 탄트라와 푸라나에 비친 연구와 관련하여 인도의 성스러운 도해와 만다라들에 대한 그의 학문적인 연구를 통해 나에게 그 모습을 비추기 시작한 그때 이후로——내가 처음 이 이야기를 읽었을 때[3] 나는 내가 십 년 이상이나 그 같은 노선에 따라 살고 행동해 왔음을 깨달았다. 그 우화는 짧은 이야기로, 폴란드의 수도 크라코의 유대인 거리에 사는 랍비 제켈의 아들, 랍비 아이시크에 대한 것이다.

그는 수년 동안의 재난을 겪으면서도 신앙을 잃지 않은 그의 주 하느님께 경건한 종이었다.

어느날 밤 이 경건하고 신실한 랍비 아이시크는 꿈을 꾸었다. 그 꿈은 멀리 보헤미아의 수도 프라하로 가서 보헤미아의 왕성으로 나 있는 다리 밑에 묻힌 숨겨진 보물을 찾으라는 것이었다. 랍비는 놀랐지만 가는 것을 미루었다. 그러나 그 꿈은 두 번씩이나 다시 나타났다. 세 번째로 꿈의 계시를 받은 그는 용감하게 허리띠를 졸라매고 길을 나섰다.

운명의 도시에 도착하자 랍비 아이시크는 다리에 파수병들이 있는 것을 발견했는데 이들은 밤이나 낮이나 그 다리를 지키고 있었다. 그래서 감히 보물을 파내는 작업을 할 수가 없었다. 그는 매일 아침 다시 와서 다리를 쳐다보고 파수병들을 살피고 석공술과 토질에 대해서 순박하게 연구하며 해질녘까지 서성거렸다. 드디어 수비대장이 그의 집요함에 감동되어 다가와 그가 무엇을 잃어버렸는지, 아니면 누구를 기다리고 있는 것인지 친절하게 물어보았다. 랍비 아이시크는 꾸밈없

---

3) Martin Buber, *Die Chassidischen Bücher*(Hegner, Hellerau, 1928), pp. 532~3.

이 그리고 대담하게 자기가 꾸었던 꿈에 대해 상세히 말했다. 그 장교는 뒤로 물러서면서 크게 웃었다.

"당신은 정말 바보로군요." 대장은 말했다. "그래 꿈 때문에 그 먼길을 신이 닳도록 달려오셨나요? 어떤 지각있는 사람이 그 꿈을 믿겠소? 아, 참 내가 꿈을 믿는 자였다면 나야말로 바로 이 순간에 당신과 반대되는 일을 했을 것이오. 나야말로 당신의 바보같은 순례여행을 떠났어야 할 것이오. 정반대의 방향으로 말입니다. 그렇지만 결과는 뻔한 것이지요. 제 꿈 이야기를 해 드릴까요?"

불쾌하게 돋은 수염에도 불구하고 그는 인정있는 장교였으며, 랍비는 그가 따뜻한 사람임을 느꼈다.

"나는 꿈속에서 어떤 목소리를 들었지요." 보헤미아의 그 기독교인 수비대장은 말했다. "그런데 그 꿈은 내게 그라코에 대해 얘기를 하면서 날더러 그리로 가서 제켈의 아들 아이시크라는 유태인 랍비의 집에 숨겨진 굉장한 보물을 찾으라더군요. 그 보석은 난로 뒤 지저분한 구석에 묻혀 있다는 거예요. 제켈의 아들 아이시크라니!" 그 대장은 재기 넘치는 눈으로 또 한번 웃었다. "그라크로 가서 유태인 거리의 모든 집들의 담장을 부순다는 것을 상상만이라도 해보시오. 그 거리 사람들의 절반은 아이시크라고 불리고, 절반은 제켈이라고 불리지 않습니까? 제켈의 아들 아이시크라니!" 그리곤 그는 자신의 멋진 농담에 웃고 또 웃었다.

순박한 랍비는 열심히 듣고 나서 꾸벅 절을 하며 낯선 친구에게 감사를 표하고 서둘러 곧장 멀리 떨어진 그의 집으로 돌아가 자기 집에서 여태껏 눈여겨보지도 않던 구석을 파고 마침내 그 보물을 찾아냈으니 이로써 그의 모든 불행은 끝이 났던 것이다. 그 돈의 일부로 그는 기도소를 세웠는데 그 집은 오늘날까지 그의 이름을 지니고 있다.

이제 우리들의 불행과 시련을 끝내줄 진짜 보물은 결코 멀리 있지 않다. 그것은 먼 곳에서 찾아지는 것이 아니다. 그것은 우리들 집의 한가운데 후미진 곳에 묻혀 있으니 다시 말해서 우리 자신 속에 있다는 의미인 것이다. 그것은 우리 존재 구조의 생명과 온기를 주는 중심 즉 우리들 심장속 또 깊은 곳――우리가 파 낼 수만 있다면――이라 할 수 있는 난로 뒤에 놓여 있다. 그러나 이상하지만 불변하는 사실은 멀리 떨어진 지역, 낯선 나라, 이상한 곳으로의 성실한 여행을 마친 뒤라야 비로소 우리 탐색의 길을 이끌어 주는 내면의 소리의 의미가 우리에게 알려진다는 것이다. 그리고 이 이상한 불변의 사실과 함께 또 다른 사실이 있는데 그것은 우리 내면의 수수께끼 같은 메시지의 의미를 우리에게 알려 주는 것은 다른 신조를 가진 이방 민족의 낯선 사람이라는 사실이다.

그 다리에 있던 보헤미아인 수비대장은 내면의 목소리 혹은 꿈을 믿지는 않았지만 그러나 그는 멀리서 온 낯선 사람에게 그의 문젯거리를 해결하고 그의 탐색을 완수케 하는 열쇠를 쥐어 주었던 것이다. 그는 이 놀라운 일을 의도적으로 한 것은 아니었다. 반대로 그가 그 자신의 것을 특별히 강조하는 동안, 무심결에 그의 획기적인 메시지가 전달되었다. 힌두교의 신화와 상징들 그리고 먼 곳으로부터의 지혜의 징표들은 바로 그러한 방법으로 우리 자신의 보물에 대해 우리에게 이야기해 줄 것이다. 그런 다음 우리는 우리 존재의 잊혀진 마음 속 깊숙한 곳으로부터 그것을 파내야 한다. 그리하여 마침내 그것은 우리들의 문제들을 해결해 주고 우리를 둘러싼 모두의 이익을 위하여 살아 있는 정신의 신전을 건립토록 허락할 것이다.

사진 색인

1. 인드라(바자), 기원전 200년경

2. 인드라(엘로라), 서기 800년경

3. 아난타 위의 비쉬누(데오가르), 서기 600년경

4. 나가(나란다), 서기 600년경

5. 나가(세일론), 5~8세기

6. 크리쉬나(벵골), 서기 825년경

7. 부처(캄보디아), 14세기

8. 나갈칼스(미소레), 17~18세기

9. 가루다와 나가들(태국), 12~14세기

10. 아수르(아시리아), 기원전 7세기경

11. 제사용 술잔(수메르), 기원전 2600년경

12. 비쉬누의 멧돼지 현현(그왈리오르),
    서기 440년

13. 코끼리의 구출(데오가르), 4~6세기

14. 칼리아를 정복하는 크리쉬나(칸그라), 18세기

15. 파드마(바르후트), 기원전 2~1세기

16. 날개를 단 여신(바사르), 기원전 3세기

17. 강가(벵골), 12세기

18. 파드마파니(네팔), 9세기

19. 나무의 여신(바르후트), 기원전 2~1세기

20. 프라냐 파라미타(자바), 서기 1225년경

21~25. 인장들, 나신의 여신과 남근(인더스 문명), 서기 3000~2000년

26. 코끼리상으로 된 기둥(엘로라), 8세기

27. 갠지스 여신의 하강(마말라푸람), 7세기 초

28. 고카르나의 바기라타, 그림 27의 세부도

29. 남근의 신전(엘레판타), 8세기

30. 남근의 기원(남인도), 13세기

31. 우주적 난쟁이의 성장(바다미), 6세기

32. 시바 삼신과 무리들(파렐), 서기 600년경

33. 위대한 주(엘레판타), 8세기

34. 시바 샤크티(벵골), 10세기

35. 얍 윰(티베트), 18세기

36. 스리 얀트라

37. 우주적 연화(티베트), 18세기 후반

38. 춤의 왕(남인도), 12~14세기

39. 코끼리 살육자(페루르), 17세기

40. 코끼리 살육자(마두라), 17세기

42. 신(모헨조다로), 기원전 3000~2000년

41. 무용수(하라파), 기원전 3000~2000년

43. 조립식 장난감(모헨조다로), 기원전 3000~2000년

44. 상투 자르기(버마), 11세기

45. 상투의 기적(버마), 11세기

46. 상투 축제(바르후트), 기원전 175년경

47. 바즈라(캄보디아), 12~14세기

48. 부처(캄보디아), 11~12세기

49. 나한(중국), 당 시대

50. 부처(캄보디아), 11~12세기

51. 키르티무카(자바), 13세기

52. 시바 무리의 일원(자바), 서기 875년경

53. 가네샤(인도), 17세기경

54. 가네샤의 뒷모습인 키르티무카의 모습(자바), 13세기

55. 시바 트리푸란타카(엘로라), 8세기

56. 여신의 기원(필사본 그림), 서기 1800년경

57. 여신의 분노(라즈푸트), 17세기

58. 들소 괴물을 죽이는 여신(자바), 8세기

59. 들소 괴물을 죽이는 여신(마말라푸람), 7세기

60. 카일라사산 위의 시바와 파르바티, 라바나는 아래에 갇혀 있다(엘로라), 8세기

61. 시바와 파르바티(라즈푸트), 서기 1800년경

62. 차이탸 홀(벳사), 기원전 175년경

63. 대 스투파(산치), 기원전 3~1세기

64. 여신을 나타내는 남근(캄보디아), 14세기

65. 부처를 나타내는 스투파(아잔타), 7세기

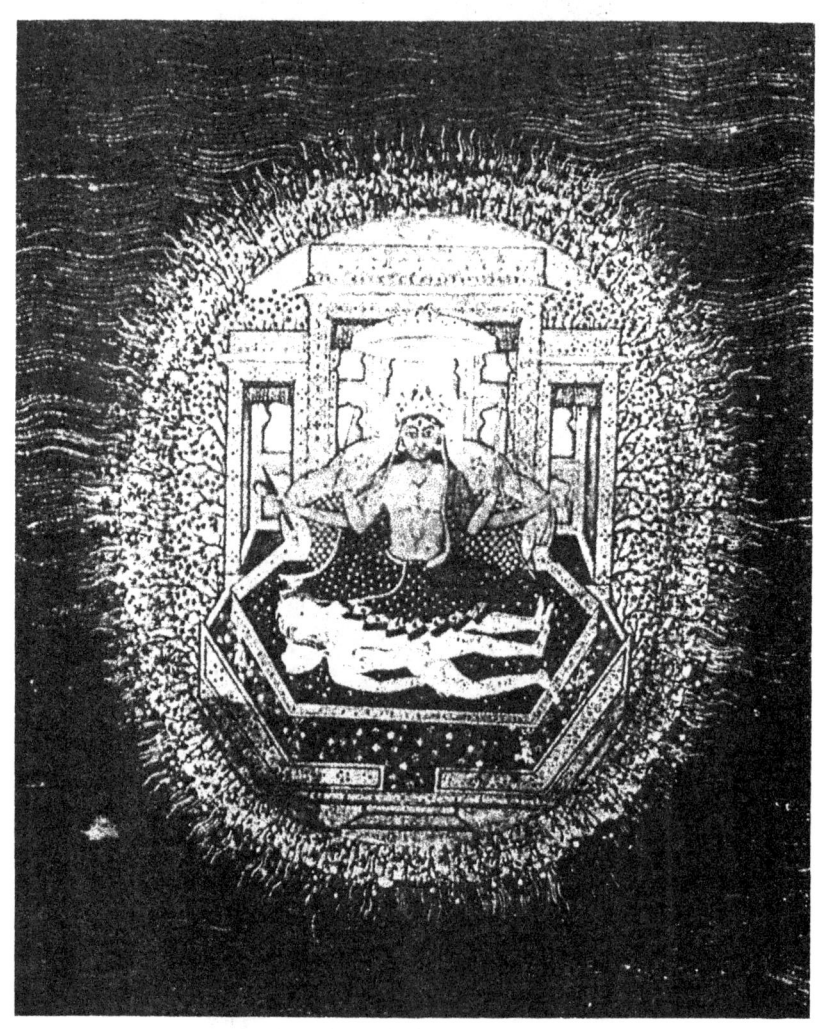

66. 보석의 섬(라즈푸트), 서기 1800년경

67. 시바 샤바 위의 칼리(칸그라), 서기 1800년경

68. 게걸스러운 칼리(북인도), 17~18세기

69. 시바 위에서 춤추는 칼리(현대)

70. 시바 아르드하나리(칸그라), 19세기 초

1. 인드라 : 바자의 비하라, 베란다 부조, 기원전 200년경(Johnston과 Hoffman, 캘커타), pp. 74, 152.
2. 인드라 : 엘로라의 자이나 석굴사원, 서기 800년경(아로새긴 눈들 등은 후기의 추가물이다), p. 78.
3. 아난타 위에 쉬고 있는 비쉬누 ; 데오가르의 사원, 서기 600년경 (인도 박물관, 캘커타), pp. 85, 91, 125.
4. 나가(뱀 왕자) ; 나란다 불교대학의 폐허 중에서, 서기 600년경, p. 87.
5. 나가(뱀 왕자) 수문장 ; Ruanweli 탑, Anurādhapura, Ceylon, 서기 5~8세기, pp. 90, 91.
6. 스리 락쉬미와 사라스바티와 크리쉬나(비쉬누) ; 청동, 9피트 높이, 벵골에서 나옴. 서기 825년경, p. 115.
7. 뱀 왕자 무찰린다에 의해 보호받는 부처 ; 캄보디아 14세기(사진 : R. Gauthier, 파리), p. 91.
8. 나갈칼스(뱀 형상들을 담은 신자의 석판) ; Mysore의 Anekal, 17~18세기, p. 98.
9. 가루다와 나가들 ; 태국에서 나온 난간, 12~14세기, p. 101.
10. 동물의 탈것 위에 있는 아수르 ; Assyria에서 나온 양각. 기원전 7세기경, p. 96.
11. 라가쉬의 구데아 왕의 제사용 술잔, 얽혀 있는 뱀들과 수문장 괴조 ; Sumer, 기원전 2600년경(루브르, 파리), p. 98.
12. 땅의 여신을 구하는 비쉬누의 멧돼지 화신 ; 그왈리오르(Gwalior) 우다야기리(Udayagiri)에 있는 거대한 사암 부조, 서기 440년경 (Burgess), p. 105.
13. 비쉬누 화신 : 코끼리 왕의 구출 ; 데오가르 사원에 있는 부조,

4〜6세기경(Burgess), p. 103.
14. 뱀의 왕자 칼리야를 정복하는 크리쉬나(비쉬누); 칸그라(Kāngrā)의 라지푸트(Rājput) 그림, 18세기 후기(메트로폴리탄 미술박물관, 뉴욕), p. 113.
15. 시중 드는 코끼리들과 함께 한 파드마(여신 로투스); 바르후트에 있는 폐탑의 장식품, 기원전 2〜1 세기경, pp. 121, 132.
16. 날개 달린 여신; 바사르에서 나온 테라코타, 기원전 3세기경, p. 121.
17. 강가('갠지스' 여신); 뱅골에서 출토된 凍石(Steatite)상(부분적 복사), 12세기경(라지샤이 박물관; 사진 Kramrisch), p. 140.
18. 파드마파니('연꽃을 손에 쥔' 보살 또는 관음보살); 네팔에서 나온 동상, 9세기경(보스턴 미술 박물관), p. 126.
19. 세 여신(vṛikṣa-devatā); 바르후트에 있는 난간이 있는 폐탑, 기원전 2〜1세기경(캘커타의 인도 박물관, 사진 India office), pp. 94, 95.
20. 반야 바라밀다; 자바, 서기 1225년(Leyden의 민속 박물관, 사진 Van Oest), p. 127.
21〜23. 凍石으로 된 문장들, 동물들의 형태와 판독되어지지 않은 비명들을 보여 준다. 모헨조다로로부터 나옴(인더스 문명), 기원전 3000〜2000년경(인도 고고학 연구소), p. 123.
24. 나체의 여신, 테라코타(4인치 높이); 모헨조다로(인더스 문명), 기원전 3000〜2000년경(보스턴 미술 박물관), p. 125.
25. 모헨조다로(인더스 문명)에서 출토된 돌로 된 남근상, 기원전 3000〜2000년경(인도 고고학 연구소), pp. 124, 161.
26. 코끼리상으로 된 기둥; 자연석을 깎아 만든 엘로라의 카일라사 사원의 주각, 서기 8세기경(휘를리만 Hürlimann), p. 135.

27. 갠지스 여신의 하강; Mamallapuram(Madras), 7세기 초엽경(Ars Asiatica, Ⅲ), pp. 87, 143, 149.
28. 고카르나에 있는 Bhagīratha; 위의 것의 세부도(Ars Asiatica, Ⅲ.), pp. 87. 149.
29. 남근 사원과 수문장; 엘레판타, 8세기경, p. 161.
30. 남근의 기원; 남부 인도, 13세기경(파리의 귀메 박물관), pp. 162, 165.
31. 우주적 난쟁이의 성장('세 발자국'의 전설) 비쉬누의 다섯 번째 화신, 바다미 동굴 Ⅱ, 6세기경, p. 166.
32. 시바 삼신상과 그의 무리; 봄베이 근처의 파렐, 서기 600년경(파리 귀메 박물관), p. 166.
33. '위대한 주'로서의 시바(mahésa); 엘레판타, 8세기경, p. 185.
34. 시바 샤크티; 벵골, 10세기경(대영 박물관), pp. 173, 222, 243.
35. 얍 윰(Yab-Yum); 티베트, 18세기경(런던의 인도 박물관), p. 183.
36. 스리 얀트라: (Woodroffe), p. 176, 179.
37. 우주적 연화; 티베트의 랏사에 있는 사원의 천장, 18세기경(La Mythologie Asiatique), p. 180.
38. 춤의 왕 시바(naṭarāja); 남부 인도, 동상. 12~14세기경(마두라스 박물관), p. 189.
39. 코끼리 살육자인 시바(gajasaṃhāramurti); Perur에 있는 Shiva Vīrateshvar의 사원에 있는 조각되어진 기둥, 17세기경(인도 고고학 연구소), p. 212.
40. 코끼리 살육자인 시바(gajasmhāramurti); Madura에 있는 Shiva Sundareshvar의 사원에 있는 조각되어진 기둥, 17세기경(인도 고고학 연구소), p. 214.

41. 무용수, 팔 다리와 머리 부분을 조립하도록 되어 있는 토르소; 하라파(인더스 문명), 기원전 3000~2000년(인도 고고학 연구소), p. 207.
42. 신령('축생의 주'?) 凍石문장(인장)에 새겨져 있음; 모헨조다로(인더스 문명), 기원전 3000~2000년(인도 고고학 연구소), p. 207.
43. 붙였다 떼었다 할 수 있는 조립식 머리를 지닌 장난감; 모헨조다로(인더스 문명), 기원전 3000~2000년(인도 고고학 연구소), p. 207.
44. 상투 자르기; Pagān에 있는 아난다 사원(Burma), 11세기, p. 198.
45. 상투 기적; Pagān에 있는 아난다 사원(Burma), 11세기, p. 198.
46. 인드라의 낙원에서의 상투(Hair-Tuft) 자르는 의식의 부근; Bhārhut에 있는 난간 기둥의 세부도, 기원전 175년(캘커타의 인도 박물관, 사진: Johnston and Hoffmann), p. 201.
47. 금강저(Vajra), 종의 손잡이; 캄보디아, 12~14세기(Ars Asiatica, V), p. 182.
48. 부처의 두상; 캄보디아, 11~12세기(파리 귀메 박물관), p. 203.
49. 나한; 항아리, 중국 당나라 시대, p. 195.
50. 부처의 머리; 캄보디아, 11~12세기(파리 귀메 박물관), p. 203.
51. Kirttimukha('영광의 얼굴'); Java, 13세기(Rūpam), p. 222.
52. 시바의 '울부짖는 무리들' 중의 하나; 자바, 서기 875년(Doehring), p. 224.
53. Ganesha; 인도, 17세기, pp. 95, 224.
54. 가네샤, Kirttimukha 얼굴을 한 뒷모습; 자바, 13세기경(Kinsbergen), p. 225.
55. Shiva Tripurantaka('세 마을의 파괴자'), 엘로라, 8세기경(인도 고고학 연구소), p. 226.

56. 여신의 기원; 18세기에 유래된 Devi Māhātmya의 사본(Glasenap), p. 235.
57. 여신의 분노; Rājput의 그림, Jammū 학파, 17세기경(O.C. Gagoly 씨의 개인 소장, 캘커타), p. 233.
58. 들소 괴물을 죽이는 여신(devī-mahiṣāsuramārdini); 자바, 8세기경 (Leyden의 민속 박물관), p. 241.
59. 들소 괴물을 죽이는 여신(devī-mahiṣāsuramārdini); 7세기경(Māmallapuram 의 동굴 사원), p. 236.
60. Kailāsa 산 위의 시바와 파르바티, 라바나는 그 밑에 억류돼 있음. 엘로라에 있는 카일라사나타 사원의 돌에 새김. 서기 8세기경 (Johnston과 Hoffmann. 캘커타), p. 243.
61. 시바와 파르바티; Rājput의 그림, 팔리 양식, 서기 1800년경(보스턴의 미술 박물관), p. 244.
62. Bedsā에 있는 차이탸의 내부, 기원전 175(Johnston과 Hoffmann; 캘커타), p. 246.
63. '대 스투파(大塔)', Sāñchi, 기원전 1~3세기경(Marshall과 Foucher), p. 90.
64. 여신을 보여 주고 있는 남근; 캄보디아, 서기 14세기(파리의 귀메 박물관), p. 245.
65. 부처를 보여 주고 있는 탑; 아잔타의 동굴 제19번 차이탸의 내부, 서기 7세기경, p. 246.
66. 보석의 섬; Rājput Painting, 서기 1800년경, p. 248.
67. Shiva-Shava 위의 칼리(Kālī); Kāngrā painting, 서기 1800년경, p. 262.
68. 게걸스런 칼리; 북인도, 서기 17~18세기(인도 박물관, 런던),

p. 261.
69. 시바 위에서 춤추는 칼리 ; 현대의 천연색 조각상(인도 박물관, 런던), p. 264.
70. Shiva Ardhanāri('반려자인 시바') ; 즉 하나의 형태 속에 합치되어진 Shiva와 Pārvati, 칸그라, 19세기, p. 265.

역자 후기

　기독교 신학을 공부하는 학도로서 하인리히 침머의 이 책을 번역하게 된 것은 진정 행운이라 아니할 수 없다. 나는 이 책이 찬란한 인도 정신 문화의 정수를 알려 주는 귀중한 자료일 뿐 아니라, 인도의 정신 문화가 피상적으로 받아들여지고 있는 오늘의 시점에서 이 책을 번역한다는 것이 매우 중요한 의미를 갖게 될 것이라는 생각에 따라 번역에 착수하게 되었다.
　그러나 번역을 한다든가 책을 쓴다는 것이 솔직히 말해서 피를 마르게 하는 중노동인지라 그 동안 손을 놓고 싶은 충동을 수없이 느껴 왔다. 이제 그 지루하고도 기나긴 번역의 괴로운 작업을 끝냈지만, 마무리를 짓거나 교정쇄를 보기도 전에 다시 하던 공부를 마치기 위해 뉴욕으로 돌아가야 할 시간이 되어 섭섭한 마음 그지없다. 그러나 뒷일을 잘 처리해 줄 것으로 믿고 홀가분한 마음으로 떠나려 한다.
　이 책의 원서를 직접 읽어본 독자들은 저자의 거의 신기에 가까운 어휘 구사와 세련된 문장에 놀라움을 금치 못했을 것이라 짐작한다. 더욱이 내용의 많은 부분이 신화와 종교적 예술 작품에 대한 영상적인 생생한 묘사와 심리분석적인 묘사로 가득 차 있기 때문에 예술 작품의 감상법에 문외한인 본인으로서 우리 언어로 그것을 무리없이 재현하기란 결코 쉬운 일이 아니었다. 이 점에 있어서 본인은 이 번역서가 원저자의 기품있고 우아한 문장을 읽는 즐거움을 완벽하게 제공하였으리라고 자신있게 말할 수는 없다.

이 책을 읽어 가는 도중에 독자들은 곳곳에 번뜩이고 있는 힌두인들의 생에 대한 지혜와 위대한 창조적 직관을 접하게 될 것이다. 합리성과 논리성에 근거한 서구의 수리물리학자적인 사고 방식이 20세기에 들어와서야 양자역학과 확률이론 등을 통해 발견한 신의 창조적 행위의 유희성을 발견하고 충격과 좌절을 경험한 데 반하여, 힌두인은 이미 수천 년 전에 직관을 통해 신의 유희성을 깨닫고 있었으며, 자연적 악에 대한 명쾌한 해명과 동시에 이타주의에 대한 근거를 마련하고 있는바 저들은 지극히 융통성 많고 포용력이 큰 신앙심을 지녀 왔음을 알게 될 것이다. 또 힌두 신화에 등장하는 수많은 의인화된 신들의 이야기를 통해서 독자들은 그들의 끈질긴 삶의 의미에 대한 추구와 진지한 자아성찰 태도 및 신과 인간관계, 나아가서 우주 역사를 인간의 위치에서가 아니라 신의 관점에서 바라보고자 부단히 노력한 성스러운 문화의 혼을 접하게 될 것이다.

기독교 신학도로서 이 책을 감상하고 번역할 수 있었던 데 대해서 대단히 기쁘고 또한 의미가 컸다고 느끼게 되는데 그것은 이방 문화(어떤 의미에서는 우리 문화의 중요한 맥락을 이루고 있는 불교 문화를 통해 많은 영향을 미쳤고 토착화되어 있기도 한) 또는 다른 문화에 대해서 그것도 꿰뚫는 지성과 예민한 미적 감각을 지닌 대학자의 친절한 안내와 지도를 받으며 접근할 수 있었던 사실이다. 우리가 우리 자신을 바로 알고 또 우리 자신과 우리 민족 문화의 귀중한 보화를 발견하기 위해서는 우선 먼저 이방 문화를 알지 않으면 안된다. 저자는 그 사실을 유태인의 전승 핫시딤의 우화를 통해 감동적으로 가르쳐 주고 있다.

 이 책이 지닌 문화적이고 종교사적인 가치에 대해선 아무리 강조해도 지나치지 않다 하겠지만 폭넓은 시야를 가지고 열정적으로 진리와 예술을 탐구하려는 학도들과 결코 편협해선 안될 많은 종교인들, 특히 우리나라 기독교와 불교 신자들에게는 서로를 이해할 수 있는 근거를 마련해 준다고 하겠다. 또한 일반 교양인들에게도 훌륭한 읽을거리를 마련해 줄 것으로 믿는다.

옮긴이 / 이숙종

연세대학교 신과대 졸업. 동대학원 졸업.
염광상업고등학교, 서라벌고등학교 영어교사 역임.
미국 DREW Univ. STM 종교사회 전공.
미국 Rutgers Univ. 종교사회교육 박사.

대원동서문화총서
인도의 신화와 예술

초판 1쇄 발행 ㅣ 1995년 04월 25일
초판 5쇄 발행 ㅣ 2017년 04월 20일

지은이 ㅣ 하인리히 침머
발행인 ㅣ 김남석
발행처 ㅣ ㈜대원사
주　 소 ㅣ 06342 서울특별시 강남구 양재대로 55길 37, 302
전　 화 ㅣ (02)757-6711, 6717~9
팩시밀리 ㅣ (02)775-8043
등록번호 ㅣ 2011-000081호
홈페이지 ㅣ http://www.daewonsa.co.kr

ⓒ 대원사, 1995

값 14,000원

Daewonsa Publishing Co., Ltd
Printed in Korea 1995

이 책에 실린 글과 사진은 저자와 주식회사 대원사의 동의 없이는
아무도 이용할 수 없습니다.

ISBN ㅣ 89-369-0517-1 03600